专利行政保护办案指南汇编

国家知识产权局

专利纠纷行政调解办案指南

查处假冒专利行为和办理专利标识标注不规范案件指南

专利行政保护复议与应诉指引

知识产权出版社
全国百佳图书出版单位
—北京—

图书在版编目（CIP）数据

专利行政保护办案指南汇编/国家知识产权局制定. —北京：知识产权出版社，2020.11
ISBN 978-7-5130-7211-3

Ⅰ.①专… Ⅱ.①国… Ⅲ.①专利—保护—中国—指南 Ⅳ.①D923.424-62

中国版本图书馆 CIP 数据核字（2020）第 185939 号

内容提要

本书中收录的《专利纠纷行政调解办案指南》《查处假冒专利行为和办理专利标识标注不规范案件指南》《专利行政保护复议与应诉指引》，是在对已有的专利执法系列文件进行系统的整合、修改、梳理，并对执法办案部门实践中可复制和可推广的经验加以总结、提升后形成的，可从专利纠纷行政调解办案、查处假冒专利行为和办理专利标识标注不规范案件、专利行政保护复议与应诉三个方面更好地指导、规范执法办案部门专利行政执法保护工作。本书既可作为专利执法人员的办案工具书，也可为相关案件当事人了解专利执法部门办案工作提供参考。

责任编辑：王祝兰　　**责任校对**：王　岩
封面设计：博华创意·张　冀　　**责任印制**：刘译文

专利行政保护办案指南汇编

国家知识产权局

出版发行：知识产权出版社有限责任公司　　网　　址：https://www.ipph.cn
社　　址：北京市海淀区气象路 50 号院　　邮　　编：100081
责编电话：010-82000860 转 8555　　责编邮箱：wzl_ipph@163.com
发行电话：010-82000860 转 8101/8102　　发行传真：010-82000893/82005070/82000270
印　　刷：天津嘉恒印务有限公司　　经　　销：各大网上书店、新华书店及相关专业书店
开　　本：787mm×1092mm　1/16　　印　　张：23.75
版　　次：2020 年 11 月第 1 版　　印　　次：2020 年 11 月第 1 次印刷
字　　数：475 千字　　定　　价：108.00 元
ISBN 978-7-5130-7211-3

国家知识产权局关于印发《专利纠纷行政调解办案指南》《查处假冒专利行为和办理专利标识标注不规范案件指南》《专利行政保护复议与应诉指引》的通知

国知发保字〔2020〕26号

各省、自治区、直辖市及新疆生产建设兵团知识产权局：

为贯彻落实党中央、国务院关于强化知识产权保护的决策部署，切实维护专利权人和社会公众合法权益，进一步提高专利行政执法保护工作效率和水平，根据《中华人民共和国专利法》《中华人民共和国专利法实施细则》《专利行政执法办法》和其他有关法律法规，重新修订了《专利纠纷行政调解办案指南》《查处假冒专利行为和办理专利标识标注不规范案件指南》《专利行政保护复议与应诉指引》。现予印发，请遵照执行。

在执行中遇到的新情况、新问题和有关建议，请及时报告。此前发布的其他有关规定与本次修订后的规定不一致的，依照新的规定执行。

特此通知。

附件：1. 专利纠纷行政调解办案指南

2. 查处假冒专利行为和办理专利标识标注不规范案件指南

3. 专利行政保护复议与应诉指引

国家知识产权局

2020年7月13日

总 目 录

专利纠纷行政调解办案指南

国家知识产权局

2020 年 7 月

目　录

第一章 概　　述

为规范专利纠纷行政调解行为，充分发挥管理专利工作的部门相对于其他调解组织具有的特定优势，化解社会矛盾，维护专利权人和社会公众的合法权益，营造良好法制环境，构建美好和谐社会，根据《中华人民共和国专利法》（以下简称《专利法》）、《中华人民共和国专利法实施细则》（以下简称《专利法实施细则》）、《专利行政执法办法》和其他有关法律、法规，制定本指南。

第一节 基本概念

一、发明创造

专利法所称的发明创造是指发明、实用新型和外观设计。

发明，是指对产品、方法或者其改进所提出的新的技术方案。

实用新型，是指对产品的形状、构造或者其结合提出的适于实用的新的技术方案。

外观设计，是指对产品的形状、图案或者其结合以及色彩与形状、图案的结合所作出的富有美感并适于工业应用的新设计。

二、专利申请权

专利申请权是指从发明创造被提交专利申请之后到被授予专利权之前，申请人享有的处置该专利申请的权利，包括修改申请文件、决定是否继续进行申请程序等权利，其指向的是已经提出专利申请但尚未被授权的发明创造。

三、专利权

专利权是指发明创造被公告授予专利权之后，专利权人享有的对该发明创造进行处置的权利，包括放弃其专利、转让其专利、许可他人实施其专利、制止他人未经专利权人许可以生产经营为目的实施其专利的权利等，其指向的是已经被授予专利权的发明创造。

四、专利权属纠纷

专利权属纠纷，是指双方或多方当事人之间就专利申请权和专利权的归属问题产生争议进而引起的纠纷。

五、发明人或设计人

发明人或设计人，是指对发明创造的实质性特点作出创造性贡献的人。在完成发明创造过程中，只负责组织工作的人、为物质技术条件的利用提供方便的人或者从事其他辅助工作的人，不是发明人或设计人。

六、行政调解

行政调解是指在行政机关的主持下，以当事人双方自愿为基础，以法律、法规及政策为依据，通过对争议双方的说服与劝导，促使双方当事人互让互谅，平等协商，达成协议，以解决有关争议的活动。

七、专利纠纷

专利纠纷是指在涉及专利的各种民事法律关系中，各方当事人对于权利和义务的分配发生分歧后所产生的纠纷。管理专利工作的部门在对专利侵权纠纷作出行政裁决的过程中，可以进行调解，对侵犯专利权的赔偿数额纠纷也可以应当事人的请求进行调解。本指南中的专利纠纷调解主要是指除专利侵权纠纷以外的其他专利纠纷调解。

八、专利纠纷行政调解

专利纠纷行政调解是指管理专利工作的部门对于涉及专利且不属于专利侵权纠纷的争议，在各方当事人自愿的基础上，以《专利法》及相关法律、法规为依据，以当事人自愿为原则，通过对当事人的说服和疏导，促使当事人平等协商，互谅互让，达成调解协议，以快速解决纠纷的行为。

九、专利纠纷行政调解案件的执行

专利纠纷行政调解是在管理专利工作的部门主持下、对当事人之间的专利民事纠纷作出的行政调解，不是行政裁决。专利纠纷行政调解协议达成后应由当事人自愿自觉履行。调解不成或者达成调解协议后又反悔的，有关当事人可以依照《中华人民共和国民事诉讼法》（以下简称《民事诉讼法》）的规定，以对方当事人为被告向人民法院提起民事诉讼。在开展专利纠纷行政调解协议司法确认的地区，调解协议达成后，双方当事人可以向有管辖权的人民法院申请司法确认。经司法确认的有效的调解协议，当事人一方不履行协议的，另一方可以申请人民法院强制执行。

十、调解专利纠纷与处理专利侵权纠纷的区别

虽然两种行政行为的对象都是专利纠纷，但二者存在以下区别。(1) 性质不同。处理专利侵权纠纷行为属行政裁决，当事人双方不服行政裁决结果，可以向人民法院提起行政诉讼；调解专利纠纷行为属行政调解，不能申请行政复议，也不能提起诉讼。(2) 处理对象不同。处理专利侵权纠纷的对象是专利侵权民事纠纷；调解专利纠纷的对象包括专利申请权和专利权归属纠纷，发明人、设计人资格纠纷，职务发明创造的发明人、设计人的奖励和报酬纠纷，在发明专利申请公布后专利权授予前使用发明而未支付适当费用的纠纷以及其他专利纠纷。(3) 程序不同。处理专利侵权纠纷程序依请求启动后，请求人可以撤销申请，被请求人不能撤销；调解专利纠纷程序依请求启动后，任何一方拒绝调解或无法达成调解协议，调解即可终止。(4) 处理结果效力不同。专利侵权纠纷行政裁决具有强制性，当事人不服专利侵权纠纷处理决定，可以向人民法院提起诉讼，期满不起诉又不履行的，管理专利工作的部门可以申请人民法院强制执行；专利纠纷调解的结果不具强制性，当事人不履行调解协议的，可以通过其他途径解决纠纷。

第二节　法律依据、管辖及受理范围

一、法律依据

管理专利工作的部门受理专利纠纷行政调解的法律依据为《专利法》第六十条和《专利法实施细则》第八十五条。

《专利法》第六十条中规定："进行处理的管理专利工作的部门应当事人的请求，可以就侵犯专利权的赔偿数额进行调解；调解不成的，当事人可以依照《中华人民共和国民事诉讼法》向人民法院起诉。"

《专利法实施细则》第八十五条规定："除专利法第六十条规定的外，管理专利工作的部门应当事人请求，可以对下列专利纠纷进行调解：(一) 专利申请权和专利权归属纠纷；(二) 发明人、设计人资格纠纷；(三) 职务发明创造的发明人、设计人的奖励和报酬纠纷；(四) 在发明专利申请公布后专利权授予前使用发明而未支付适当费用的纠纷；(五) 其他专利纠纷。对于前款第 (四) 项所列的纠纷，当事人请求管理专利工作的部门调解的，应当在专利权被授予之后提出。"该条第一款第 (五) 项为兜底条款，其意义是指所有涉及专利的纠纷，只要应当事人的请求和同意，管理专利工作

的部门都可以进行行政调解。

二、基本原则

专利纠纷行政调解除遵循专利行政执法的基本原则外，还应当遵循以下原则：

1. 自愿原则。调解应当充分尊重当事人意愿，不得强迫当事人接受调解方式或者调解协议。

2. 合法原则。调解应当符合法律、法规、规章及政策，不得损害国家利益、公共利益和他人合法权益。

3. 保密原则。除双方当事人均明确表示可以公开进行外，调解应当在保密状态下进行，调解内容和文件材料不得对外公开。

4. 无偿原则。管理专利工作的部门调解专利纠纷，不得收取任何费用。

三、专利纠纷行政调解的特点

管理专利工作的部门调解专利纠纷是《专利法》和《专利法实施细则》中规定的法定职权，因此与其他类型的调解有一定区别。其具备以下特点。

1. 具有严格的程序。国家知识产权局发布的《专利行政执法办法》中对调解专利纠纷有严格的程序性规定，包括受理、意见陈述、调解、结案等。

2. 具有一定的法律效力。在专利申请权纠纷、专利权属纠纷、发明人和设计人资格纠纷中，当事人以地方管理专利工作的部门作出的调解协议为依据，可以直接到国家知识产权局进行著录项目变更，如变更专利申请人、专利权人、发明人和设计人。对于一些已经开展专利纠纷行政调解协议司法确认的地区，如果该调解协议经过司法确认，当事人一方不履行协议时，另一方有权向人民法院申请强制执行。

3. 按照当事人意愿进行调解。管理专利工作的部门调解专利纠纷，应当尊重各方当事人意愿，不能达成调解协议或者一方明确表示不愿调解的，未立案的应当不予立案，已经立案的应当及时撤案。对于当事人之间自愿达成的协议内容，管理专利工作的部门不应加以干涉。

4. 不能违反法律、法规的强制性规定。管理专利工作的部门调解专利纠纷，应当遵守法律、法规的强制性规定，调解程序和调解协议的实体内容都不应违反法律、法规的强制性规定。

四、调解请求的管辖

当事人请求调解专利纠纷的，应向被请求人所在地的管理专利工作的部门请求予以调解。管理专利工作的部门认为请求调解的案件不属于本部门管辖的，应当告知当事人向有管辖权的部门请求调解。

管理专利工作的部门对管辖权发生争议的，应由其共同的上级人民政府管理专利工作的部门指定管辖；无共同上级人民政府管理专利工作的部门的，由国家知识产权局指定管辖。

五、调解请求受理范围

除对专利侵权赔偿额可以调解之外，管理专利工作的部门还可以对下列专利纠纷进行调解：

1. 专利申请权和专利权归属纠纷（以下简称“专利权属纠纷”）。
2. 发明人、设计人资格纠纷。
3. 职务发明创造的发明人、设计人的奖励和报酬纠纷（以下简称“奖酬纠纷”）。
4. 在发明专利申请公布后专利权授予前使用发明而未支付适当费用的纠纷（以下简称“发明专利临时保护期使用费纠纷”）。
5. 其他专利纠纷。

第三节　专利纠纷的类型

管理专利工作的部门依申请可以调解的专利纠纷的类型主要包括专利申请权归属纠纷，专利权归属纠纷，发明人、设计人资格纠纷，奖酬纠纷，发明专利临时保护期使用费纠纷，侵犯专利权的赔偿数额纠纷及其他纠纷等。

一、专利申请权归属纠纷

专利申请权归属纠纷是指在专利申请过程中，各方当事人对于哪一方应是合法的申请人而产生的纠纷。专利申请权归属纠纷主要包括职务发明创造与非职务发明创造的纠纷和涉及合作完成或接受委托完成发明创造后专利申请权归属的纠纷。

职务发明创造是指执行本单位的任务，或者主要是利用本单位的资金、设备、零部件、原材料或者不对外公开的技术资料等物质技术条件所完成的发明创造。其他不属于上述职务发明创造的，都为非职务发明创造。职务发明创造申请专利的权利应该属于该单位，非职务发明创造申请专利的权利属于发明人或者设计人。

职务发明创造与非职务发明创造的纠纷主要是由发明人或设计人与其单位就哪一方有权对一项发明创造申请专利而产生的纠纷。利用本单位的物质技术条件所完成的发明创造，单位与发明人或者设计人订有合同，对申请专利的权利作出约定的，从其约定。

合作完成或接受委托完成发明创造后发生专利申请权归属纠纷的，除另有协议外，申请专利的权利属于完成或者共同完成的单位或者个人。

二、专利权归属纠纷

专利权归属纠纷是指发明创造被授予专利权后，各方当事人对于哪一方才是合法的专利权人所产生的纠纷。专利权属纠纷主要包括：

1. 属于职务发明创造，但被发明人或设计人作为非职务发明创造申请专利并获得了专利权而引起的纠纷。

2. 属于非职务发明创造，但被单位作为职务发明创造申请专利并获得专利权而引起的纠纷。

3. 委托开发完成的发明创造，在当事人未明确约定的情况下，该发明创造的委托开发方申请专利并获得专利权而引起的纠纷。

4. 合作开发所完成的发明创造，在无合同约定又无其他各方声明放弃其所共有的专利申请权的情况下，该发明创造被共有人中的一方申请专利并获得专利权而引起的纠纷。

三、发明人、设计人资格纠纷

发明人资格纠纷是指对于发明专利文件、实用新型专利文件中注明的发明人是否属实产生的纠纷。设计人资格纠纷是指对于外观设计专利文件中注明的设计人是否属实产生的纠纷。

《专利法》第十七条第一款规定：“发明人或者设计人有权在专利文件中写明自己是发明人或者设计人。”这里所称发明人或者设计人，是指对发明创造的实质性特点作出创造性贡献的人。在完成发明创造过程中，只负责组织工作的人、为物质技术条件的利用提供方便的人或者从事其他辅助工作的人，不是发明人或者设计人。

四、奖酬纠纷

奖酬纠纷是指对于职务发明创造的发明人、设计人在专利权授予后，以及在专利实施后是否给予奖励和报酬及奖励和报酬金额是否合理产生的纠纷。

《专利法》第十六条规定：“被授予专利权的单位应当对职务发明创造的发明人或

者设计人给予奖励；发明创造专利实施后，根据其推广应用的范围和取得的经济效益，对发明人或者设计人给予合理的报酬。”

《专利法实施细则》第七十七条规定：“被授予专利权的单位未与发明人、设计人约定也未在其依法制定的规章制度中规定专利法第十六条规定的奖励的方式和数额的，应当自专利权公告之日起 3 个月内发给发明人或者设计人奖金。一项发明专利的奖金最低不少于 3 000 元；一项实用新型专利或者外观设计专利的奖金最低不少于 1 000 元。由于发明人或者设计人的建议被其所属单位采纳而完成的发明创造，被授予专利权的单位应当从优发给奖金。”

《专利法实施细则》第七十八条规定：“被授予专利权的单位未与发明人、设计人约定也未在其依法制定的规章制度中规定专利法第十六条规定的报酬的方式和数额的，在专利权有效期限内，实施发明创造专利后，每年应当从实施该项发明或者实用新型专利的营业利润中提取不低于 2% 或者从实施该项外观设计专利的营业利润中提取不低于 0.2%，作为报酬给予发明人或者设计人，或者参照上述比例，给予发明人或者设计人一次性报酬；被授予专利权的单位许可其他单位或者个人实施其专利的，应当从收取的使用费中提取不低于 10%，作为报酬给予发明人或者设计人。”

五、发明专利临时保护期使用费纠纷

发明专利临时保护期使用费纠纷是指发明专利申请在公布以后授权之前，他人实施专利申请的技术方案，在专利授权之后，专利权人与实施人因这一期间的适当费用发生争议而产生的纠纷。

对于发明专利临时保护期使用费纠纷，当事人请求管理专利工作的部门调解的，应当在专利权被授予之后提出。

六、侵犯专利权的赔偿数额纠纷

处理专利侵权纠纷的管理专利工作的部门应当事人请求，在裁定侵权成立后，可以就侵犯专利权的赔偿数额进行调解；调解不成的，当事人可以依照《民事诉讼法》的规定向人民法院起诉。权利人与被控侵权人就侵犯专利权的赔偿数额或者计算方式有约定的，管理专利工作的部门应当按照约定确定赔偿数额；没有约定的，管理专利工作的部门应当在根据《专利法》第六十五条的规定确定的赔偿数额基础上，本着公平、合理的原则组织双方就赔偿数额进行调解。

第二章 调解专利纠纷的程序

第一节 受理及立案

调解专利纠纷案件的立案与查处假冒专利案件以及处理专利侵权案件都不相同。假冒专利案件是管理专利工作的部门主动查处，即使案件来源为举报投诉，是否立案完全由管理专利工作的部门决定，不需要举报人和投诉人同意，也不需要通知举报人和投诉人。处理专利侵权案件是依据当事人的请求立案，当事人的请求只要符合条件，管理专利工作的部门就应当立案，并且立案后应当通知请求人，同时将请求书及其附件的副本送达被请求人。调解专利纠纷案件是依当事人请求，由管理专利工作的部门受理后通知另一方当事人进行调解。调解立案的前提条件是双方当事人都同意参加调解，一方当事人提出调解请求并不能立案，只能先行受理，在另一方当事人同意调解后，管理专利工作的部门才能正式立案。

一、请求调解专利纠纷的条件

行政调解可以由一方当事人或者双方当事人共同提出请求。请求调解专利纠纷，应当符合以下条件：

1. 请求人是专利权人或者与利害关系人。
2. 有明确的被请求人。
3. 有具体的请求事项和事实、理由。
4. 属于受案管理专利工作的部门的受案范围和管辖范围。
5. 当事人没有就该专利纠纷向人民法院起诉，也没有仲裁约定。

专利权属纠纷的当事人包括专利权人或专利申请人、其他主张对专利或专利申请享有权利的人。

发明人、设计人资格纠纷的当事人包括发明人或设计人、主张自己为发明人或设计人的人以及专利申请人或专利权人。专利文件上列有多个发明人或设计人，部分发明人主张其中某一个或某一些发明人或设计人未对发明创造的实质性特点作出创造性贡献的，主张者和被主张者均为当事人。

奖酬纠纷的当事人包括专利权人、发明人或设计人或其权利继受人，主张自己为发明人或设计人的人。

发明专利临时保护期使用费纠纷的当事人包括发明专利技术使用者和专利权人或其权利继受人，但不包括专利实施许可合同的被许可人。

侵犯专利权的赔偿数额纠纷的当事人包括管理专利工作的部门在处理专利侵权纠纷案件过程中的请求人与被请求人。

对于当事人提出的下列专利纠纷的行政调解请求，管理专利工作的部门不予受理：

1. 请求人已向仲裁机构申请仲裁的。

2. 已向人民法院起诉的。

3. 不属于该管理专利工作的部门的受案和管辖范围。

4. 管理专利工作的部门认为不应受理的其他情形。

二、请求调解时应当提交的材料

当事人请求管理专利工作的部门调解专利纠纷，应提交以下材料：

1. 专利纠纷调解请求书。请求管理专利工作的部门调解专利纠纷的，应当提交书面请求书。书面请求书格式应当按照国家知识产权局印发的《专利行政执法文书表格》中的专利纠纷调解请求书填写。请求书为正本一份，并按被请求人人数提供副本。

在专利纠纷调解请求书填写时应当记载以下内容：

（1）请求人的姓名或者名称、地址，法定代表人或者主要负责人的姓名和职务；委托代理人的，代理人的姓名和代理机构的名称、地址。

（2）被请求人姓名或者名称、地址，法定代表人或者主要负责人的姓名和职务。

（3）请求调解的事项、事实、理由和依据。

请求书应当由请求人签名或者盖章。

2. 请求人身份证明文件。主要包括：

（1）主体资格证明文件（自然人身份证件、法人或其他组织营业执照副本或其他主体资格证明文件），法人当事人提交复印件并加盖公章，自然人当事人提交复印件并在复印件上签字确认。

（2）法定代表人或者主要负责人身份证明，要求必须加盖公章。

（3）代理人身份证件，应当提交复印件并在复印件上签字确认。

在要求其提交证明材料的复印件（各一份）时，应当同时提供原件予以核对，原件核对后退还，在复印件上注明“经核对与原件一致”。

3. 与纠纷相关的证据、材料。无论是请求人还是被请求人提供证据，都应当提交证据材料的原件及复印件。提交的复印件份数按照管理专利工作的部门一份、所有被请求人各一份的数量提供。

上述证据包括发明创造完成过程中的原始档案材料，双方签订的委托合同、合作合同，在职证明，专利权实施后产生的利润证明等。

单独请求调解侵犯专利权赔偿数额的，应当提交有关管理专利工作的部门作出的认定侵权行为成立的专利侵权纠纷案件行政裁决书副本。

4. 授权委托书。请求人可以委托 1 ~2 人作为代理人。管理专利工作的部门应当要求代理人提交由委托人签名或者盖章的授权委托书，授权委托书必须记载委托事项和权限。代理人代为承认、放弃、变更请求，进行和解，代为签署有关法律文件等，必须有委托人的特别授权。授权委托书记载的委托权限为全权委托的，应当要求请求人明确委托权限。

三、材料的送达

管理专利工作的部门收到专利纠纷调解请求书及其附件后，应当审查专利纠纷调解请求书格式是否符合要求、主体是否适格、主体资格证明文件是否合法有效、证据材料是否合法有效等。

符合要求的，管理专利工作的部门应及时将专利纠纷调解请求书副本及其附件、专利纠纷调解意见陈述通知书、送达回证等文书送达被请求人，要求其在收到之日起 15 日内提交意见陈述书，表明是否同意调解，如同意调解，并就请求人提出的调解事项陈述意见并说明理由，提交相应证据。

在收到专利纠纷调解请求书及其附件后，管理专利工作的部门可以参照专利侵权纠纷案件处理的时限（即 5 个工作日内）将其送达给被请求人。如果为邮寄送达，理解为在 5 个工作日内将专利纠纷调解请求书及其附件寄出，而非被请求人收到。地方相关法规或者规章对此有特别规定的，从其特别规定。

四、正式立案

被请求人同意进行调解，并提交意见陈述书就请求人提出的调解事项说明理由的，管理专利工作的部门应当及时立案，并向双方当事人发出立案通知书，通知请求人和被请求人调解的时间和地点。

专利纠纷涉及第三人的，应当通知第三人参加，一并进行调解。

被请求人逾期未提交意见陈述书，或者在意见陈述书中表示不接受调解的，管理专利工作的部门应当在期限届满或者收到意见陈述书之日起 5 个工作日内制作专利纠纷行政调解不予立案通知书，并送达请求人。

五、证据审查

管理专利工作的部门应当安排执法人员对请求人提交的材料、被请求人提交的意见陈述书及材料进行审查。

1. 当事人提交证据材料的，执法人员应当要求其对证据材料进行逐一分类编号，对证据材料的来源、证明对象和内容作简要说明，签名或者盖章，注明提交日期。

2. 当事人提交证据材料时，执法人员应当填写接收当事人提交证据材料清单，并交当事人签名确认。接收当事人提交证据材料清单一式二联，一联附卷，一联交当事人。

3. 当事人提供证据材料的，应当提供原件或者原物。如保存证据原件、原物或者提供原件、原物确有困难的，可以提供经核对无异的复制件或者复制品。执法人员在接收当事人提交的证据材料后，应当审查其是否为原件；不是原件的，应当将复印件与原件校对后，在复印件上注明“经核对与原件一致”字样，并由校对人签章。

4. 域外证据。请求人是在中华人民共和国领域内没有住所或者营业场所的外国主体的，其提交的请求人身份证明文件、授权委托书等证据材料是在中华人民共和国领域外形成的，该证据材料应当经所在国公证机关予以公证，并经中华人民共和国驻该国使领馆予以认证，或者履行中华人民共和国与该所在国订立的有关条约中规定的证明手续。

5. 港澳台证据。请求人提供的证据是在香港特别行政区、澳门特别行政区、台湾地区形成的，应当要求其履行相关的证明手续。

6. 执法人员在接收当事人提交的外文证据时，应当审查其是否提供中文译本；未能提供中文译本的，退回其外文证据并通知其在指定期限内将中文译本和外文证据原件一并提交。

7. 执法人员应当要求当事人在指定的期限内提交所有的证据材料。当事人因特殊原因无法按期提交且要求延期提交的，由其提出书面申请并说明原因，经办案处（科）室负责人审定后，报管理专利工作的部门负责人审批。当事人无故逾期提交的，可以不予接收。

8. 对于应当保密的证据，承办案件的执法人员负有保密义务。

六、举证责任

调解专利纠纷，由当事人对其主张负全部举证责任。下列事实，当事人无须举证证明：

1. 自然规律及定理。

2. 众所周知的事实。

3. 根据法律规定或者已知事实和日常生活经验法则，能推定出的另一事实。

4. 已为人民法院发生效力的裁判所确认的事实。

5. 已为仲裁机构的生效裁决所确认的事实。

6. 已为有效公证文书所证明的事实。

上述第2~6项，当事人有相反证据足以推翻的除外。一方当事人对另一方当事人陈述的案件事实明确表示承认的，另一方当事人无须举证。

第二节　调解工作

管理专利工作的部门调解专利纠纷时要以双方当事人自愿为原则，依照实体法、程序法的规定，维护双方当事人的合法利益。各方当事人在调解过程中作出的让步或者对某些正当权利的放弃应确实出自其自愿，管理专利工作的部门不强迫当事人作出让步。

一、调解员

管理专利工作的部门受理专利纠纷行政调解请求后，应当在收到被请求人同意调解的意见陈述书之日起5个工作日内指定执法人员担任纠纷调解员。事实清楚、情形简单的纠纷，可以由1名调解员现场组织调解；其他情形的纠纷，可以由3名以上调解员组成合议组进行调解。

执法人员担任纠纷调解员，有下列情形之一的，应当回避：

1. 是本案当事人、代理人或者与当事人、代理人有直系血亲、三代以内旁系血亲或近姻亲关系的。

2. 本人或者其近亲属与本案有利害关系的。

3. 与本案当事人、代理人有其他关系，可能影响案件公正调解的。

当事人认为调解员有上述应当回避情形之一的，可以向管理专利工作的部门口头或者书面申请其回避；调解员有上述情形之一的，应当主动回避。

调解员的回避，由管理专利工作的部门负责人决定；负责人的回避，由主要负责人决定；主要负责人的回避，由管理专利工作的部门负责人集体讨论决定，主要负责人不参加会议。

二、调解方式

专利纠纷案件正式立案后，管理专利工作的部门应当及时开展调解工作。调解方式主要包括以下几种：

1. 现场调解：是指执法人员与纠纷各方当事人都到场的调解方式。这种方式由于当事人能够面对面沟通，最有利于纠纷的解决，因此是最主要的调解方式。

2. 电话调解：是指执法人员与纠纷各方当事人电话沟通进行调解。通过电话调解很多时候难以解决问题，因此大多数时候只作为现场调解的一种辅助方式。

3. 书面调解：是指执法人员与纠纷各方当事人针对纠纷焦点或者调解协议的内容以书面的形式进行沟通交流的一种调解方式。

4. 执法人员调解后当事人之间自行沟通：在执法人员进行调解后，当事人之间可以自行沟通，达成调解协议。

执法人员应当根据具体案情选择调解方式。同一件案件中可以综合使用多种调解方式。

三、中止调解

有下列情形影响案件处理的，当事人可以提出中止处理请求；是否中止，由管理专利工作的部门决定：

1. 一方当事人死亡，需要等待继承人表明是否参加案件处理的。
2. 一方当事人丧失民事行为能力，尚未确定法定代理人的。
3. 作为一方当事人的法人或者其他组织终止，尚未确定权利义务承受人的。
4. 一方当事人因不可抗拒的事由，不能参加案件处理的。
5. 本案必须以另一案的处理结果为依据，而另一案尚未处结的。
6. 其他应当中止处理的情形。

中止的原因消除后，依当事人的申请可恢复行政调解。中止时间不计入调解期限。

四、现场调解程序

（一）通　知

执法人员通知各方当事人参加现场调解应当制作专利纠纷调解通知书，以通知请求人和被请求人进行调解的时间和地点。当事人不能参加的，应当提前 3 日申请改期进行调解。

当事人各方应当在收到专利纠纷调解通知书后，于调解日 3 个工作日前填写专利纠纷调解回执，将出席调解人员的姓名、职务，以及是否申请调解员回避等事项的书面材料提交管理专利工作的部门。

管理专利工作的部门调解专利纠纷可以邀请与当事人有特定关系或者与案件有一定联系的单位，以及具有专门知识、特定社会经验、与当事人有特定关系并有利于促成调解的个人，参与和协助调解。

（二）陈述与质证

参加现场调解时，各方当事人应当持有效的身份证件。调解可按照以下顺序进行：（1）由请求人陈述有关事实和证据。（2）由被请求人陈述有关事实和证据。（3）出示当事人所有证据，由当事人质证；未经质证的证据，不能作为认定案件事实的依据。（4）执法人员总结争议焦点。

（三）辩　　论

1. 如果组成合议组，经合议组组长许可，当事人可以互相发问，合议组成员可以询问当事人。

2. 在专利纠纷调解调查后，当事人双方进行口头辩论。

案件的同一事实，除举证责任倒置外，由提出主张的一方当事人首先举证，然后由另一方当事人举证。另一方当事人不能提出足以推翻前一事实的证据的，对这一事实可以认定；提出足以推翻前一事实的证据的，再转由提出主张的当事人继续举证。

在双方当事人对案件证据和事实无争议的情况下，可以在双方当事人对证据和事实予以确认的基础上，直接进行口头辩论。由当事人就证据所表明的事实，争议的问题和适用的法律、法规各自陈述其意见，并进行辩论。辩论一般先由请求人发言。

3. 在双方当事人的辩论意见表达完毕后，执法人员宣布辩论终结，由双方当事人作最后意见陈述。

（四）调　　解

当事人可以自行提出调解方案，执法人员也可以依据双方当事人意见结合自身专业意见提出调解方案供当事人协商参考。执法人员应当对调解过程中获悉的商业秘密、个人隐私及其他依法不应公开的信息保守秘密。

（五）调解笔录

管理专利工作的部门调解专利纠纷，应当制作调解笔录，简要记载调解时间、地点、参加人员、协商事项、当事人意见和调解结果，由当事人和主持调解的执法人员核对无误后签名或者盖章。

第三节　结　　案

经调解，专利纠纷案件可以以达成调解协议、撤销案件等方式结案。

一、调解结案

当事人通过调解达成协议的，可以签订调解协议书。当事人认为不需要签订调解协议书的，由调解员将协议内容记入笔录，并交双方当事人签字或盖章。

调解协议书应当载明下列事项：（1）当事人及其委托代理人的相关情况，包括姓名或者名称、性别、年龄、职业、工作单位、住所、法定代表人或者主要负责人姓名和职务。（2）争议的主要事实。（3）当事人达成调解协议的内容、履行的方式和期限。（4）当事人违反调解协议的责任。（5）调解协议书的生效条件和生效时间。（6）其他相关事项。

调解协议书应当由当事人及调解员签字或盖章，并加盖管理专利工作的部门的印章。调解协议书未明确具体的生效时间的，自双方当事人签字或盖章之日起生效。

当事人应当自觉履行调解协议，不得擅自变更或者解除调解协议。

有下列情形之一的，调解协议无效：（1）违反法律、法规强制性规定的。（2）侵害国家利益、社会公共利益的。（3）侵害他人合法权益的。

二、撤销案件

有下列情形之一的，行政调解终止：

1. 调解过程中至少一方不同意继续进行调解的。

2. 调解过程中至少一方无正当理由在规定的时间不参加调解活动的。

3. 经调解未能在合理期限内达成调解协议的。

管理专利工作的部门遇有上述情形之一的，应终止调解，以撤销案件的方式结案，向当事人发出专利纠纷调解案件终止调解通知书，并告知当事人其他纠纷解决途径。

三、调解时限

管理专利工作的部门调解专利权属纠纷，应当在立案之日起 2 个月内结案。案件特别复杂需要延长期限的，应当由管理专利工作的部门负责人批准。经批准延长的期限，最多不超过 1 个月。

其他类型专利纠纷调解时限，地方性法规、规章有规定的，从其规定。

四、案卷管理

管理专利工作的部门受理专利纠纷案件的，应当按照一案一号、一案一卷的原则建立案卷。执法人员应将调解专利纠纷案件过程中形成的文书、档案及时归档，统一管理。

案件结案后，执法人员应当及时将专利纠纷调解案卷移交本部门档案管理机构归档。

第三章　专利权属纠纷的行政调解

根据《专利法实施细则》第八十五条第一款第（一）项的规定，管理专利工作的部门应当事人请求，可以对专利申请权和专利权归属纠纷进行调解。

第一节　职务发明创造引起的专利权属纠纷的行政调解

执行本单位的任务或者主要是利用本单位的物质技术条件所完成的发明创造为职务发明创造。职务发明创造申请专利的权利属于该单位；申请被批准后，该单位为专利权人。

利用本单位的物质技术条件所完成的发明创造，单位与发明人或者设计人订有合同，对申请专利的权利和专利权的归属作出约定的，从其约定。

本单位，是指发明人或设计人所在的，能够以自己的名义从事民事活动，独立享有民事权利，独立承担民事责任和义务的组织，既包括法人单位，也包括能够独立从事民事活动的非法人单位，如个人独资企业、个人合伙企业等。本单位包括临时工作单位，以及在作出发明创造之前1年内发明人或设计人办理退休、调离手续或者劳动、人事关系终止的单位。

本单位的物质技术条件，是指本单位的资金、设备、零部件、原材料或者不对外公开的技术资料等。

一、职务发明专利权属纠纷调解案件的类型

因职务发明创造引发的权属纠纷调解请求通常由发明人或设计人或者其所在单位提起。其类型包括：

1. 发明人或设计人认为归属于其所在单位的发明创造属于非职务发明创造。

2. 发明人或设计人将研发成果以个人名义申请专利，其所在单位认为该发明创造属于职务发明创造。

3. 发明人或设计人从原单位退休、调离原单位后或者与原单位终止劳动、人事关系后1年内，其作为发明人或设计人的发明创造由其本人、其他单位或个人提交专利申请，原单位认为该发明创造与发明人或设计人在原单位承担的本职工作或者原单位分配的任务有关联，属于发明人或设计人在原单位的职务发明创造。

4. 主张自己为发明人或设计人的自然人在提起发明人或设计人资格纠纷调解请求的同时，主张所述发明创造为非职务发明创造而提起专利权属纠纷调解请求。

二、职务发明创造的判断

下列发明创造属于职务发明创造：

1. 在本职工作中作出的发明创造。

2. 履行本单位在本职工作之外分配的任务所作出的发明创造。

3. 退休、调离原单位后或者劳动、人事关系终止后1年内作出的，与其在原单位承担的本职工作或者原单位分配的任务有关的发明创造。

4. 主要是利用本单位的资金、设备、零部件、原材料或者不对外公开的技术资料等物质技术条件所完成的发明创造。

判断是否属于职务发明创造，不取决于发明创造是在单位内还是在单位外作出，也不取决于是在工作时间之内还是在工作时间之外的业余时间作出，只要属于执行本单位的任务或者主要是利用了本单位的物质技术条件，均属于职务发明创造。

（一）在本职工作中作出的发明创造

“本职工作”是指根据劳动合同、聘用合同等确定的工作人员的工作职责。本职工作即发明人或设计人的职务范围，属日常工作职责，既不是指单位的业务范围，也不是指个人所学专业的范围。

本职工作的性质是判断发明创造的作出是否为执行本单位的任务的首要因素。原则上，一个单位研发部门工作人员的本职工作即为从事研究、开发、设计等，他们在执行相应的研究、开发、设计任务中完成的发明创造属于在本职工作中作出的发明创造。如果发明人或设计人的本职工作并非研发，而是其他不涉及发明创造的工作，例如行政管理、秘书、人力资源管理等，其没有从事发明创造的义务，如果其在完成相应职责工作之余作出了与本单位相关的发明创造，则不属于在本职工作中完成的发明创造。

【案例3－1】

余某是某汽车公司专门从事发动机开发的工程师，其在工作中发明了一种节能发动机，该发明应当属于职务发明创造；丁某是该汽车公司的修理工，其针对某款汽车油耗较高的缺陷发明了一种节油装置，因为其本职工作是修理汽车而非改进汽车性能，因此该发明不应当属于职务发明创造。

【案例3－2】

孔某为某公司的技术研发人员，其接受该公司的指派研制出一种高速水雾喷头技术。后该公司将该喷头申请专利并获得授权，孔某是发明人之一。孔某认为该技术发明不是在工作时间完成，而是其本人利用休息时间在晚上构思完成的，属于非职务发明，专利权应归其个人所有。

分析与评述

一般而言，单位研发部门的工作人员的本职工作就是从事研究、开发、设计等工作，他们执行相应的研究、开发、设计任务完成的发明创造属于在本职工作中作出的发明创造。这是职务发明创造最典型、最常见的情形。该案中，孔某的本职工作就是技术研发，涉案专利高速水雾喷头是孔某接受公司委派的研制任务而开发完成的技术，应当属于孔某在本职工作中作出的发明创造，属于职务发明创造。

孔某所主张的该设计由其一人在业余时间构思，属于非职务发明的观点，不能成立。不能仅以技术构思是在业余时间完成而当然认定有关发明创造即为非职务发明创造。发明创造是人的智力活动成果，而智力活动与体力劳动最大的不同之处就在于智力活动具有一定的连续性。一个人在上班时间进行的技术构思不会因为下班而完全停止。因此，只要是执行本单位任务或者主要是利用本单位的物质技术条件完成的发明创造，不论其技术构思是在上班时间还是业余时间完成，均应属于职务发明创造。

【案例3－3】

某工具厂的生产经营范围为汽车修理专用可调铰刀、板牙架等。余某在任该厂厂长期间，以个人名义申请了名为“气门座圈拉器”的实用新型专利并被授予专利权。余某在获得该专利权后，将该专利技术无偿投人到该工具厂的生产中。余某退休后，双方对该专利权的归属产生纠纷。

分析与评述

厂长具有作出与本厂业务有关的非职务发明创造的权利。但是，厂长是企业的法定代表人，全权负责企业各方面的工作，厂长的本职工作一般不能理解为仅仅是行政领导，而与业务和技术问题无关。在认定厂长的发明创造是否为执行本单位的任务时，应着重从两个方面予以审查：一是发明创造技术方案的完成时间是否在其任职期内，二是该发明创造是否在该企业的生产经营范围之内。

该案中，涉案专利的技术方案为余某在其任厂长期间完成的，且涉案专利产品是在该工具厂原有产品基础上的完善和改进。因不断研制开发这类新产品与工具厂的生存息息相关，因此涉案专利技术属于该工具厂的生产经营范围。该工具厂为小规模企业，其内部对新产品研制开发工作并无明确具体的分工，也无专职的新产品研制开发部门或人员，而余某任该工具厂厂长时对该厂的管理和技术开发工作均承担着主要职责。因此，余某对涉案专利技术的研制，属于执行本单位的任务，涉案专利应为职务发明创造，专利申请权和专利权均应属于该工具厂。

假定涉案专利技术方案是余某在其任厂长之前完成的，则需要确定完成该专利技术方案时余某的本职工作是什么。如果在完成该专利技术方案时余某根本不在该工具厂任职，则余某对该专利技术方案的研发不可能属于“本职工作中的发明创造”；如果其在任厂长之前负责或者参与该厂的技术开发，则余某对该专利技术方案的研发仍属于“本职工作中的发明创造”；如果在完成该专利技术方案时余某并不负责或者参与该厂的技术开发，则余某对该专利技术方案的研发不属于“本职工作中的发明创造”。至于该专利是否属于职务发明创造，还要从其是否在履行单位在本职工作之外分配的任务，是否主要利用了本单位的资金、设备、零部件、原材料或者不对外公开的技术资料等物质技术条件等方面进行考量。

（二）履行本单位交付的其他任务作出的发明创造

履行本单位交付的其他任务过程中完成的发明创造，属于职务发明创造。

认定一项任务是否为单位分配给工作人员的在其本职工作之外的其他任务，应当有明确、具体的依据，包括单位与工作人员之间签订的协议、单位有关部门发出的书面通知、办理的有关手续等。

【案例3-4】

肇某是某果树研究所的研究人员，其本职工作是果树栽培技术研究。1984年，肇某与其他三人共同受该果树研究所委派，成立课题组进行长效复合肥研制，四人均由果树研究所人事部门通过便函等手续调到课题组。1989年，该果树研究所申请了“长效复合肥”发明专利并获得授权，肇某等为发明人。肇某认为该技术方案不是其本职工作，是其与他人合作完成，专利权应归其四人所有。

分析与评述

如果单位能够提供明确、具体的证据用以证明一项任务是单位分配给工作人员的其本职工作之外的其他任务，例如单位与工作人员之间签订的协议、单位有关部门发出的有关书面通知、办理的有关手续等，则应当认定履行该任务所作出的发明创造是职务发明创造。

该案中，“长效复合肥”发明专利是肇某在果树研究所任职期间完成的。肇某的本职工作是果树栽培技术研究，长效复合肥研制通常不被认为是肇某的本职工作。要证明该项发明创造属于肇某的职务发明，果树研究所负有更重的举证责任。其要么举证证明长效复合肥的研制属于单位交付给肇某的除本职工作之外的其他任务，要么证明肇某在完成该项发明创造时主要利用了单位的物质技术条件。该案中，根据果树研究所提供的人事部门出具的便函，可以证明肇某从事该项工作完全是单位的安排和要求。虽然肇某作为发明人，对长效复合肥专利的研制作出了创造性贡献，但长效复合肥研制的申请立项、试验、推广等都以是果树研究所的名义进行的。肇某作为长效复合肥研究项目的主持人主持研发，完全是为了完成果树研究所交付的工作任务。其据此作出的发明创造属于职务发明创造，专利权应当归属果树研究所。

（三）一定期限内与原单位有关联的发明创造

发明人或设计人退休、调离原单位后或者劳动、人事关系终止后1年内作出的，与其在原单位承担的本职工作或者原单位分配的任务有关的发明创造，属于职务发明创造。

“退休、调离原单位后或者劳动、人事关系终止后1年内”，应当从发明人或设计人办理退休、离职手续，正式与原单位解除劳动关系之日起算。

“作出”发明创造的日期应当是发明创造的实际完成日，而非发明创造提交专利申请的申请日。如果在1年内申请专利的，可以推定该专利申请日为作出发明创造的最迟日期；如果在1年后申请专利的，不能直接推定该发明创造是在1年后作出的，需要原单位（主张该发明创造为职务发明创造的当事人）提供其他证据证明该发明创造的实际作出日期。原单位不能证明该发明创造的实际作出日期的，推定专利申请日为实际作出日期。

“与其在原单位承担的本职工作或者原单位分配的任务有关”，应理解为该发明创造在发明人或设计人在原单位具体承担的本职工作之内，或者在原单位分配的其他任务范围之内。如果发明创造只是在原单位的业务范围内，但与发明人或设计人在原单位的本职工作或被分配的其他任务无关，则不属于“一定期限内与原单位有关联的职务发明创造”。

【案例3－5】

瑞昌公司成立于1994年1月，经营范围主要为设计、开发、生产、销售并安装石油化工、节能环保设备等。该公司先后研发并申报了多项涉及“换热器”领域的实用新型或发明专利，其中包括名为“一种弧形板式换热器”的实用新型专利。该专利技术主要应用于石油化工行业，促进冷、热流体的热量交换。2016年5月11日，某石化公司向国家知识产权局申请了名为“一种U形流道板式换热器”的发明专利，该公司为专利权人，发明人为程某某。该专利于2017年12月1日获得授权公告。该专利证书记载，该专利解决了“一种弧形板式换热器”实用新型专利存在的问题。瑞昌公司请求确认该发明专利权归其所有。

经查，涉案专利证书中所记载的发明人程某某及第三人程某锋、王某，均曾就职于瑞昌公司，后就职于某石化公司。在瑞昌公司工作期间，程某某主要从事销售工作；程某锋、王某等人主要从事研发工作，参与了与涉案专利相关联的研发项目。程某某没有参与研发过与涉案专利相关的研发工作，不具备涉案专利研发的经验。涉案专利申请日距离王某从瑞昌公司离职未满1年，距离程某锋从瑞昌公司离职超过1年未满2年，但程某锋曾作出“离职两年内，取得的专利应归属瑞昌公司所有”的承诺。因此，涉案专利应系王某执行瑞昌公司的任务所完成的职务发明创造，涉案专利权归瑞昌公司所有。

分析与评述

发明创造是复杂的智力劳动，不是一朝一夕就能够完成的，要经历从提出构思、进行研究开发到实验验证的整个过程。一个承担单位研发项目的员工在离开原单位后的一段时间内，其作出的发明创造往往与其在原单位承担的工作有密切的联系，这是《专利法》规定员工从原单位离职1年内，与其在原单位所承担工作任务有关的发明创造归原单位所有的原因。该案中，程某锋、王某作为瑞昌公司的前工作人员，在原单位从事与涉案专利具有一定关联的技术研发工作，在离开原单位不满1年或在承诺的保密期内，作出的与在原单位所从事的研发工作具有关联性的发明创造应归属原单位。

【案例3-6】

郭某和黄某是A公司的技术研发人员，是A公司1996年获得授权的发明专利“链条炉排生活垃圾炉”的发明人。B公司于1997年申请“竖井式两段链条炉排垃圾焚烧炉”实用新型专利，在请求书中将本公司职工赵某、余某列为发明人。

1998年1月，郭某和黄某离开A公司，前往B公司工作。1998年4月，郭某、黄某、赵某、余某和B公司签订了《关于转让专利设计人的合同》，合同中约定：对于B公司已申请的上述实用新型专利，确认赵某、余某完成了该专利的总体设计，但因他们提出辞职，B公司决定将该专利的发明人由赵某、余某变更为郭某、黄某，B公司一次性向赵某、余某每人支付5 000元报酬。在合同签订之前，B公司已经向国家知识产权局提交了著录项目变更申报书，请求将该专利的发明人变更为郭某、黄某。1998年12月，该实用新型专利获得授权，授权公告文本上公布的设计人是郭某和黄某。A公司认为，根据国家知识产权局公告公布的发明人，郭某和黄某离开A公司不到1年就成为B公司涉案实用新型专利的发明人，因此该实用新型专利应为郭某和黄某的职务发明，专利权应归A公司所有。

分析与评述

法律之所以规定发明人或设计人从原单位离职后一定期限内作出的与其在原单位的本职工作或执行的工作任务有关联的发明创造属于原单位的职务发明创造，原因在于，智力活动从产生到完善具有连续性，一个熟知原单位业务的员工从原单位离职后，其在原单位积累的知识和经验、属于原单位的技术秘密等不会因其离职而消失，其在离职后一定时期内作出的发明创造往往与其在原单位承担的工作任务密切相关。如果不将上述发明创造纳入原单位的职务发明创造，将会损害原单位的合法利益。另外，这段“脱密期”又不能太长而损害发明人或设计人重新选择就业的权利。为了平衡原单位与发明人或设计人的利益，《专利法》将这一“脱密期”规定为1年。

该案中，郭某和黄某原本是A公司的技术研发人员，在离开A公司1年内就成为B公司涉案实用新型专利的发明人。A公司要证明涉案实用新型专利为郭某和黄某在A公司的职务发明，应当举证证明涉案实用新型专利与郭某和黄某在A公司工作期间承担的本职工作或者A公司分配的任务有关。如果A公司不能完成该项举证责任，A公司不可能拥有该项专利。该案中，A公司未能证明上述内容，且B公司提供的证据表明，在郭某和黄某到B公司工作之前，B公司已经申请了涉案专利，且请求书中表明发明人为赵某和余某，也就是说，在郭某和黄某到B公司工作之前，B公司已经掌握了涉案专利技术。因此，涉案专利不可能属于A公司的职务发明。

需要说明的是，该案例旨在说明一定期限内与原单位有关联的发明创造的专利权属纠纷，案中《关于转让专利设计人的合同》所涉及的发明人署名资格转让并不符合相关法律、法规的规定。

（四）主要是利用本单位的物质技术条件完成的发明创造

“主要是利用本单位的物质技术条件完成的发明创造”，是指发明人或设计人在本职工作或本单位交付的其他任务以外，按照自己的意志主动完成的发明创造，在该发明创造的完成过程中，全部或者大部分利用了单位的资金、设备、器材或者原材料等物质条件，或者发明创造的实质性内容基于该单位尚未公开的技术成果、阶段性技术成果或者关键技术。对利用本单位提供的物质技术条件，约定返还资金或者交纳使用费的除外。

判断发明创造的作出是否主要利用了本单位的物质技术条件，要考虑本单位的物质技术条件是否属于完成发明创造不可或缺或不可替代的前提条件，或者所利用的本单位的物质技术条件是否对发明创造的完成具有实质性贡献或起到决定性作用。在研究开发过程中利用本单位已公开或者已为本领域普通技术人员公知的技术信息，或者仅在发明创造完成后利用本单位的物质技术条件对技术方案进行验证、测试的，不属于主要利用本单位的物质技术条件。

如果对本单位的物质技术条件的利用只是少量的、可有可无的，或者所述物质技术条件对发明创造的完成没有起到实质性帮助，则不被认为达到“主要是利用本单位的物质技术条件”的程度。

【案例3-7】

孙某为某医院的退休职工，其在该医院工作期间的本职工作是临床工作。孙某在该医院工作期间，作为主要完成人员参与了该医院研制的新药“癌灵1号注射液”的临床与试验研究项目组的工作，负责临床研究。在此过程中，孙某对该药物的剂型及处方组成的改进提出了构思和建议。后该医院将该药物申请了专利并获得授权，孙某是发明人之一。孙某认为该专利是其本人独立完成的，且其对处方的改进不属于本职工作，因此该专利应属于非职务发明，专利权应归其个人所有。

分析与评述

该案中，孙某的本职工作是临床工作，该医院交付给孙某的除本职工作之外的任务是“癌灵1号注射液”的临床与试验研究项目组的临床研究工作。因此，孙某对药物处方的改进并不是执行本单位的任务。

但是，新药的研制开发是由该医院的项目组完成的，孙某是项目组成员之一，该项发明创造由医院提出研究方向、项目要求等，并提供临床观察等研究条件，研究过程体现的是该单位的意志。孙某提出技术方案的构思或想法虽对专利的完成具有重要的意义，但中药药物的研制完成不仅仅包括确定处方的组成，还包括后续的一系列药学、药物制备、药理、药效、毒性、临床试验等研究，药品研发的各个阶段形成复方药品研制的有机整体。没有证据表明孙某作为临床医师完成了临床工作以外的药品研制的其他工作，其对处方组成的改进主要是利用了医院的资金、设备、原材料或者不对外公开的技术资料等物质技术条件，且也仅为构思和建议，不足以形成一个完整的发明专利，因此其发明创造属于职务发明创造。通常情况下，执行本单位的任务客观上应当主要利用本单位的物质技术条件。在执行本单位任务的情况下，对本单位物质技术条件的利用应当被认为属于执行本单位任务的情形，直接判定相关发明创造属于职务发明创造，无须另行认定其是否属于"主要是利用本单位的物质技术条件"的情形。

【案例3-8】

吴某经过长期研究，开发出一种能源转换技术和设备，并提供图纸委托他人加工制造了一台能源转换设备。1999年1月，吴某以该设备为固定资产作实物出资，与雷某一起注册成立A公司。A公司于1999年8月申请了名称为"一种可燃性垃圾的处理方法"的发明专利并获得授权，发明人为吴某。2001年1月，吴某与B公司的田某共同申请了名称为"无害化处理垃圾的高温裂解炉及回收装置"的实用新型专利并获得授权，专利权人和发明人均为吴某和田某。A公司认为该实用新型专利的设备即为A公司的能源转换设备，是为实施A公司的发明专利专门设计的，其在A公司成立之前就已研制成功，吴某以该设备出资后，该设备就成为A公司的固定资产，因此，利用该设备形成的实用新型专利应该是A公司发明专利的从属专利，属于吴某在A公司的职务发明创造，专利权应当归A公司所有。

分析与评述

"主要是利用本单位的物质技术条件"强调的是本单位的物质技术条件在发明创造完成过程中的作用和比重。在此类纠纷案件中，若单位主张发明创造的作出主要是利用本单位的物质技术条件，应当提供明确、具体的证据，例如协议、财务文件等，以证明发明创造的作出全部或者大部分利用了单位的资金、设备、器材、原材料和/或阶段性技术成果或关键技术。若所涉及的本单位的物质技术条件为本单位尚未公开的技术成果，则职工应当负有证明该技术成果已经公开的举证责任。

该案中，A 公司主张所述实用新型专利应该归其所有基于两项理由：一是该实用新型专利保护的就是其拥有的固定资产“能源转换设备”，或者说是在其能源转换设备上完成的，因此，该实用新型专利的完成主要利用了 A 公司的物质技术条件，应当为职务发明创造；二是该能源转换设备是专门为实施其发明专利设计的专用设备，该实用新型专利作为该发明专利的从属专利，理应归 A 公司所有。

1. 关于以上第一项理由

A 公司成立时拥有一台吴某在 A 公司成立之前提供技术制作的能源转换设备作为公司的固定资产。A 公司要证明所述实用新型专利为吴某在 A 公司所作的职务发明创造，应当举证证明：（1）其拥有的能源转换设备与涉案实用新型专利的技术方案相同或等同；吴某在以所述能源转换设备出资时，将该能源转换设备相应的知识产权一并转移给 A 公司；（2）在所述能源转换设备与所述实用新型专利技术方案不相同也不等同的情况下，证明所述能源转换设备技术属于 A 公司的技术秘密，完成所述实用新型专利必须利用或者借助于所述能源转换设备。该案中，A 公司既未能证明该实用新型专利技术属于 A 公司拥有的成果或申报的专利权，也未能证明涉案实用新型专利是吴某执行 A 公司的任务或者主要是利用了 A 公司的物质技术条件所完成的发明创造，因此不能证明该实用新型专利是吴某在 A 公司的职务发明创造。

2. 关于上述第二项理由

所谓基本专利，指的是不依附于任何其他专利的最原始的专利；从属专利则是在基本专利的基础上进行改进所获得的专利，该专利的技术方案包括了基本专利的必要技术特征，其实施必然会落入基本专利的保护范围或者覆盖基本专利的技术特征，也必然有赖于基本专利技术的实施。从属专利的形式主要有：（1）在原有产品专利技术特征的基础上，增加了新的技术特征；（2）在原有产品专利技术特征的基础上，发现了原来未曾发现的新的用途；（3）在原有方法专利技术方案的基础上，发现了新的未曾发现的新的用途。该案中，首先，A 公司并未充分证明 B 公司的实用新型专利的实施依赖于 A 公司的发明专利，所述实用新型专利是在发明专利基础上的改进；其次，实现方法发明技术方案的设备通常并不唯一，即使实现该案 A 公司方法发明的设备只能是该案实用新型专利所指向的设备，也不能否定发明专利与实用新型专利两个技术方案各自独立、非基本专利和从属专利的关系，因此无法证明涉案实用新型专利的权属问题。

（五）单位与发明人、设计人就权利归属作出合同约定

单位与发明人或设计人之间可以对发明创造的权利归属作出约定，这种约定应当

采用书面合同的形式。在对专利权属纠纷进行行政调解时，应首先考察双方当事人是否就专利申请权或专利权归属存在合同约定。有合同约定的，应首先确定合同的有效性。在合同有效的情况下，遵从合同约定确定权利归属。在合同无效的情况下，视为无合同约定，按照《专利法》第六条第一款的规定确定权利归属。

【案例 3 -9】

姚某于 1998 年与他人合资成立 A 公司，姚某提供本人专利及技术并负责新产品开发。2001 年，姚某个人申请了名称为“一种带中药蒸汽产生装置的洗浴设备”的实用新型专利，并于 2002 年获得授权。2004 年，姚某与 A 公司签订了《专利实施许可协议》，该协议认可姚某是该实用新型专利的专利权人，姚某同意 A 公司使用该专利技术用以开发可以自动煎中药的足浴盆产品，协议还约定“在该专利的基础上一切扩展、涵盖的专利权归姚某所有”。2005 年，姚某又申请了“一种液体制取方法和装置”的发明专利并获得授权。经查明，该发明专利的技术方案涵盖并扩展了上述实用新型专利的技术方案。A 公司认为，姚某作为公司的总工程师，分管技术研发等工作，该发明专利应属执行本单位的任务所完成的职务发明，其专利权应当归 A 公司所有；执行本单位的任务所完成的职务发明依法不允许通过订立合同的方式约定归属，《专利实施许可协议》中的约定违反了法律，应当认定无效。

分析与评述

在专利权属纠纷的调解中应当遵从合同优先的原则，在合同有效的情况下，按照合同约定确定权属。

该案中，姚某作为 A 公司的技术负责人，其工作职责是研发、设计足浴盆产品，因此涉案发明专利是其在本职工作中作出的发明创造，属于执行本单位的任务所完成的职务发明创造。但是，因双方通过合同，对在涉案实用新型专利基础上的改进专利权的归属进行了约定，在合同真实有效的情况下，应当按照《专利实施许可协议》来认定争议专利的权属，涉案发明专利的专利权应归姚某所有。

对于 A 公司所提出的“执行本单位的任务所完成的职务发明依法不允许通过订立合同的方式约定归属”的问题，一种观点认为，按照《专利法》第六条第三款的字面含义，单位与发明人、设计人之间订立的合同应当限于“利用本单位的物质技术条件所完成的发明创造”的情形，对于“执行本单位的任务所完成的发明创造”，不适用《专利法》第六条第三款的规定，即“执行本单位的任务所完成的发明创造”只能作为职务发明创造归属于单位所有，不能通过合同进行约定；如果对这种类型的发明创造的权利归属也允许约定的话，不仅有可能扰乱单位内部的管理秩序，影响单位组织创新的积极性，还有可能导致国有资产的流失。另一种观点则认为，鉴于参与市场竞争的主体复杂多样，企业可以采取多种方式调动职工的创新积极性，单位与发明人或设计人之间基于真实的意思表示，对“执行本单位的任务所完成的发明创造”的权利归属作出约定并不损害社会及他人利益；如果将这种约定均认定无效的话，有悖于当事人的真实意思表示。

综上，专利申请权和专利权本质上还是一种民事权利，对《专利法》第六条第三款的理解不应仅限于其字面含义。对于当事人在不损害其他合法利益的情况下，基于双方真实的意思表示对自身民事权利进行处置应当予以尊重。在单位与发明人或设计人订立了合同，就其专利申请权和专利权约定归属的情况下，只要合同真实、符合双方当事人的真实意思表示，无论其中约定的是“利用本单位的物质技术条件所完成的发明创造”，还是“执行本单位的任务所完成的发明创造”，约定内容都应当被允许，管理专利工作的部门应遵从合同约定确定权利归属。

第二节　委托开发与合作开发引起的专利权属纠纷的行政调解

技术开发合同是指当事人之间就新技术、新产品、新工艺或者新材料及其系统的研究开发所订立的合同。技术开发合同包括委托开发合同和合作开发合同。根据《专利法》第八条的规定，委托或合作开发过程中完成的发明创造，专利申请权和专利权的归属取决于双方是否就该发明创造的归属另有协议约定。双方约定专利申请权和专利权的归属的，从其约定。

一、委托开发完成的发明创造

委托开发完成的发明创造，是指一个单位或个人提出研究开发任务并提供经费和报酬，由其他单位或者个人进行研究开发所完成的发明创造。委托开发合同的标的是一项新的技术或者设计，通常表现为一项新的技术方案，既可以是技术方案本身，也可以是体现技术方案的产品、工艺、材料或者其组合。

一个单位或者个人接受其他单位或者个人委托所完成的发明创造，双方就该发明创造的归属另有协议约定的，专利申请权属于协议约定的一方；双方没有协议约定归属的，专利申请权属于完成的单位或者个人；申请被批准后，申请的单位或者个人为专利权人。

【案例 3－10】

1983 年起，李某自己立项开始研究治疗乙型肝炎的配方。1986 年，李某与某制药厂签订委托加工协议书，其中约定：制药厂根据李某提供的配方和要求加工“肝病药物”，李某向制药厂支付加工费。协议书签订后，制药厂进行了不同剂型选择实验后建议“肝病药物”采用冲剂型，之后，制药厂加工出“肝病冲剂”初试药品，该药品在某医院临床应用，显示出较好的临床疗效。为将该药物推向市场，1988 年，双方签订了补充协议，约定：李某负责药物研发，包括配方改进、毒性试验、药效试验、提供临床疗效资料等；制药厂负责提供试验费用、生产、销售等。1993 年，李某以个人名义申请了“肝病冲剂”发明专利。制药厂认为该专利申请权及随后的专利权应由双方共享。

分析与评述

由于技术开发合同的性质影响到最终权利的归属，因此，在判断权利归属之前，应当首先确定双方当事人之间的合同究竟属于委托开发合同还是合作开发合同。属于委托开发合同的，管理专利工作的部门应考察合同条款，看其中是否就委托开发的技术成果归属存在约定。如果存在权属约定条款，以约定条款的内容为准判定权利归属；如果不存在权属约定，受托方拥有专利申请权和专利权。

该案中，根据双方补充协议，制药厂为出资方，李某为研发方，二者之间应当属于委托开发关系。由于双方的协议和补充协议中均未对涉案技术的专利申请权和专利权作出约定，因此根据《专利法》第八条的规定，涉案技术申请专利的权利属于完成该项技术发明创造的李某所有。

二、合作开发完成的发明创造

合作开发完成的发明创造，是指两个以上单位或者个人共同进行投资、共同参与研究开发工作所完成的发明创造。

两个以上单位或者个人合作完成的发明创造，合作各方就发明创造的归属订有协议的，按照协议确定权利归属；没有订立协议的，专利申请权和专利权属于完成或者共同完成的单位或者个人。

所述完成或者共同完成的单位，是指完成发明创造的发明人或设计人所在的单位。所述完成或者共同完成的单位或者个人，是指对发明创造的实质性特点作出了创造性贡献的合作方。

如果发明创造的完成是基于对某一合作方提供的特有的技术、设施或试验数据等的运用，则该合作方应视为对发明创造的实质性特点作出了创造性贡献。在没有协议的情况下，如果各方派出的人员对发明创造的完成都作出了创造性贡献，各方就是共同完成发明创造的单位或者个人，应当共同享有权利；如果只有一方的发明人或设计人对发明创造的完成作出了创造性贡献，其他合作方虽然参加了研究开发，但是没有作出创造性贡献，就只有该发明人或设计人所代表的一方享有权利。

【案例3－11】

A公司拥有保健药品“灵仙化石胶囊”的研究开发成果，其于1996年获得了省卫生厅同意批量生产灵仙化石胶囊的批准文号。1997年，A公司与B公司签订了《合作协议书》，协议约定：在卫生部门许可条件下，A公司将该药品的批准文号从A公司变更至B公司名下；A公司、B公司双方共同研制、开发、生产该药品，A公司提供20%的资金，主要负责提供配方、技术、生产工艺、技术指导等工作，并将上述工作的成果交由B公司保管，B公司派员参与药品研发，并负责提供该药品生产所需的厂房、设备、80%的资金和经营管理；对该药品继续研究的成果由A公司、B公司共享。《合作协议书》签订后，双方依约履行，进行了该药品的研制开发，B公司生产销售了该药品。2001年，B公司申请了名称为“复方威灵仙制剂制备工艺”的发明专利，并承认“复方威灵仙制剂制备工艺”是在A公司的“灵仙化石胶囊”研究成果原配方的基础上研究出来的。A公司认为，复方威灵仙制剂制备工艺与灵仙化石胶囊制备工艺完全相同，B公司违反合作协议的约定，窃取了A公司的研究成果并申请专利，该专利的专利申请权应归A公司所有。

分析与评述

A公司与B公司签订了《合作协议书》，明确约定了双方共同研制、开发、生产“灵仙化石胶囊”药品，并对该药品继续研究和开发，继续研究的成果由双方共享。因此该案属于有合同约定的合作开发的情形。

复方威灵仙制剂制备工艺是A公司和B公司签订《合作协议书》之后，在灵仙化石胶囊原配方的基础上研究开发出来的，因此可以认定复方威灵仙制剂制备工艺属于《合作协议书》里约定的“继续研究的成果”。根据双方在《合作协议书》中的约定，在没有相反证据表明A公司未依约履行其合同义务的情况下，应当认定A公司和B公司对复方威灵仙制剂制备工艺的取得均作出了贡献，涉案专利的专利申请权应归A公司和B公司共同享有。B公司单独以其名义申请专利的行为不应被支持。

对于A公司认为B公司违反合作协议的约定，窃取其研究成果并申请专利，该专利的专利申请权应归A公司所有的主张：首先，A公司提出的这一主张实质上是认为B公司申请的“复方威灵仙制剂”与其“灵仙化石胶囊”相同。为此，A公司需要举证证明二者技术方案之间的关系，即“复方威灵仙制剂”与“灵仙化石胶囊”究竟是相同还是对“灵仙化石胶囊”作出了实质性改进。经对比发现，二者存在诸多区别，并非完全相同，因此不能证明B公司窃取了A公司灵仙化石胶囊的研究成果，而是应当认定涉案专利申请的技术方案是利用了原中药复方的研究成果并在合作之后进行继续研究所取得的研究成果，相对于原中药制备工艺具有实质性的改进，属于双方合作期间的共同研究成果。

三、委托开发与合作开发的判断

委托开发合同与合作开发合同都是当事人之间就新技术、新产品、新工艺和新材料及其组合的研究开发所订立的合同。有合同约定权利归属的，无须区分合同的性质究竟是委托开发合同还是合作开发合同，应按照约定确定权利归属；双方没有约定权利归属的，需要判断双方是合作关系还是委托关系，以及发明创造究竟是双方共同完成的还是某一方独自完成的。

判断究竟是合作开发合同还是委托开发合同，除了考察合同的名称之外，还可以根据二者的不同特点来判断，主要包括：

1. 当事人之间的权利义务关系。合作开发合同，双方当事人享有和承担着类似的权利和义务；委托开发合同，除保密义务等双方均承担的义务以外，双方当事人之间的权利义务一般是相对的，委托方的义务是受托方（开发方）的权利，而受托方的义务则是委托方的权利。

2. 当事人参与研究开发工作的方式。合作开发合同的当事人共同参加研究开发工作，双方既可以共同进行全部的研究开发工作，也可以约定不同的分工，分别承担不同阶段或不同部分的研究开发工作；委托开发合同则不同，当事人一方主要负责物资或经费投入，一般不参与实体研究，即使参与研究，也仅起辅助或检查的作用，而另一方则主要从事研究开发工作。

3. 合同主体的能力。合作开发合同的当事人双方一般都具有研究开发能力，而委托开发合同的当事人，一般受托方具有科研能力。

判断合同双方究竟属于委托开发还是合作开发，主要依据两点：一是双方是否都进行了投资，二是双方是否都派出了人员参与研究开发。如果仅有一方投资，另一方进行研究开发，则一般属于委托开发；如果双方都进行了投资，且双方派出的人员对发明创造的完成都作出了创造性贡献，则应当属于合作开发；如果双方都进行了投资，但只有一方派出的人员对发明创造的完成作出了创造性贡献，尽管仍属于合作关系，但完成的发明创造只能由完成方享有权利。

【案例3－12】

2015年8月，B公司委托A公司开发定制化360°全景镜头模组，双方签订了《360°全景镜头模组委托开发协议》。协议签订后，A公司全面履行了协议并交付了全景镜头模组产品及相关技术资料。2015年9月18日，B公司向国家知识产权局提出包含专利名称为“全景图像采集装置”的发明专利在内的4项专利申请。专利获得授权后，A公司认为B公司的上述专利是履行涉案协议开发的技术成果，请求认定涉案专利的专利权归A公司所有，并对该专利的发明人予以变更。经查，涉案专利的实质性技术特征是由B公司提出，且A公司在缔约之时就已明确知晓并接受B公司有利用合同技术成果并添附技术特征申请专利的可能，B公司申请涉案专利没有恶意。

分析与评述

该案涉及利用技术开发合同的技术成果申请的专利归属如何认定的问题。依据《专利法》第八条的规定，合作完成或者委托完成发明创造的权利归属，有约定的从约定；无约定、约定不明的，申请专利的权利属于完成的单位或者个人，申请被批准后，申请的单位或者个人为专利权人。按照“谁创造谁保护”的原则确认专利权归属更符合专利制度鼓励创新的基本原则，故除另有约定外，对专利的“实质性特点”作出了创造性贡献的单位或个人，应当认定为专利权利人。此外，即使合同相对人参与了专利技术的开发，但其能够预期并接受专利申请人利用合同技术成果申请专利的，不应当分享专利权，故A公司的请求应予驳回。

四、发明创造的内容与合同标的的关系

判断基于合同的发明创造的归属，还应当考虑所涉及的专利或专利申请的技术方案与双方合同标的之间的关系。在双方存在委托或合作合同的情况下，如果涉案专利申请的技术方案与合同标的不具有关联性，则不能认为涉案专利申请是基于合同完成的发明创造。

【案例3－13】

2006年9月，A公司与B公司就城市轨道交通自动售票机项目达成合作意向并签

订了保密协议，其间，A公司提供图纸委托B公司加工城市轨道交通自动售票机样机。样机验收合格后，2007年9月19日，双方就该项目签订正式的《委托加工制造合同》，合同中约定："A公司委托B公司加工制造并由A公司按照合同价款和条件全部购买用于某市××线轨道交通的自动售票机"，"本合同的整机知识产权归A公司所有，组件知识产权归A、B双方共有"。之后，A公司发现B公司在2007年8月21日至9月11日期间，申请了"一种硬币循环处理机"等8项专利，申请人均为B公司和C公司。A公司认为，该8项专利中"一种硬币循环处理机"属于整机，专利权应归A公司所有，其余7项专利属于组件，专利权应归A公司和B公司共有。

B公司和C公司辩称，涉案8项专利源于B公司于2006年5月1日至2007年12月31日所承担的某市科委的"自助服务装备关键技术研究与应用"项目，该项目中包含"自助铁路售票装备系统应用研究"子课题，在该项目的《项目任务书》中载明"本项目研究的有关技术成果归某市科委、项目主持单位、课题承担单位所有"。2006年12月18日，B公司与C公司签订技术开发合同，就"自助铁路售票装备系统应用研究"课题的技术开发进行合作。随后，对该课题的合作成果申请了该8项涉案专利。在该8项专利的申请日跨度期间，B公司和A公司尚未形成技术合作开发关系。

分析与评述

实践中，经常会出现一个单位同时受托多个不同项目的情况，这些项目主题类似，来源于不同的委托单位。涉案研究成果究竟来源于哪一个项目往往是这类纠纷的关键。为此，需要判断涉案专利或专利申请的技术方案与相同委托事项或合同标的是否相同或高度关联。

该案中，B公司先后承接某市科委委托的"自助服务装备关键技术研究与应用"课题和A公司委托的城市轨道交通自动售票机加工项目。前者的研发时间为2006年5月1日至2007年12月31日；后者签订合作意向的时间是2006年9月，签订委托加工合同的时间是2007年9月19日。从两合同的委托时间和项目完成时间看，二者项目完成时间重叠，涉案8项专利的申请日（2007年8月21日至9月11日）恰好处于两合同的完成期间。判断所述专利是B公司完成某市科委委托项目中完成的发明创造，还是在完成A公司委托加工项目中完成的发明创造，关键在于看涉案发明专利与两合同标的之间的关系。经查，前一合同（某市科委项目）主要涉及用于铁路售票系统的自动售票机，其项目研发内容未包括有关硬币处理设备的内容；而后一合同（A公司委托项目）主要涉及用于城市轨道交通（地铁和城铁）的自动售票机。众所周知，相比铁路票价来说，地铁票价相对较低，前者多用纸钞而后者多用硬币。从某市科委的委托项目书来看，并未包括要对硬币处理单元进行研发的内容。因此，尽管在某市科委委托项目的课题验收时，B公司将所述8项专利作为前一课题的研究成果，但尚不能确定涉案8项专利就属于B公司在执行某市科委委托项目中完成的发明创造。

第三节　技术转让引起的专利权属纠纷的行政调解

技术转让是指转让方将自己所拥有的技术转让给受让方的行为。广义上的技术转让包括专利权转让、专利申请权转让、技术秘密转让、专利实施许可、技术秘密使用许可等形式。

技术转让中的技术是制造产品和提供服务的系统知识，主要以专利技术和技术秘密（非专利技术）形式存在。技术转让实质上是知识产权的转让，转让的是具有权属性质的技术。本领域普通技术人员已经掌握的技术、专利期满的技术等社会公众可以自由使用的技术，通常不能成为技术转让的标的。

技术转让的当事人应当签订书面合同。技术转让合同一般针对的是现有的特定的专利、专利申请、技术秘密等，通常不包括转让尚待研究开发的技术成果或者传授不涉及专利或者技术秘密成果权属的知识、技术、经验和信息订立的合同。

通常情况下，专利实施许可转让的仅仅是专利技术的实施权，不涉及权属转移，很少引起专利权属纠纷。由技术转让引起的专利权属纠纷一般包括专利申请权转让和专利权转让（以下统称“权利转让”）引起的专利权属纠纷、技术秘密转让引起的专利权属纠纷，以及技术秘密使用许可引起的专利权属纠纷。

一、权利转让

转让专利申请权或者专利权的，当事人应当订立书面合同，并向国务院专利行政部门登记，由国务院专利行政部门予以公告。专利申请权或者专利权的转让自登记之日起生效。中国单位或者个人向外国人、外国企业或者外国其他组织转让专利申请权或者专利权的，应当依照有关法律、行政法规的规定办理手续。

在调解由于权利转让引起的专利权属纠纷时，管理专利工作的部门应确定转让合同是否有效以及转让是否已经生效。签订转让合同并向国务院专利行政部门申请登记的，专利申请权或者专利权归属转让后的当事人；签订转让合同但未向国务院专利行政部门申请登记的，专利申请权或者专利权未发生转移。调解相关纠纷时，确认相关的专利申请权和专利权是归转让前的当事人还是归转让后的当事人，要视转让合同的具体情况具体分析。

【案例 3 - 14】

1994 年，A 公司与 B 公司签订转让合同，约定将其拥有的两项实用新型专利转让给 B 公司，但未在国务院专利行政部门办理转让登记手续。1997 年，B 公司又与 C 公司订立转让合同，约定将上述两项实用新型专利转让给 C 公司，仍未在国务院专利行政部门办理转让登记手续。其后，三家公司对该两项实用新型专利权的归属产生纠纷。相关部门经审查后认为，A 公司与 B 公司签订的合同和 B 公司与 C 公司签订的合同均为双方当事人的真实意思表示，合同均有效，转让合同自合同成立之日生效，因此两项专利权应当归 C 公司所有，A 公司和 B 公司应配合 C 公司尽快完成登记和公告手续。

【案例 3 - 15】

张某申请了一项发明专利并获得授权。1999 年 10 月，张某与王某订立专利权转让合同，但在王某就该转让事项向国务院专利行政部门进行登记之前，张某又与李某就同一专利权订立了转让合同并就这一转让向国务院专利行政部门进行了登记，并被公告。相关部门经审查后认为，尽管张某与李某的转让合同在后，但合同本身有效且该转让行为已经登记并公告，因此该在后转让合同能够产生专利权转让的效力，专利权归李某所有。

分析与评述

根据《专利法》第十条第三款的规定，专利权的转让应当经国务院专利行政部门登记和公告，其生效日是专利权转让的登记日。该条款明确，登记并公告是专利权或专利申请权转让生效的必要条件。

在案例 3 - 14 中，A 公司与 B 公司之间的转让行为和 B 公司与 C 公司之间的转让行为均未履行《专利法》所要求的登记和公告程序，因此合同虽然成立但均未生效，专利权应当视为未从 A 公司转让给 B 公司，更谈不上从 B 公司转让给 C 公司，专利权应当归 A 公司所有。但该案中，相关部门经审查后认为，A 公司与 B 公司签订的合同和 B 公司与 C 公司签订的合同均为双方当事人的真实意思表示，合同均有效，转让合同自合同成立之日生效，因此两项专利权应当归 C 公司所有，A 公司和 B 公司应配合 C 公司尽快完成登记和公告手续。

在案例 3 - 15 中，张某就同一专利权先与王某签订转让合同，之后又将专利权转让给李某。虽然张某与李某的转让合同在后，但经登记并公告后已经成就合同生效的条件，专利权由张某转移到李某。虽然张某与王某的转让合同成立在先，但其不能对抗在法律上已经生效的在后转让合同。王某可以要求张某承担违约责任。

二、技术秘密转让

技术秘密是一种未申请专利的技术成果，不受专利法保护，企业一般通过保密措施进行保护。

技术秘密可以完全让与他人。技术秘密转让后，受让人有完全处置该技术秘密的权利，包括将其申请专利。技术秘密转让后，将该技术申请专利的权利属于受让人，合同中另有约定的除外。

由于技术秘密转让引起的专利权属纠纷，在进行行政调解时应确定技术秘密转让合同是否有效。

【案例3－16】

2008年6月，A公司与B公司签订技术秘密转让合同，双方约定：A公司将其拥有的一项技术秘密转让给B公司，B公司付给A公司300万元转让费，其中50%转让费在合同签订当天给付，剩余50%转让费在6个月后给付。B公司于2008年11月将该技术秘密申请了专利，但逾期未给付剩余的50%转让费。A公司以B公司未给付余款导致合同无效为由，主张该技术秘密的专利申请权应归A公司所有。

分析与评述

该案中，A公司与B公司签订的合同为双方当事人的真实意思表示，该转让合同为有效合同，转让合同自合同成立之日生效。合同生效后，B公司对涉案技术秘密拥有完全处置权，该专利申请权应归B公司所有。至于合同余款，A公司可以要求B公司承担违约赔偿责任。

对于技术秘密转让合同，合同有效存在的基础是作为合同标的的技术客观上处于秘密状态。在合同签订前该技术处于保密状态，且合同的签订是双方当事人的真实意思表示的情况下，应当认定合同有效。至于合同签订后受让方未付全款或者转让方泄密等，与合同的有效性无关，属于未履行或违反合同义务，应当由违反合同的当事人承担违约责任或赔偿责任。

三、技术秘密使用许可

技术秘密使用许可可以分为独占许可、排他许可和普通许可。独占许可是指被许可方在合同规定的区域内享有使用技术秘密的独占权，即使是许可方（技术秘密的权利人）也无权使用该技术。排他许可是指在合同规定的区域内，许可方仅能给予被许可方使用技术秘密的权利，不得再许可第三方使用，但是许可方自己可以保留使用该技术秘密的权利。普通许可是指在合同规定的区域内，许可方既能给予被许可方使用技术秘密的权利，也能保留自己使用该技术秘密的权利，还可以将该技术秘密以同样的方式许可给第三方使用。

无论是许可方还是被许可方，都负有对技术秘密的保密义务，不应当将其申请专利。但是，当一方当事人违背保密协议和合同约定，将技术秘密申请专利的，无论哪一种许可方式，专利申请权和专利权均应当归许可方（即技术秘密的权利人）所有。如果许可方申请了专利，其应当承担违约和赔偿责任，且被许可方有权继续按照技术秘密使用许可协议的约定使用该专利；如果是被许可方申请了专利，其不仅要承担违约和赔偿责任，还要归还专利申请权和专利权。

【案例 3－17】

1994 年 1 月，A 公司获得“AFS－230 型全自动双道原子荧光光度计”发明专利。1994 年 8 月，A 公司与其他两个公司共同出资成立 B 公司。三方签订的《合资企业合同》中写明：A 公司以 2 万美元现金、0.8 万美元的设备、3 万美元的专利技术使用权作为出资；A 公司提供以 AFS－230 型为基础的改进型主机、接口、软件等全部技术及断续流动装置；B 公司的主要经营范围是生产和经营 AFS 原子荧光光谱仪等产品，B 公司在经营中，每销售一台 AFS 仪器向 A 公司支付 3% 的技术提成费。1998 年，B 公司申请了“用于原子荧光光度计的断续流动装置”实用新型专利，2000 年获得授权。A 公司认为该实用新型专利应当归其所有，双方因此产生争议。B 公司认为，A 公司以 AFS－230 型为基础的改进型主机、接口、软件等全部技术及断续流动装置作为投入转让给了 B 公司，因此 B 公司从 A 公司处受让取得了断续流动装置的全部权利，有权申请专利。

分析与评述

该案中，双方发生专利权属纠纷，应当归咎于合同就涉案实用新型专利技术的归属约定不明确。涉案实用新型专利技术的研制开发是 A 公司的任务范围，在共同投资成立 B 公司的合同中，三方当事人也约定向 B 公司提供涉案断续流动装置技术是 A 公司的义务之一，其性质类似技术秘密使用许可，表明该技术是 B 公司从 A 公司受让取得的，B 公司有权使用该项技术并生产相关的产品。但该合同并未约定 A 公司将该项技术申请专利的权利同时予以转让，即并未约定 B 公司享有以该技术申请专利的权利。

因此，不能推定为A公司同意同时将专利申请权转让，只能认定作为A公司的一项合同义务，其应当许可B公司使用该项技术和产品。

需要指出的是，当事人以技术入股的方式订立联营合同，但技术入股人不参与联营体的经营管理，并且以保底条款形式约定联营体或者联营对方支付技术价款或者使用费的，视为技术转让合同。

第四章　发明人或设计人署名权纠纷的行政调解

一项发明创造的发明人或设计人有权在专利申请文件中写明自己是发明人或设计人。当事人因发明人或设计人资格或专利申请文件上的署名权发生纠纷的，可以请求管理专利工作的部门进行调解。

第一节　发明人或设计人资格的构成要件

发明人或设计人，是指对发明创造的实质性特点作出创造性贡献的人。对发明与实用新型的实质性特点作出创造性贡献的人，称为发明人；对于外观设计的实质性特点作出创造性贡献的人，称为设计人。在完成发明创造过程中，只负责组织工作的人、为物质技术条件的利用提供方便的人或者从事其他辅助工作的人，不是发明人或设计人。

发明人或设计人有权在一项发明、实用新型或外观设计的专利申请文件中署名，其通常应具备以下几个要件：

1. 存在专利法意义上的发明创造，包括发明、实用新型或外观设计专利或专利申请。

2. 发明人或设计人应当是所述发明创造的实际参与人。

3. 发明人或设计人对发明创造的实质性特点作出了创造性贡献。

一、存在专利法意义上的发明创造

存在一项专利法意义上的发明创造是判断是否具备发明人或设计人资格的前提条件。专利法意义上的发明创造包括发明、实用新型和外观设计，既可以是经授权公告的专利，也可以是尚未授权的专利申请。

发明或实用新型专利或专利申请所涉及的发明创造应当是指专利文件或专利申请

文件中记载的技术方案，其中不仅包括权利要求书记载的技术方案，也包括仅记载在说明书中而未记载在权利要求书中的技术方案，但记载在说明书摘要而未记载在说明书或权利要求书中的技术方案不能作为专利法意义上的发明创造。

【案例4－1】

仇某向当地管理专利工作的部门提出调解请求，认为其应为专利号为20001××××.×，发明名称为“一种发动机用燃油添加剂”的发明专利申请的发明人，A单位认为仇某不符合《专利法》第十七条第一款的规定，未将其写在专利申请文件中。仇某称，该发明同时涉及发动机燃油及该燃油用添加剂，虽然其未参与添加剂的开发，但是具体参与了将添加剂加入燃油中调整燃油配方的工作，不将其作为发明人对待是不公平的。A单位辩称，该发明名称为“一种发动机用燃油添加剂”，权利要求中也仅保护燃油添加剂，并未要求保护添加了添加剂的燃油，因此未将仇某作为该发明专利申请的发明人。经查，该专利说明书中不仅包括燃油添加剂的配方，也包括添加了添加剂的燃油的配方，以及对燃油的使用效果进行验证的实施例。

分析与评述

有资格作为发明人或设计人写在专利文件或专利申请文件中的人应当是实际参与了发明创造的人，其所参与的发明创造应当包括所有出现在说明书中的技术方案，而不是局限于权利要求中要求保护的技术方案。这是因为，一方面，在专利文件或专利申请文件中的发明人或设计人是对发明人或设计人参与发明创造在精神层面上的肯定，而专利文件或专利申请文件不仅包括权利要求书，还包括说明书，社会公众在看到专利文件或专利申请文件扉页上的发明人或设计人时，不会仅将其与权利要求联系起来；另一方面，在专利审批过程中，专利申请人可能会对申请文件作出修改，仅出现在说明书中的技术方案可能会因修改而作为权利要求书要求保护的技术方案，如果仅将发明人或设计人的署名权界定在基于权利要求书的技术方案上的话，将会导致发明人或设计人的署名权随着权利要求的变化发生变化，这显然是不合理的。

该案中，A单位仅以专利权利要求中未请求保护燃油而不将仇某作为发明人的理由不能被接受。判断仇某是否有资格作为发明人，管理专利工作的部门还应审查仇某在具有添加剂的燃油的发明过程中是否作出了创造性贡献。

二、是发明创造的实际参与人

有资格作为发明人或设计人的人应当实际参与到发明创造的形成过程中，未实际参与发明创造的人不能作为发明人或设计人。根据发明创造性质的不同，实际参与的表现形式可能会有差异。

【案例4－2】

王某于2007年向国家知识产权局提交名称为“智能门锁”的实用新型专利申请，其本人既是发明人，又是专利申请人。该专利授权后，李某向当地知识产权局提交调解请求，认为该项专利权所涉及的“智能门锁”是他发明的，他才是这种智能门锁的发明人。李某主张，其与王某在一次展览会上结识，二人就该展览会上展出的一种门锁讨论后，均认为这种门锁不够智能。展览会结束后，李某给王某发了一封邮件，其在邮件中提出，如果把锁芯控制改为自动控制，就可以将门锁改为智能门锁。王某辩称，智能控制锁芯的移动是门锁智能化的必经过程，在收到李某的邮件之前，自己已经在尝试采用各种方法来控制锁芯的移动，并且在涉案专利智能门锁的发明过程中，李某根本没有参与任何工作。

分析与评述

在头脑中产生一个概念与亲自参与发明创造是两个完全不同的过程。尽管对于某些发明，尤其是开拓性发明的作出，新概念或新原理的突破起着非常重要的作用，但是这种新的概念与能够最终获得知识产权的技术构思存在很大程度的差异。前者仅仅是智慧的灵光，非常抽象，是否能够形成技术方案具有太多的不确定性；后者则是发明创造的起点，更加具体。虽然从技术构思演变成能够给予知识产权保护的具体技术方案可能也需要试验、修改、再试验、再修改，但具体的技术构思对于发明创造的作出具有非常强的指导性，形成技术构思应当属于亲历发明创造。

该案中，锁芯是门锁的关键部件，将锁芯由机械控制改为自动控制，自然会影响到门锁的智能化程度，关键是如何将这种抽象的概念实际应用到门锁结构中。李某显然只是提出智能化这样一个抽象的概念，其没有具体参与到采用何种方式实现智能化控制锁芯移动的研究开发过程中，因此，不能被认为是涉案“智能门锁”真正的发明人。

【案例4－3】

吴某称，赵某以唯一发明人身份提交涉案专利申请，但该发明专利申请所涉技术方案系赵某在执行某公司的任务时与吴某共同完成的职务发明创造，赵某将该项发明创造以唯一发明人的身份申请发明专利的行为违反了有关法律规定。吴某提交了关于涉案专利申请的技术鉴定资料，其中有吴某参与署名的相应技术文档，该文档中详细记载了涉案发明专利申请的技术方案的细节。管理专利工作的部门认为，吴某证明自己为发明人的证据为在相应技术文档中有其署名的技术鉴定资料。根据相关法律规定，如无相反的证据，在作品上署名的人即为作者，并以此享有相关的权利。基于该技术文档中详细记载了涉案发明专利申请的技术方案的细节，因此可推定吴某参与了对所涉的技术方案进行的研究。吴某主张其具有涉案发明专利申请的发明人资格的请求应当得到支持。

分析与评述

该案中，吴某证明自己具有涉案专利申请的发明人资格所依赖的证据为涉案专利申请的技术鉴定资料，其中有吴某参与署名的相应技术文档。在判断所述技术鉴定资料能否证明吴某为涉案专利的发明人时，要解决以下两个问题：一是所述技术鉴定资料与涉案专利申请的关系，二是在技术鉴定资料中吴某的身份。该案中，首先，所述技术鉴定资料中吴某参与署名的技术文档中记载的技术方案的细节与涉案专利申请技术方案一致；其次，所述技术鉴定资料中记载，吴某为参与研发人员，而非出具鉴定意见的评委。在无相反证据表明所述技术鉴定资料不能被采信的情况下，技术鉴定资料中记载的研发人员应当是对该技术的形成作出了创造性贡献的人，吴某应当为涉案发明创造的发明人。

三、对发明创造的实质性特点作出创造性贡献

（一）实质性特点

理论上，发明创造的实质性特点，对于发明和实用新型而言，是指与作出发明创造时已有的技术相比，发明创造在技术方案的构成上所具有的本质区别。它不是在已有的技术基础上通过逻辑分析、推理或者简单试验就能够自然而然得出的结果，而是必须经过创造性思维活动才能获得的结果。对于外观设计而言，是指外观设计与现有设计或者现有设计特征的组合相比，应当具有明显的区别。

实践中，发明创造的实质性特点应理解为专利申请文件或者专利文件中当事人声称的技术改进，对这一技术改进作出创造性贡献的人都应当认定为发明人或设计人。在根据专利文件或专利申请文件无法确定所述技术改进之处时，以整体技术方案为准，对在技术方案的任何一部分作出创造性贡献的人，均为发明人或设计人。

（二）创造性贡献

创造性贡献，不同于《专利法》第二十二条第三款规定的“创造性”。对发明创

造的实质性特点作出“创造性贡献”，是指发明创造的参与人对于该发明创造相比已有技术的改进的作出起主要作用，例如提出技术构思、提出验证构思可行性的方案、提出修改构思的方案等。

在对创造性贡献作出认定时，应当分解所涉及专利技术方案的实质性技术构成。提出实质性技术构成并由此实现技术方案的人，是对发明创造的实质性特点作出创造性贡献的人。

判断当事人是否对发明创造作出创造性贡献，应当基于技术本身。仅仅负责项目组织、人员调配、资金划拨、实验操作、设备购买、资料收集、文献检索等的，不能认为对实质性特点作出了创造性贡献。

【案例4－4】

张某某认为，其具有某涉案专利的署名权，并提交《××项目可行性研究报告》、长胜项目和新鑫项目的技术资料作为涉案专利申请的主要技术资料。管理专利工作的部门认为，张某某在案件处理过程中始终未能提交或说明《××项目可行性研究报告》等技术资料的原始文档或文件来源；除《××项目可行性研究报告》外，涉及长胜项目和新鑫项目的技术资料本身也未体现出张某某个人对涉案专利的技术贡献。同时，在执法人员反复就涉案专利技术的内容要求双方当事人陈述意见的情况下，张某某未能就涉案专利技术的形成、研发和其他技术细节问题给予清晰的阐释。鉴于张某某未能充分说明并提交证据证明其对涉案专利技术的实质性特点作出了创造性贡献，因此不能认定其具有涉案专利的署名权。

分析与评述

根据《专利法实施细则》第十三条的规定，发明人是指对发明创造的实质性特点作出创造性贡献的人。只负责组织工作或从事其他辅助工作的人，不是发明人。该案中，只有在张某某能够证明其对涉案专利技术作出了创造性贡献而非一般性的辅助工作的情况下，其发明人身份才能够得以确认。但在该案处理过程中，张某某既无法对涉案专利技术的技术细节和技术构思进行清晰的阐释，也怠于对关键的证据予以举证，因此需要承担不利的后果。相关部门认定张某某并非涉案专利技术方案的主要参与者，非涉案专利的发明人，并无不妥。

【案例4－5】

某公司向国家知识产权局申请名称为“过氧乙酸灭菌器”的实用新型专利，获得授权并公告。专利证书记载的专利权人为该公司，发明人为毕某、李某、孙某、高某。原告高某认为该公司已经实施了该专利并取得了营业利润，应当按照《专利法实施细则》规定向其支付奖金和报酬。该公司辩称，高某在涉案专利申请过程中所从事的工作内容和性质是组织申请材料和办理申请手续，对发明创造的实质性特点并未作出创造性贡献，不是涉案专利的职务发明人。经查，在涉案专利申请期间，高某作为该公司的知识产权专员，负责组织申请材料和办理申请手续，且其所学为法律专业，并无与涉案专利相关的学习经历。

分析与评述

该案涉及职务发明创造的发明人身份认定问题。处理时不能简单地径行以专利权证书作为认定发明人的唯一依据，而应当以是否对涉案发明创造作出创造性贡献作为标准，将利用职务之便列自己为发明人的行为进行甄别。该案中，鉴于高某所处岗位的特殊性，在其不能举证证明其在完成发明创造过程中所作出的贡献的情况下，应认定其仅从事了辅助工作，不是涉案实用新型的发明人，其要求获得职务发明创造报酬的理由不成立。

第二节　判断发明人或设计人资格的考虑因素

判断谁有资格作为发明人或设计人，需要综合考虑多方面的因素，如当事人提交的证据、当事人对技术方案的细节及其形成过程的了解程度，以及当事人在发明创造的形成中所承担的角色。

一、当事人提交的证据

一般来说，无论职务发明还是非职务发明，一项发明创造从构思、试验、改进到形成最终的技术方案乃至专利申请文件的过程中，都会留有相关资料。这些资料是确定发明人或设计人资格的关键证据。

当事人之间就发明人或设计人资格产生争议时，发明创造应当已经完成，而确定某人是否实际参与发明创造的作出，属于对之前发生事件的事后判断，一定程度上依赖于当事人提供的证据。尤其是当专利申请文件或专利文件中记载了某人为发明人或设计人，请求人欲推翻这一法律事实，认为某人不是真正的发明人或设计人时，与证明其为发明人或设计人相比负有更重的举证责任。

【案例 4 -6】

在案例 4 -3 中，判定吴某是否具备发明人资格的证据为涉案专利申请的技术鉴定资料，其中有吴某参与署名的相应技术文档。一般情况下，纠纷发生前形成的与案件事实有关的证据具有较大的可信度。在记载有涉案专利技术的技术鉴定资料中署名一般有两类情况：一类是参与研发人员，另一类是出具鉴定意见的评委。若无相反证据，技术鉴定资料中记载的研发人员应当是事发当时被认为对该技术的形成作出了创造性贡献的人。在赵某没有相反证据证明吴某未实际参与技术研发的情况下，可以认定吴某是对涉案发明创造作出创造性贡献的人，应当属于发明人。

二、当事人对技术方案的细节及其形成过程的了解程度

一般情况下，发明创造的主要完成者对技术构思的起源、项目研发时的技术状况、研发过程中遇到的主要困难、发明创造的解决方式以及效果等各个方面应当会有详细的了解。调解署名权纠纷时，除了客观证据外，争议双方对发明创造完成过程各阶段的了解程度也可以辅助确定真正的发明人或设计人。

【案例 4 -7】

张某以《××项目可行性研究报告》一文为主要技术基础申请了涉案发明专利并获得授权，发明人为张某和王某。王某称，自己是《××项目可行性研究报告》的唯一作者，张某受公司委托负责申请专利，但其申请时私自添加自己的名字，因此请求确认涉案专利的唯一发明人为王某。管理专利工作的部门认为，《××项目可行性研究报告》是打印稿，该作品体现了一定的虚拟性，在两个主体对该份打印稿都主张权利的情况下，必须认定作者与虚拟作品的对应关系，确定真正的作者。《××项目可行性研究报告》是申请发明专利的基础文件，真正的作者必然对报告中所涉及的复杂技术了然于胸。处理过程中相关部门多次要求双方对《××项目可行性研究报告》中涉及的技术原理予以解释，但张某以各种理由拒绝解释。鉴于张某无法对《××项目可行性研究报告》中的相关技术作出合理的解释，同时其他证据也不足以证明其对涉案发明专利的实质性特点作出创造性贡献，因此张某不是该案的发明人，王某的主张能够得到支持。

分析与评述

发明人或设计人的署名权保护的是那些真正在技术上对发明创造作出贡献的人，

而真正的发明人或设计人，因为实际参与了发明创造的萌芽、试验和形成的整个过程，一般来说，相比未实际参与发明创造的人来说，必然会对涉案专利的技术细节有更多的了解。因此，在调解过程中应充分调查双方当事人对于技术细节的掌握。该案中，通过在处理过程中了解涉案当事人对技术原理的掌握情况，确定《××项目可行性研究报告》的真正作者，最终结合其他证据确定涉案专利的发明人，给出了一种有效且可操作的判断方式。

三、当事人在发明创造过程中承担的角色

未从技术角度对发明创造的作出起到主要作用的人不能作为发明人或设计人。这类人员通常包括研究项目的组织人、为物质技术条件的利用提供方便的人、从事其他辅助性工作的人。

（一）组织人

组织人通常包括研究课题或研发项目的牵头人、负责人，合作项目的联系人等，其在课题或项目研发过程中仅仅起到确定项目、筹措经费、调配人员、提供各种后勤保障的作用。既组织领导整个课题或项目的全部进程，又实际参与课题或项目的具体研究工作的人，不应当被排除到发明人或设计人之外。

【案例4-8】

金某认为其在某专利申请中的发明创造中作出的贡献巨大，是该专利项目组的负责人，应当享有该专利的发明人署名权。另一方当事人则认为，金某是其所在公司的总经理，负责公司的管理，并未参与涉案发明创造的具体研发。管理专利工作的部门经调查认为，涉案专利属于实用新型专利，其创新在于产品结构的适应性改造，并不包括改造前产品的制造、加工工艺。金某在涉案专利形成前的产品制造方法方面的贡献以及其在涉案专利申请中的贡献均不等同于《专利法实施细则》中规定的“对发明创造的创造性贡献”，故金某以其对重要零部件的加工工艺、制作工艺的贡献以及专利申请资料的整理为由主张其享有涉案专利的发明人署名权，不能得到支持。

分析与评述

专利法之所以将发明人或设计人的署名权界定在那些从技术角度对发明创造相对于已有技术的改进作出主要贡献的人，原因在于，通过允许发明人或设计人在专利申请文件或专利文件上署名而从精神层面上对其发明创造的能力予以肯定，从而在更大程度上鼓励技术人员的发明创造积极性。从事牵头、组织工作的人未在技术层面作出

贡献，不能冠之以发明人或设计人，其贡献可以从职务、收入等方面得以体现。该案中，金某以其在涉案专利项目组中作为负责人的身份主张署名权，不能被支持。

（二）提供物质条件便利的人

一项发明创造从形成技术构思到具体技术方案的完成需要诸多物质条件的保障，例如购买设备、提供原材料、保养维修仪器与设备等。仅为发明创造的完成提供物质条件便利的人不能被认定为发明人或设计人。

【案例4－9】

某公司拥有一项发明专利，该专利涉及一种由原料A经氧化成盐制备药物B的方法，专利文件中载明的发明人为刘某、田某。专利授权后，李某向当地管理专利工作的部门提出调解请求，主张其也是发明人之一。李某提出的理由是，该专利发明创造所用到的原料A是由其所在课题组合成并提供给刘某的，如果没有原料A，刘某就不可能制备得到药物B，不可能获得该专利。某公司和刘某辩称，尽管实验过程中使用的原料A确实来源于李某，但原料A是一种市售商品，即使不从李某处获得，也可以从其他公司购买得到。

分析与评述

是否具有发明人或设计人资格，最关键的是要考察其对发明创造的完成是否作出主要的技术贡献。涉案专利技术的核心在于将原料A转化为产品B，其中对产品B的结构设计和形成产品B的方法步骤的设计是该专利技术的重中之重。李某由于方便而向课题组提供一种市售的已知原料，尽管对发明创造的形成具有一定的作用，但其仅仅是为发明创造的完成提供了物质便利，并非对该发明创造作出了技术贡献。因此，李某不能被认为具有涉案专利发明人的资格。

该案中，假定原料A是一种由李某发明的新物质，从其他任何单位和已知的文献都不能获得该物质，那么，没有李某提供原料A，涉案专利就不可能完成，此时，应当认为李某对涉案专利的作出具有主要的技术贡献，是涉案专利的发明人。

（三）辅助人

辅助人是指研究项目组中不参与大量实质性、创造性的工作，仅根据主要参与人员的指示提供辅助性外围劳动的人。辅助人通常包括实验操作人员、文献检索人员、数据分析人员、产品检测人员、资料管理人员等。

【案例4－10】

某催化剂公司提交一项沸石催化剂的发明专利申请，专利申请文件中载明的发明人为樊某、祁某。王某、任某向当地知识产权局提出调解请求。王某称其为课题组的一员，与祁某一起负责催化剂的合成，既然祁某是该专利申请的发明人，其也应当具有发明人资格；任某称其在该公司测试中心工作，负责物理吸附仪的做样和日常维护，樊某课题组的每批催化剂样品都由其测试，其会将测试结果反馈课题组，而样品的测试是催化剂研发不可缺少的一部分。催化剂公司辩称，王某虽然是课题组的一员，但其日常工作任务是根据樊某设计的配方和条件合成沸石催化剂。祁某除参与催化剂的合成外，每次都对实验的现象、结果进行分析，并提出配方修改方案。另外，每批催化剂制备结束后，课题组都会取样送测试中心进行吸附性能测试，任某仅是根据樊某拟定的条件对样品进行测试，并将原始结果反馈课题组，由樊某对测试结果进行分析。为证明其主张，催化剂公司提交实验报告、课题组会议纪要和测试报告等证据。

分析与评述

一项发明创造从构思到方案完善，至最终形成适合于知识产权保护的技术方案，往往需要很多人的配合，其中既需要实验室小型试验，又可能需要中试，有些情况下还需要在工业化装置上予以测试；既需要主要负责技术构思及方案设计的技术人员，又需要将设计方案付诸具体实施的操作工，还需要对产品进行测试的仪器操作工。如果所有参与发明创造的人，无论角色如何、分工是什么，都能作为发明人或者设计人的话，从技术贡献角度对发明人或设计人给予精神奖励的初衷将失去意义，同时也无助于鼓励真正对发明创造付出智力劳动的人的积极性。这正是专利法不将那些仅仅做辅助性工作的人作为发明人或设计人对待的原因。该案中，祁某和王某虽然都参与了催化剂的合成，但二人对催化剂的配方完善的技术性贡献却完全不同。前者显然对发明创造贡献了更多的智力，而后者仅是日常的机械劳动，将前者作为发明人而将后者作为从事辅助性工作的人对待并无不妥。另外，任某对样品的测试虽然对催化剂的开发不可或缺，但其也仅仅是根据设定的条件进行机械的重复劳动，对测试结果的分析与利用完全依靠樊某而非任某，因此，任某的工作对于涉案专利来说也仅仅是辅助性工作。

第三节　判断发明人或设计人资格的注意事项

一、发明人或设计人署名权的性质

发明人或设计人署名权属于一种依附于发明人或设计人之自然人身份的精神权利，是法律规定对于发明人或设计人就发明创造的作出给予的精神层面的肯定和奖励。其具有以下特征：

1. 专有性，也称排他性。署名权只能由发明人或设计人本人享有，未对发明创造的实质性特点作出创造性贡献的其他任何人都不能享有。

2. 不可让与性。署名权与发明人或设计人本身不可分离，与专利权或专利申请权归属的变化无关，既不依协议的规定而发生变化，也不能被继承。

【案例 4－11】

某案中，丁某称：叶某为 A 公司所属实用新型专利授权时署名的发明人，后经丁某与 A 公司交涉，A 公司将其发明人变更为丁某、叶某以及案外人陶某；但涉案专利是由丁某独自完成，而非由丁某、叶某和陶某共同完成的；丁某认为 A 公司将发明人变更为丁某、叶某和陶某，侵犯了其作为涉案专利唯一发明人的署名权利，请求相关部门确认其为涉案专利的唯一发明人，叶某不具有涉案专利发明人资格。丁某用以支持其主张的重要证据有：叶某以 A 公司总经理名义向丁某出具的承诺书一份，其中载明多功能小型履带式拖拉机项目设计署名权应为丁某；丁某与案外人某机械厂签订的补充协议一份，该协议载明丁某同意将某机械厂开发试制的小履带拖拉机项目的知识产权及经营权转入 A 公司。相关部门认为：丁某依据其与某机械厂签订的协议书、A 公司（叶某以 A 公司的名义）出具的承诺书主张其是涉案专利的唯一发明人，于法无据。虽然丁某提交的其他证据证明其参与了涉案专利部分技术内容的设计，但不是涉案专利的全部内容。因此，丁某主张其是涉案专利的唯一发明人缺乏事实依据。

分析与评述

发明人的署名权具有人身权的性质。有权在专利文件上署以发明人的人应当是对发明创造作出创造性贡献的人。究竟谁实际参与发明创造的作出、承担何种分工并起到何种作用是已经发生的事实，在专利文件上署以其名是对过去发生事实的一种客观描述，它不因时间的推移发生变化，也不因事后当事人之间的约定而发生转移。

该案中，丁某虽然参与了涉案专利在开发阶段的一部分工作，但要想证明其为唯一的发明人，必须用充分的证据证明叶某、陶某未参与该项工作，推翻专利文件中已经记载叶某、陶某为发明人的法律事实。为证明这一主张，丁某提供的证据仅是A公司出具的承诺书、其与案外人某机械厂签订的协议。但是，根据署名权依附于自然人身份的这一性质，即使叶某或A公司承诺丁某是涉案专利的唯一发明人，也无法排除其他人（例如陶某）在涉案专利中的署名权；而且，具有利害关系的当事人之间所作出的对第三人不利的承诺本身属于无权处分的范畴，丁某之外的对涉案专利作出创造性贡献的其他人（陶某）的署名权不会因该承诺而失去。另外，丁某与某机械厂之间的协议仅仅表明丁某有权代表某机械厂转让专利权，并不能说明其就是所述实用新型专利的唯一发明人。

【案例4-12】

郭某和黄某原为A公司的技术研发人员。B公司申请涉案专利，将本公司职工赵某、余某列为发明人。后郭某和黄某离开A公司，前往B公司工作。郭某、黄某、赵某、余某和B公司签订了《关于转让专利设计人的合同》，合同中约定：对于B公司已申请的上述专利，确认赵某、余某完成了该专利的总体设计，但因他们提出辞职，B公司决定将该专利的发明人由赵某、余某变更为郭某、黄某，B公司一次性向赵某、余某每人支付5000元报酬。后该专利获得授权，授权公告文本上公布的设计人是郭某和黄某。A公司认为，根据国家知识产权局的公告公布的发明人，郭某和黄某在离开A公司不到1年就成为B公司涉案专利的发明人，因此该专利应为郭某和黄某在A公司的职务发明，该专利权应归A公司所有。

分析与评述

虽然该案中主要争议焦点在于专利权属，但A公司之所以可以主张涉案专利的专利权，根源在于其上载明的发明人郭某和黄某原为A公司的员工。因此，问题的核心在于，B公司基于《关于转让专利设计人的合同》，约定将涉案专利的发明人变更为郭某和黄某。发明人的署名权属于人身权和精神权，依附于对发明创造的实质性特点作出创造性贡献的自然人，不能通过协议的方式转让。《关于转让专利设计人的合同》中约定将发明人由赵某、余某变更为郭某、黄某这一行为没有法律依据。

二、发明人或设计人署名权纠纷中的举证

未将真正的发明人或设计人写入专利文件或专利申请文件中，或者将不是发明人

或设计人的人写入专利文件或专利申请文件中，都是对发明人或设计人署名权的侵犯。

主张自己是发明人或设计人的，被请求人可以是专利申请人或专利权人，也可以是专利申请文件或专利文件中载明的发明人或设计人；主张专利文件或专利申请文件中载明的发明人或设计人非真正的发明人或设计人的，被请求人应当是被控不具备发明人或设计人资格的人。

请求人主张自己为发明人或设计人，或者主张在专利申请文件或专利文件中的发明人或设计人不具备发明人或设计人资格的，应当提供相应的证据。主张自己为发明人、设计人的，应当举证证明自己对发明创造的实质性特点作出了创造性贡献；主张专利申请文件或专利文件中载明的发明人或设计人非真正的发明人或设计人的，应当举证证明该自然人未参与发明创造的完成或者未对发明创造的实质性特点作出创造性贡献。请求人举证不能的，应当承担对自己不利的后果。

【案例4－13】

马某与赵某就谁是涉案专利的设计人产生纠纷，马某请求确认其是涉案专利的唯一设计人。相关部门认为，为了证明该主张，马某需要就以下两个问题进行举证：一是其对涉案专利作出了创造性的贡献，二是赵某对涉案专利没有创造性贡献。关于马某对涉案专利的研制及设计是否作出了创造性贡献的问题，经查，双方合作之初，由马某负责提供的技术尚不能生产出《合作协议》所约定的产品，需要进行研发设计后，才能将各种部件组合成成品，将马某提供的样品变为商品。从马某提交的证据研判，马某确实在研发上做了创造性工作，有资格成为涉案专利的设计人。对于其是涉案专利唯一设计人的主张，马某也应当承担法定举证义务。但马某并未对此举证。相反，其出示了一个赵某曾经制作的类似样品，说明赵某为产品的外形进行过设计和构思，因此不能否定赵某参与了涉案专利的设计工作。

分析与评述

该案主要涉及证明己方是设计人或者证明对方不是设计人的举证方式。根据谁主张谁举证的原则，马某应当对其主张的“唯一”性承担法定举证义务，其不仅要证明自己在涉案专利的开发中作出了创造性贡献，还要证明赵某没有对涉案专利的开发作出创造性贡献。

第五章　奖酬纠纷的行政调解

被授予专利权的单位应当对职务发明创造的发明人或设计人给予奖励；发明创造专利实施后，根据其推广应用的范围和取得的经济效益，被授予专利权的单位应当对发明人或设计人给予合理的报酬。

发明人或设计人就职务发明创造的奖励或报酬与所在单位发生纠纷的，可以请求管理专利工作的部门进行调解。

第一节　基本概念

一、奖励和报酬

奖励是指给予发明人或设计人金钱或物品奖励，以对其进行勉励。奖励可以表现为货币形式的奖金或物品形式的奖品，也可以是期权或股权等方式，通常表现为奖金。

报酬是作为报偿付给发明人或设计人的金钱或实物等。报酬通常表现为货币形式的金钱，即一定比例的营业利润提成，也可以是期权或股权等方式。

【案例5－1】

某案中，发明人要求所在单位支付职务发明人奖励和报酬。所在单位主张，发给发明人的季度奖金和年度奖金中，已包含了给予职务发明人的奖励和报酬，并提交了原告工资通知单、员工评价表等证据。

分析与评述

给予发明人的奖励和报酬应当是单位对发明人作出的创造性贡献另行支付的金钱或实物等，与发明人获得的工资收入、奖金等通常收入不同，除非单位对工资收入、奖金的具体分割有明确规定，且其中包括对于发明人就职务发明创造给予的奖励和报酬，否则通常不认为二者是包含关系，不能认定奖金中必然包括了职务发明人的奖励和报酬。该案中，是否已向发明人支付职务发明人的奖励和报酬，应由发明人所在单位承担举证责任。尽管单位所提交的工资单等证据能够说明单位向发明人支付过季度和年度奖金，但并未说明季度和年度奖金中已经包括了给予职务发明人的奖励和报酬，因此其主张不能成立。

二、被授予专利权的单位

向职务发明人或设计人支付奖励和报酬的主体是被授予专利权的单位。

被授予专利权的单位是指中国大陆境内的单位，包括法人单位和非法人单位，具体可以是国有企事业单位、民营企业、外商投资企业。所述单位不限于发明人或设计人正式工作的单位，还包括临时工作的单位。

将在国外完成的发明创造向中国申请专利并在中国获得专利授权的单位，不负有《专利法》第十六条规定的支付奖励和报酬的义务。

单位将员工完成或参与完成的职务发明创造按照技术转让合同、委托开发合同或合作开发合同的约定移转给受让方，并由受让方获得专利权的，该单位视为被授予专利权的单位，有义务向发明人或设计人支付奖励。

【案例5－2】

某案中，职务发明人要求所在单位支付职务发明人的奖励、报酬。所在单位认为，其为民营企业，没有向职务发明人支付奖励和报酬的义务。

分析与评述

支付奖励和报酬的义务主体是被授予专利权的单位，不仅包括国有企事业单位，也包括民营企业，这是各类市场主体平等参与竞争应遵循的一致规则。根据《专利法》及《专利法实施细则》的规定，该案中，民营企业同样负有向职务发明人支付奖励、报酬的义务，所在单位以其为民营企业为由拒绝向职务发明人支付奖励与报酬的主张缺乏法律依据，不应得到支持。

三、职务发明人或设计人

有权获得奖励和报酬的人是职务发明创造的发明人或设计人。

适格的发明人或设计人应同时符合以下两个条件：（1）是所在单位的工作人员或临时工作人员，包括从其他单位借调、聘请来的人员和劳务派遣人员；（2）要对职务发明创造的实质性特点作出创造性贡献。在完成发明创造过程中，只负责组织工作的人、为物质技术条件的利用提供方便的人或者从事其他辅助工作的人，不是发明人或设计人。

尽管作为单位员工就职于某一单位，但其完成的发明创造不属于职务发明创造的，发明人或设计人不应当被认为是职务发明人或设计人。利用本单位的物质技术条件所完成的发明创造，单位与发明人或设计人订有合同，约定申请专利的权利和专利权属于发明人或设计人，由发明人或设计人返还研发资金或者支付使用费的，该发明创造不属于职务发明创造，发明人或设计人不属于职务发明人或设计人。

除有相反证据外，在专利文件中写明的发明人或设计人通常应视为职务发明创造的发明人或设计人，推定其对发明创造的实质性特点作出了创造性贡献，有权获得奖励和报酬。发明人或设计人经过合法变更的，应当以变更后的发明人或设计人作为有权获得奖励和报酬的主体。

职务发明人或设计人与原单位解除或者终止劳动关系或者人事关系后，除与原单位另有约定外，其从原单位获得奖励和报酬的权利不受影响；职务发明人或设计人死亡的，其获得奖金和报酬的权利由其继承人继承。

【案例 5 –3】

某案中，请求人要求所在公司支付职务发明人奖励和报酬。该公司主张请求人不属于发明人。经查，请求人在该公司工作时负责研发部的管理工作并从事技术研发，其间该公司提交了 11 项专利申请并获得授权，发明人一栏的署名均为请求人。该公司未能提交其他证据证明请求人不属于发明人。

分析与评述

除有相反证据证明外，专利文件上列明的发明人均是专利法意义上的发明人，有权获得职务发明创造的奖励和报酬。该案中，请求人以专利授权文件证明其发明人身份，尽到了初步举证义务。请求人所在公司不认可请求人为这 11 项专利技术的发明人，应对其主张负举证责任。由于该公司提出的现有证据并不充分，故其提出的请求人不是涉案专利技术发明人的主张事实依据不足，不能成立。

四、约定优先原则

职务发明人或设计人与所在单位事先约定奖励和报酬的数额、支付方式以及支付时间的，单位应当按照约定支付奖励和报酬。单位与发明人或设计人之间没有约定或约定不明时，按照《专利法》《专利法实施细则》以及其他相关法律、法规的规定支付奖励和报酬。

单位与发明人或设计人之间的这种约定可以采用单独订立合同的形式，也可以作为劳动合同的一部分。这种约定可以在项目研发之前作出，也可以在发明创造完成后作出。

单位在规章制度中规定有关奖励和报酬事项的，其性质相当于有关奖励、报酬的格式合同。单位在与员工签订劳动合同时，对于该部分内容，应当明确告知员工。未明确告知且规定的奖励和报酬低于法定标准的，该部分内容对该员工不具有约束力。

单位与职务发明人或设计人之间的奖励、报酬约定应当合法、有效。单位与员工的约定或者其规章制度的规定不合理地限制或剥夺发明人或设计人根据《专利法》和《专利法实施细则》享有的获得奖励、报酬的权利的，不得作为确定奖励和报酬的依据。

按照约定优先原则，奖励、报酬的形式可以多种多样。除了采取货币形式之外，还可以采取股票、期权等其他物质形式，只要能达到《专利法》和《专利法实施细则》规定的合理的原则要求即可。

约定的奖励和报酬采用货币形式予以支付的，约定的数额可以比法定标准高，也可以比法定标准低。单位可以自主地根据自身的行业特性、生产研发状况、知识产权战略发展需求等制定相应的具体标准。

【案例5－4】

某案中，请求人要求所在单位支付职务发明人奖励和报酬。该单位根据其制定的《企业职工奖惩条例》主张，请求人就其第一项职务发明专利获得一次报酬后，将无权就其后的专利获得奖励和报酬。经查，该单位《企业职工奖惩条例》第五条规定：“取得多项成果的员工仅享受一次报酬申请的权利；除此之外任何员工不得向公司提出其他任何形式的报酬请求。”

分析与评述

单位可以与员工约定职务发明创造的奖励和报酬，但是该约定应当以避免不合理地限制或剥夺员工获得奖励和报酬的权利为限。对职务发明人或设计人给予适当的奖励，目的在于充分调动单位与员工的创新积极性，鼓励更多的发明创造。该案中，根据该单位《企业职工奖惩条例》的规定，无论员工作出多少职务发明创造，也仅能享受获得一次报酬的权利，这实际上是对发明人或设计人获得奖励和报酬的权利的不合理限制，明显与《专利法》第十六条规定的初衷不相吻合，因此是无效的。

【案例5－5】

某案中，请求人要求某大学就其作为发明人的发明专利支付奖励8 000元。经查明，就职务发明的奖励标准，该校与请求人并未作出约定。该校正式发布的《××大学专利管理办法》虽然明确了该校应当对职务发明的发明人给予奖励，但并未就具体奖励标准作出规定。另外，该校正式发布的《××大学校内津贴分配方案》中明确规定：基于发明专利的科研分值为50分，科研工作量的奖励标准为每月每分10元，学校按10个月发放。管理专利工作的部门参照《××大学校内津贴分配方案》，结合《专利法实施细则》第七十七条所规定的一项发明专利的奖金最低不少于3 000元的规定，确定该案发明专利的奖励标准为5 000元。

分析与评述

职务发明人或设计人与单位就职务发明创造奖励、报酬作出约定的，应当按照约定处理；单位发布的规章制度有规定的，所述规章制度具有相同的法律效力。该案中的《××大学校内津贴分配方案》实质上已就奖励、报酬数额与发放方式作出了规定，且标准不低于《专利法》和《专利法实施细则》规定的标准，应当作为确定发明人奖励的依据。

第二节　奖励纠纷的行政调解

发明人或设计人就职务发明创造奖励纠纷向管理专利工作的部门提出调解请求的，管理专利工作的部门应当审查发明人或设计人是否满足应当给予奖励的条件。满足奖励条件的，管理专利工作的部门应当审查发明人或设计人与被请求人是否就职务发明奖励存在约定。如果双方有约定，根据约定确定支付奖励的数额与方式；如果没有约定，根据法定标准确定支付奖励的数额与方式。

除与职务发明人另有约定的以外，单位应当在公告授予专利权之日起三个月内发放奖金。单位对于请求人的发明人或设计人资格有争议的，应当先按照有关规定确定职务发明创造的发明人或设计人。经审查，如果请求人不具有职务发明人或设计人资格，管理专利工作的部门应当对调解请求不予受理；如果请求人具有职务发明人或设计人资格，则按照相关规定确定奖励的数额和方式。

一、获得奖励的条件

发明人或设计人获得奖励应当符合以下条件：

1. 其完成或参与完成的发明创造属于职务发明创造，申请专利的权利归单位所有。
2. 单位就该发明创造在中国获得了专利权。

3. 被授予的专利权未被宣告无效。

利用本单位的物质技术条件所完成的发明创造，单位与发明人或设计人订有合同，约定申请专利的权利和专利权属于发明人或设计人，由发明人或设计人返还研发资金或者支付使用费的，发明人或设计人不属于职务发明人或设计人，无权获得奖励。

单位明确表示放弃有关职务发明创造的权益，由发明人或设计人申请并获得专利权的，发明人或设计人无权获得奖励。

被授予的专利权在单位支付奖励前被依法宣告无效的，单位不再负有支付奖励的义务。支付奖励后专利权被依法宣告无效的，职务发明人或设计人可以不予返还奖励。

【案例 5 -6】

某案中，A 公司委托 B 公司研究开发一个项目，委托合同约定：项目研发成果包括专利申请权归 A 公司所有。B 公司安排其员工 C 研发该项目。研发成果移交 A 公司后，A 公司就研发成果申请了发明专利并获得授权。后 C 辞职，向管理专利工作的部门提出职务发明奖励调解请求，将 A 公司和 B 公司列为被请求人，要求其支付奖励。A 公司主张，C 并非其单位员工，向其主张职务发明奖励没有法律依据。B 公司主张，自己并非被授予专利权的专利权人，员工 C 无权向 B 公司主张职务发明奖励。

分析与评述

根据《专利法》的规定，支付奖励的主体是被授予专利权的单位，有权获得奖励的主体是本单位作为职务发明人或设计人的员工。该案中，C 与 A 公司之间不存在民事法律关系，与 B 公司存在劳动合同关系，因此，C 只能向 B 公司主张支付奖励请求。但是，B 公司并没有获得专利授权，其只是根据委托开发合同完成了研发项目。对此，有人认为，专利被授权后，受托方因不享有专利权而不涉及职务发明创造奖励和报酬支付；委托方虽享有专利权，但发明人、设计人不是委托方的职工，故亦不涉及职务发明创造奖励和报酬支付。这种处理方式不利于维护职务发明人和设计人的合法权益，不利于激励职务发明人和设计人的创新积极性，有悖于《专利法》第十六条的立法精神。对于这种情形，合理的解释是，由于《专利法》没有明确规定职务发明人或设计人的奖励和报酬应当如何支付，因此在处理这种纠纷时，有必要寻求其他的法律依据。例如，当时《合同法》第三百二十六条中规定，职务技术成果的使用权、转让权属于法人或者其他组织的，法人或者其他组织应当从使用和转让该项职务技术成果所取得的收益中提取一定比例，对完成该项职务技术成果的个人给予奖励或者报酬。该案中，职务发明创造归属于 B 公司所有，并由 B 公司根据合同约定转让给 A 公司。B 公司因为该项技术成果的转让获得了收益，应当从收益中提取一定比例作为职务发明人或设计人的奖励。

二、奖励的方式和数额

（一）约定标准

发明人或设计人获得奖励的具体方式和数额可以由发明人或设计人与所在单位通过合同或其他适当的形式约定，如在单位制定的各项规章制度中有所规定。有约定的，奖励的具体方式和数额根据约定来确定。约定的数额应当合理。

如果发明创造的完成归功于发明人或设计人提出的建议，所在单位采纳该建议后才得以完成该发明的，所在单位应当从优给予奖励。这种建议应当对发明、实用新型专利技术方案的实质性内容带来了创造性贡献，或者给外观设计带来了明显区别于现有设计的美感，尤其是带来了独特的视觉效果，对完成发明创造具有积极意义或作用。从优发给奖金是指比约定标准要高，具体可以由单位根据所述发明创造对单位生产经营的影响、单位的经济情况等因素决定。

（二）法定标准

被授予专利权的单位未与发明人或设计人约定奖励的具体数额和方式的，应当按照法定方式和标准对发明人或设计人进行奖励。根据《专利法实施细则》第七十七条的规定，法定方式为奖金，一项发明专利的奖金最低不少于3000元，一项实用新型专利或者外观设计专利的奖金最低不少于1000元。

在适用法定标准时，如果发明创造的完成主要源于发明人或设计人提出的建议，而该建议的采纳又被认为对发明创造的实质性内容作出了创造性贡献，则发给该发明人或设计人的奖金应适当高于上述法定标准。

【案例5-7】

2011年底，张某某进入某汽车公司工作，与汽车公司签订的劳动合同书未约定职务发明奖励和报酬事项。2012年底，汽车公司任命张某某为技术部部长。2013年至2015年期间，汽车公司向国家知识产权局申请了一系列专利。上述专利文件均记载：发明人张某某，专利权人汽车公司。张某某2016年向汽车公司要求支付其涉案专利的奖励和报酬。汽车公司提交证据认为部分专利来源于对外委托设计成果。

分析与评述

张某某系涉案专利的发明人或设计人，且在专利申请期间，张某某系汽车公司的技术部长，其有权依据法律规定或约定主张职务发明创造的奖励及报酬。虽然汽车公司提交的证据表明部分专利可能来源于对外委托设计的成果，但涉案专利均系汽车公司作为专利申请人申请，在专利申请期间张某某担任其公司的技术部长，参与项目的部分研发过程。虽然张某某可能并未参与相关专利发明研发的全过程，但将张某某作为发明人或设计人进行专利申请是汽车公司对自身权利处分的结果；国家知识产权局的专利权利证书具有公示公信的效力。在汽车公司未提供证据证明其进行的专利申请有误或者张某某未参与发明创造研发的情况下，应以专利权利证书登记的发明人或设计人为准。该汽车公司应当根据《专利法》第十六条以及《专利法实施细则》的相关规定，发给张某某发明人或设计人奖金。

第三节　报酬纠纷的行政调解

单位、发明人或设计人就职务发明创造报酬纠纷向管理专利工作的部门提出调解请求的，管理专利工作的部门应当审查发明人或设计人是否满足应当给予报酬的条件。满足条件的，管理专利工作的部门应当审查发明人或设计人与单位是否就职务发明创造报酬存在约定。如果双方有约定，根据约定确定支付报酬的数额与方式；如果没有约定，根据法定标准确定支付报酬的数额与方式。

除与职务发明人或设计人另有约定的以外，单位许可他人实施或者转让专利的，应当在许可费、转让费到账后 3 个月内支付报酬；单位自行实施专利且以现金形式逐年支付报酬的，应当在每个会计年度结束后 3 个月内支付报酬。以股权形式支付报酬的，应当按法律、法规和单位规章制度的规定予以分红。单位应当在自行实施专利权之日或者许可合同、转让合同生效之日起的合理期限内，将自行实施、许可他人实施或者转让专利权等有关情况通报给相关的职务发明人或设计人。

一、支付报酬的条件

同时满足以下条件的，单位应当向职务发明人或设计人支付报酬：

1. 发明创造被授予专利权且在纠纷发生时专利权处于有效状态。

2. 专利已被转让、实施或被许可实施。

3. 单位因专利转让、实施或许可实施获得了转让费、许可使用费等经济效益。

“实施”是指《专利法》第十一条规定的实施，即为生产经营目的制造、使用、许诺销售、销售、进口发明或实用新型专利产品，或者使用专利方法以及使用、许诺销售、销售、进口依照该专利方法直接获得的产品，或者为生产经营目的制造、许诺销售、销售、进口外观设计专利产品。判断专利权人（即单位）是否实施了发明或实用新型专利，应以其制造、使用的产品或使用的方法是否落入了专利权利要求的保护范围为准；判断专利权人是否实施了外观设计专利，应以其制造的产品的外观设计是否与专利外观设计相同或实质相同为准。具体的判断标准应当与专利侵权判断标准一致。在专利技术方案的基础上进行一些改进，如果改进后的技术方案仍然落入专利权保护范围内，仍应认定为实施该专利。

专利权人许可他人实施或者将专利权转让给他人的，应当视为专利权人（即单位）实施了该专利，无论被许可方或者受让方是否实际实施。发明人或设计人有权从专利权人获得的许可费或转让费中提取一定比例的数额作为报酬。职务发明人或设计人只能向所在单位主张报酬，不能直接向专利被许可方或受让方主张报酬。

他人为生产经营目的非法实施专利，同样属于专利实施行为。专利权人起诉他人侵权获得的侵权赔偿减去合理的诉讼成本后，应当按照约定或法律规定向发明人或设计人支付报酬。

利用本单位的物质技术条件所完成的发明创造，单位与发明人订有合同，约定申请专利的权利和专利权属于发明人或设计人，由发明人或设计人返还研发资金或者支付使用费的，不属于职务发明创造，单位不负有向发明人或设计人支付报酬的义务。

单位明确表示放弃有关职务发明创造的权益，由发明人或设计人申请并获得专利权的，不负有向发明人或设计人支付报酬的义务。

【案例5－8】

某发明专利报酬纠纷案中，请求人要求所在公司支付职务发明人报酬。该公司认为，涉案专利“一种摩托车用高能点火系统”只是个理想化的名称，其核心为磁电机和点火器，点火线圈和火花塞只是摩托车点火系统的常规部件，不涉及技术创新。而磁电机和点火器均非该公司生产，该公司只是按市场价采购了零部件磁电机和点火器后，安装于涉案摩托车上，安装程序及方式均为固有程序，不涉及专利权利要求书中所述的技术特征，故公司并未实施涉案专利。另外，该公司还以涉案专利“存在重大技术瑕疵”为由，主张“专利产品生产者实际未按涉案专利的权利要求实施”。

分析与评述

发明专利权的保护范围以其权利要求的内容为准，判断是否实施了该专利也应以实施的技术方案是否落入权利要求的保护范围为准。如果单位实施的技术方案落入了职务发明专利的保护范围，则应当认为单位实施了该专利。该案中，根据权利要求书的记载，涉案专利的独立权利要求为：顺序电连接的磁电机、点火器、点火线圈与火花塞，其特征是将磁电机点火绕阻串联或并联后并联在点火器的两个不接地的输入端上。故涉案专利并非仅包括磁电机和点火器，而应指由上述四项组成要素联接成的整体。公司按照专利技术所述方式将磁电机、点火器与点火线圈、火花塞联接成高能点火系统后安装于摩托车的行为涉及制造、使用涉案专利产品，属于实施专利的行为。涉案专利存在技术缺陷的事实仅证明单位实施专利过程中曾因技术的不完善而影响效益，不能证明其未实施涉案专利。

【案例5－9】

某案中，单位主张其未曾实施过涉案专利。请求人提交由单位生产的产品包装盒作为证据。包装盒上标注了涉案专利的专利号和所在单位的公司名称等字样。

分析与评述

单位在产品上标注专利号和单位名称，其性质应当属于当事人对事实的一种自认，即该单位承认其在制造所述产品时使用了所标注专利号指代的专利技术。除非产品制造单位提供相反证据证明其在制造所述产品时未使用所标注的专利，否则应当认为单位实施了该专利，免除发明人或设计人举证证明单位存在具体实施行为的义务。该案中，涉案产品包装盒可以初步证明涉案专利已被实施的事实。在被请求人未提出相反证据证明其实际上并未实施该专利的情况下，应认定其已经实施了该专利。

【案例5－10】

某案中，请求人为一项发明专利的发明人，其要求所在单位支付职务发明人报酬。该单位辩称其未实施涉案专利，不应向发明人支付报酬。经查明，虽然该单位未自行实施，但该专利已经由其许可他人实施。

分析与评述

职务发明专利的实施既包括专利权人自行实施，也包括专利权人许可他人实施。专利权人许可他人实施专利的，单位作为专利权人通过专利获得了经济效益，应当给予发明人合理的报酬。按照《专利法实施细则》的规定，没有约定的，其数额应当是从许可费中提取不低于10%的比例。该案中单位已经许可他人实施，故其主张涉案专利未被实施，与事实不符。

【案例5－11】

某案中，请求人原为A公司的技术人员，现已离职。请求人称A公司已实施的某重大项目采用了其在职期间所作出的发明专利技术方案，依据法律规定，要求公司按照该项目的实施收益支付其发明人报酬。经查明，A公司涉案项目所实施的技术方案与涉案专利并不相同，具体包括：二者所涉及技术主题不同、工艺处理对象不同、涉案项目采用的关键设备未包含涉案专利的所有技术特征。

分析与评述

针对职务发明人报酬纠纷，首先需要确定单位是否实施了涉案专利。如果没有实施专利，则单位并未通过专利获得经济效益，不应负有支付报酬的义务。判断单位是否实施了涉案专利，要以单位所实施的技术是否落入涉案专利权保护范围内为基准。如果其既未字面落入，也未以等同方式落入涉案专利权保护范围，则不能认为单位实施了涉案专利。该案中，A公司提供的证据表明其所实施的项目未覆盖涉案专利权利要求的全部特征。这一举证已经证明，A公司未实施涉案专利，请求人要求就涉案专利获得职务发明人报酬，缺少事实依据，不应得到支持。

二、支付报酬的数额

（一）约定标准

发明人或设计人获得报酬的具体数额和方式可以由发明人或设计人与所在单位通过合同或其他适当的形式约定，如在单位制定的规章制度中规定。有约定的，应当根据约定来确定报酬的数额和支付方式。约定的报酬数额应当合理。

单位与员工没有就职务发明创造报酬签订协议或者单位未在其规章制度中规定该事项的，可以在事后补充签订协议。补充签订的协议同样应当优先适用。

约定报酬的数额是否合理，应当考虑单位通过职务发明创造获得的经济效益和职务发明人或设计人对职务发明创造完成的贡献程度等因素。

（二）法定标准

如果被授予专利权的单位未与发明人或设计人约定支付报酬的方式和数额的，报酬的数额应当适用法定标准，即每年应当从实施该项发明或实用新型专利的营业利润中提取不低于2%，或者从实施该项外观设计专利的营业利润中提取不低于0.2%作为报酬给予发明人或设计人，或者参照上述比例，给予发明人或设计人一次性报酬。

发明人或设计人获得报酬的数额应当与专利对营业利润的贡献正相关。

所述营业利润是指所在单位在一定时间内实施专利后获得的营业收入相对于未实施专利时的营业收入增加的利润，减去相应比例的营业费用、管理费用以及财务费用后所剩余的数额。这里的营业利润相当于会计学上的税后利润。如果其他条件不变，实施专利后获得的营业利润减少，则不应当向发明人或设计人支付报酬。

在未与职务发明人约定也未在单位规章制度中规定报酬的情形下，国有企事业单位和军队单位自行实施其发明专利权的，给予全体职务发明人的报酬总额不低于实施该发明专利的营业利润的3%；转让、许可他人实施发明专利权或者以发明专利权出资入股的，给予全体职务发明人的报酬总额不低于转让费、许可费或者出资比例的20%。

在核算报酬数额时，应当考虑每项职务发明对整个产品或者工艺经济效益的贡献，以及每位职务发明人对每项职务发明的贡献等因素。因单位经营策略或者发展模式的需要而低价、无偿转让或者许可他人实施职务发明专利或者相关知识产权时，应当参照相关技术的市场价格，合理确定对职务发明人的报酬数额。

在报酬纠纷的行政调解中，报酬的提成比例可以根据专利对营业利润的贡献来确定，但一般不应低于法定标准。

【案例5－12】

某案中，请求人主张将使用了涉案专利的产品与未使用涉案专利的产品的价差作为涉案专利为整车所带来的利润。单位则以其近3年生产销售涉案产品税后利润为负数为由，主张其不应向请求人支付报酬。相关部门认为，不同摩托车价差受多方面因素的综合影响制约，除了涉案专利的影响外，还可能包括多种专利的组合应用、不同的功能配置、消费者对产品的偏好、产品在不同时期的价格策略、广告投入等因素。在无法通过审计评估确定涉案专利摩托车及点火系统利润的情况下，应当以产品本身的利润率为基础，再参考其技术的先进性及对整车价值的提升而酌情确定职务发明专利报酬。单位提交的会计师事务所审计报告不能直接、完整反映涉案产品的税后利润，同时，单位未提供其他确切的证据证明其关于税后利润的主张，故不确认涉案专利摩托车税后利润为负。

分析与评述

在确定营业利润时，应当合理确定职务发明创造专利对利润增长的贡献。由于市场营销等产品以外的因素引起的利润下滑，不应当成为发明人或设计人不应获得报酬的理由。该案中，没有证据证明实施涉案专利后营业利润为负数，相反，相比未采用专利技术的产品，采用专利技术的产品无论在销售价格还是销售数量上，均能体现出专利技术的影响，因此可以作为专利对营业利润增长有贡献的依据。

【案例5-13】

某案中，关于应付报酬比例，请求人根据《××市专利促进与保护条例》的规定主张按照6%计算。单位则认为应当按照《专利法实施细则》规定的2%计算。根据《××市专利促进与保护条例》的规定，实施实用新型专利的报酬提取比例不得低于税后利润的5%。

分析与评述

该案的争议点在于确定报酬数额的依据。一般情况下，当地方性法规对职务发明人提取报酬比例标准有规定时，如果其不低于《专利法实施细则》中规定的标准，从保护发明人利益出发，应当优先适用地方标准。该案发生在××市，根据《××市专利促进与保护条例》的规定，实施实用新型专利的报酬提取比例不得低于税后利润的5%。这与《专利法实施细则》的规定亦不抵触，应当优先适用，即按照不低于5%的比例计算报酬。

【案例5-14】

黄某某原系某化工公司员工。1999年5月14日，化工公司和黄某某所在的该公司研发部签订《×××中试合成技术开发项目合同书》，约定由研发部进行×××中试合成技术开发。2000年12月，以黄某某为代表的课题组向化工公司提交了《×××合成工艺研究总结报告》。该总结报告提出的工艺技术与涉案专利具有高度一致性，涉案专利属于该工艺技术的一部分。2004年2月4日，化工公司因黄某某在×××项目开发中的突出贡献向黄某某支付2003年度1~12月绩效奖励10万元。2004年5月11日，上级主管单位下发《关于对某化工公司资产重组方案的批复》，同意对化工公司的经营及技术团队实施股权奖励，奖励股权合计8.631%。2004~2006年，化工公司根据上述批复对该公司经营和技术团队实施股权激励，奖励和转让的主要对象为“对×××的工业化生产技术（即该案争议专利技术）无形资产作出贡献的经营及技术团队”。在实施股权激励后，黄某某因为对技术研发的特殊贡献获得了化工公司1%的股权，其中出售的股权为0.315%，免费赠送的股权为0.685%。2006年9月22日，化工公司向国家知识产权局申请名称为“一种新型除草剂的合成方法”的发明专利，该合成方法于2008年12月17日通过授权公告，专利号为ZL20061××××××.×，发明人为黄某某，专利权人为该化工公司。黄某某请求化工公司支付其专利实施报酬1 090.5万元。

分析与评述

对于职务发明，被授予专利权的单位在发明专利实施后应当对发明人给予合理的报酬。如果单位和发明人对专利实施后的报酬无约定，即使单位在专利申请前已向发明人发放过奖金、股权等奖励，在专利实施后，单位仍然应向发明人支付专利实施报酬。该案中，无论是化工公司于2004年2月4日因黄某某在×××项目开发中的突出贡献给予其2003年度1~12月绩效奖励10万元，还是化工公司于2004年根据上级主管单位的批复，对化工公司经营及技术团队实施股权奖励，给予黄某某1%的公司股权，均发生在涉案专利获得授权之前，上述奖励不属于化工公司基于专利法的相关规定对黄某某主张的涉案专利的奖励或者报酬。

根据法律规定，职务发明创造的发明人或者设计人依法享有专利奖励请求权和专利实施报酬请求权。法律、法规允许当事人对奖励和报酬的方式和数额进行约定，其目的在于以更灵活的手段更充分地保障职务发明创造者的合法权益，鼓励和激励科技人员创新的积极性，促进科技成果的转化。因此，给予职务发明人或设计人以奖励系发明人或设计人所在的被授予专利权的单位的法定义务，这种义务具有强制性。虽然用人单位对于奖励的方式和数额拥有一定的自主权，但是《专利法》及《专利法实施细则》均不允许用人单位以任何理由免除履行或者变相免除履行该义务。虽然该案中某化工公司在涉案专利申请前曾与发明人签订过技术研发合同，公司内部也制定了相关技术管理办法，但无论是双方签订的研发合同，还是技术管理办法，对涉案技术获得专利授权后的实施报酬并没有明确的约定或者规定，故该化工公司认为在专利申请前，其已经就同一技术向发明人发放了奖金、股权等奖励，无须再另行支付专利实施报酬的抗辩理由不能成立，其应当综合考虑涉案专利的创造性高度、黄某某对涉案专利所作的贡献以及涉案专利实施所产生的营业利润等情况，向黄某某支付涉案专利实施报酬。

（三）许可与转让专利权报酬支付

单位许可其他单位或者个人实施其专利或者转让其专利，获得收益的，可以与职务发明人或设计人约定支付报酬的数额、比例与方式。单位应当按照约定支付报酬。没有约定的，应当从收取的使用费或转让费中提取不低于10%，作为报酬给予发明人或设计人。

单位以专利权出资的，应当按照转让专利权处理，专利权资产折算占比金额视同专利权转让收入。

因单位经营策略或者发展模式的需要而低价、无偿转让或者许可他人实施职务发明创造专利的，应当参照相关技术的市场价格，合理确定对职务发明人或设计人的报酬。

被授予的专利权在单位支付报酬前被依法宣告无效的，单位不再负有支付报酬的义务。支付报酬后专利权被依法宣告无效的，职务发明人或设计人可以不予返还报酬。

【案例 5－15】

某案中，请求人要求单位支付职务发明人报酬。单位将涉案专利许可给其作为大股东的另一公司使用，主张应当按照许可费的一定比例确定报酬。请求人认为许可费明显偏低，不予认可。

分析与评述

单位许可他人实施职务发明创造专利的，如果没有约定，发明人或设计人报酬应为许可费的10%。但许可费应当为按照市场行情确定的许可费。该案中，由于许可人是被许可人的股东，二者之间存在直接投资关系，且代表许可人和被许可人签订专利实施许可合同的是同一个人，因此，在没有同类专利许可使用费作为参照的情况下，仅以两个关联公司约定的专利许可使用费作为发明人报酬的计算依据并不客观。许可费明显偏低，损害了发明人的利益。由于双方当事人均未提供证据证明按照市场行情确定的许可费的具体数额，因此相关部门可以根据涉案专利产品的销售情况酌情确定合理的许可费，并在此基础上确定应付报酬的金额。

第四节　多个发明人或设计人之间的奖酬纠纷的调解原则

职务发明人或设计人有 2 个或 2 个以上的，奖励和报酬应当按照各发明人或设计人的贡献大小在发明人或设计人之间分配。奖励或报酬视为发明人或设计人之间按份共有。对发明创造贡献大的，所占份额大；贡献小的，所占份额也小。

主张自己贡献大应当多分的发明人或设计人负有举证证明其贡献较其他发明人或设计人大的责任。如果主张应该多分的请求缺乏证据支持，则发明人或设计人的贡献应当视为同等大小，由全体发明人或设计人平均分配奖励、报酬。

对职务发明创造作出创造性贡献的大小与发明人或设计人在专利申请文件上的排名、在单位中的职位高低等没有必然联系。

发明人或设计人之间存在分配比例协议的，应当按照分配协议进行分配。

部分发明人或设计人放弃获得奖励、报酬的权利，其他发明人或设计人有权获得全部奖励或报酬。

【案例5－16】

某案中，请求人与另一员工作为共同发明人研发完成并获得了一项实用新型专利，并由所在公司实施。请求人要求该公司支付报酬，并与另一发明人平分。该公司认为，请求人在申请文件上的排名靠后，职务比另一发明人低，不应平分报酬。

分析与评述

职务发明创造有多个发明人或设计人的，所得报酬应当按照各发明人或设计人的创造性贡献大小来确定报酬的份额。发明人或设计人之间就报酬分配达成协议的，应当视为证明贡献大小的证据。发明人或设计人排序、职位高低、由谁立项研发等不能直接反映各发明人或设计人在该专利研发、设计过程中所做的具体工作和业绩，不必然表明相应的贡献大小。在没有足够证据证明各发明人或设计人的贡献大小时，应依法推定各发明人或设计人具有相同的贡献，应当平分专利报酬。该案中，该公司没有证据证明请求人的贡献小，其依发明人排名的前后等确定两位发明人对专利贡献的大小缺少事实和法律依据。

第六章　发明专利临时保护期使用费纠纷的行政调解

发明专利申请从提交到授权经历三个效力完全不同的阶段：（1）申请日到公布日；（2）公布日到专利授权公告日；（3）专利授权公告后。第二个阶段又被称为“发明专利临时保护期”。

发明专利申请授权后，专利权人有权要求在临时保护期内实施其发明的单位或者个人支付适当的费用。双方当事人就临时保护期使用费产生纠纷的，可以请求管理专利工作的部门进行调解。

第一节　临时保护的构成条件

请求人（通常是专利权人或其利害关系人）向被请求人（涉嫌实施发明专利的单位或个人）主张发明专利临时保护期使用费，应当符合以下构成要件：

1. 涉案专利应仅限于发明专利。

2. 涉案专利被授予专利权，且请求人是在专利授权后提出调解请求。

3. 被请求人实施专利的行为发生在临时保护期内。

4. 被请求人的实施行为落入专利权保护范围。

一、涉案专利仅限于发明专利

被请求支付临时保护期使用费的专利应当仅限于发明专利。请求人以实用新型专利或外观设计专利主张临时保护期使用费的，管理专利工作的部门不予支持。

【案例6－1】

郑某于2007年5月9日提交一项名称为“一种混凝土板桩”的实用新型专利申请，该申请于2008年1月3日授权公告。2007年9月16日，郑某发现同市某建筑公司工地使用的混凝土板桩与其专利申请的混凝土板桩产品完全相同。郑某向该建筑公司协商索要专利使用费未果，于2008年4月15日向当地管理专利工作的部门提出调解请求，请求该建筑公司支付专利使用费5万元。该建筑公司辩称，其使用的混凝土板桩是自己研发的，并未窃取郑某的技术，而且相关工程于2007年12月已经完工。

分析与评述

该案中，建筑公司支付专利使用费只能基于两种行为：一是其实施专利的行为发生在专利授权之后，因侵犯专利权而应支付侵权赔偿；二是其实施专利的行为发生在发明专利申请的临时保护期内，基于《专利法》第十三条的规定支付临时保护期使用费。而该案不具备上述条件：首先，郑某请求建筑公司支付专利使用费所基于的事实是建筑公司在郑某提出专利申请后到该专利被授予专利权之前的时间段内使用与专利产品相同的混凝土板桩，因建筑公司实施行为发生在专利授权之前，并未侵犯专利权，不应当支付侵权赔偿；其次，涉案专利为实用新型专利。由于我国仅对发明专利申请实行“早期公开、延迟审查”的制度，对于实用新型和外观设计专利申请仅进行初步审查，初步审查合格符合授权条件的，即行授权公告，因此，对于实用新型专利和外观设计专利来说不存在所谓的临时保护期，郑某请求建筑公司支付专利使用费没有法律依据。

二、涉案专利被授予专利权，且请求人在专利授权后提出调解请求

发明专利申请被授予专利权，且请求人提出的调解请求在专利授权公告之后是构成临时保护的必要条件。提出请求时专利申请尚未被授予专利权的，管理专利工作的

部门对请求人请求他人支付临时保护期使用费的主张不予支持。

【案例6-2】

张某于2007年8月2日提交一项发明专利申请，该申请于2009年2月3日公开，并于2010年10月20日授权公告。张某于2009年5月发现同市的李某生产的产品与其所提交专利申请要求保护的产品完全相同，遂于2009年5月30日向当地管理专利工作的部门提出要求李某支付专利使用费的行政调解请求。

分析与评述

根据《专利法实施细则》第八十五条的规定，因临时保护期内的实施行为未支付使用费发生纠纷，当事人请求管理专利工作的部门调解的，应当在专利权被授予之后提出。这一规定的出发点在于，发明专利申请在公布后进入实质审查程序，完成实质审查后的发明专利申请可能有两种结果：一是被授予专利权，二是被驳回申请。如果不作出上述规定，可能会导致某些被驳回的发明专利申请也被赋予了临时保护，这对社会公众是不公平的。另外，在实质审查过程中，无论是主动还是依审查员的要求，申请人均可能会对权利要求书进行修改，由此可能会导致被授予专利权的申请，其授权后权利要求书的范围与其公布时权利要求书的范围不同，从而导致在确定临时保护范围时的不确定性。

该案中，张某于2009年5月30日向当地管理专利工作的部门提出要求李某支付发明专利临时保护期使用费行政调解请求时，其专利申请尚处于审查阶段，并未获得专利权。因此，尽管张某发现他人使用的产品与其专利申请中要求保护的产品相同，将来可能涉嫌侵犯其专利权，但也只能在2010年10月20日获得专利权之后才可以向管理专利工作的部门提出行政调解请求。

三、他人的实施行为发生在临时保护期

请求支付临时保护期使用费是一种在专利授权之后，专利权人或其利害关系人请求管理专利工作的部门对他人在发明专利临时保护期内实施发明的行为予以追溯的权利。他人实施发明的行为发生在临时保护期内是构成临时保护不可或缺的另一要件。

在发明专利临时保护期内实施发明的行为包括：未经专利申请人许可，以生产经营为目的，制造、使用、许诺销售、销售、进口专利产品，或者使用专利方法以及使用、许诺销售、销售、进口依照该专利方法直接获得的产品。

如果他人实施发明的行为发生在发明专利申请日至公布日之间，请求人依此行为

主张临时保护期使用费的请求，管理专利工作的部门将不予支持；如果他人实施发明的行为发生在发明专利授权后，请求人应当提出专利侵权纠纷处理或调解请求而非临时保护期使用费纠纷调解请求。当请求人未明确其究竟主张临时保护期使用费，还是侵权损害赔偿时，管理专利工作的部门应当释明二者的含义，由请求人根据侵权行为发生的时间确定是请求侵权纠纷处理还是请求支付临时保护期使用费行政调解；在请求人不能正确选择的情况下，由管理专利工作的部门根据当事人提出的理由和提供的证据综合予以确定。当被请求人的实施行为从临时保护期内一直持续到专利授权之后，管理专利工作的部门应当分别予以认定。

【案例6－3】

涉案发明专利的名称为“制备高纯度二氧化氯的设备”，申请日为2006年1月19日。该专利申请于2006年7月19日公布，2009年1月21日授权公告，专利权人为A公司。2008年10月20日，B自来水公司与C公司签订《购销合同》购买二氧化氯发生器一套，C公司于2008年12月30日就上述产品销售款委托税务机关代开统一发票。上述产品一直由B自来水公司使用，C公司为该产品的正常运转提供维修、保养等技术支持。A公司认为C公司生产、销售和B自来水公司使用的二氧化氯生产设备落入涉案发明专利保护范围，请求B公司和C公司停止侵权并赔偿经济损失30万元，而没有提出支付发明专利临时保护期使用费的诉讼请求。

分析与评述

该案中，C公司制造、销售被控侵权产品的行为发生在涉案发明专利申请公布之后、授权公告之前，B自来水公司使用被控侵权产品的行为从专利授权之前一直持续到专利授权之后。该案值得讨论的问题包括：（1）C公司制造、销售被控侵权产品的行为和B自来水公司在专利授权之前使用被控侵权产品的行为是否构成侵权？如果不构成侵权的话，是否需要支付临时保护期使用费？（2）A公司没有提出支付发明专利临时保护期使用费的诉讼请求，管理专利工作的部门应当如何处理？

关于第一个问题，对于发明专利而言，虽然专利授权之后，专利权回溯到自申请日起有效，但是其能够真正获得保护的时间是自授权公告之日起计算。C公司制造、销售被控侵权产品的行为发生在专利授权之前，因此不构成侵权；同样，B自来水公司在专利授权之前使用被控侵权产品的行为也不构成侵权。C公司和B自来水公司均不应当承担侵权损害赔偿。如果A公司请求支付临时保护期使用费的话，其请求应当被支持。

关于第二个问题，发明专利临时保护期使用费与专利侵权损害赔偿并不属于同一诉因，管理专利工作的部门应当向当事人释明二者的区别。在已经释明的情况下，如果当事人依然坚持请求侵权损害赔偿而不主张临时保护期使用费补偿，管理专利工作的部门应当明确告知请求人其侵权损害赔偿主张得不到支持；但基于行政调解的性质，在双方当事人同意的情况下，可以变更为临时保护期使用费补偿请求进行行政调解。

四、他人的实施行为落入专利保护范围

构成临时保护的第四个必要条件是他人的实施行为要落入专利保护范围。所述“专利保护范围”应当以请求人指定的权利要求的保护范围为准。

（一）专利文本的确定

请求人在提出支付发明专利临时保护期使用费调解请求时，应当提交发明专利申请公布文本和提出调解请求时有效的专利文本。如果专利授权公告后未经历无效宣告程序，所述有效的专利文本即为专利授权公告文本；如果专利授权公告后经历过无效宣告程序，所述有效的专利文本应当是生效的无效宣告请求审查决定最终维持有效的专利文本。

请求人应当明确提出请求所依据文本的权利要求。无论针对公布文本还是最终有效的专利文本，如果请求人未明确具体的权利要求，管理专利工作的部门应当向请求人释明，要求其指定具体的权利要求；经释明，请求人仍然未明确的，则应以相应的独立权利要求为准。对于权利要求书中包括多项独立权利要求的，管理专利工作的部门应当向请求人释明，要求其指定具体的权利要求；经释明，请求人仍然未明确具体的权利要求的，管理专利工作的部门根据请求人在请求书中的具体理由选定最相关的独立权利要求作为比对基础。

（二）专利保护范围的确定

根据发明专利申请公布时权利要求保护范围（范围 A）和提起调解请求时有效的权利要求保护范围（范围 B）的关系，存在如下不同的情形：（1）范围 A = 范围 B。（2）范围 A > 范围 B；（3）范围 A < 范围 B；（4）范围 A 与范围 B 完全不同。

如果被请求人的实施行为同时落入上述两个保护范围，应当认定被请求人在临时保护期内实施了该发明，应当支付临时保护期使用费；如果被请求人的实施行为未落入任何一个保护范围或者仅落入其中一个保护范围，应当认定被请求人在临时保护期内未实施该发明。

（三）被请求人的行为是否落入专利保护范围的确定

判断被请求人的实施行为是否落入范围 A 或范围 B 的方法与专利侵权判定方法完

全相同，要首先判定被请求人的实施行为是否字面落入范围 A 或范围 B，即二者完全相同，在未构成字面落入的情况下，再判断二者的区别是否构成等同。

根据案件的具体情况，管理专利工作的部门既可以先对比范围 A 与范围 B 的大小，判断案件属于如上哪种情形，然后再判断被请求人的实施行为是否落入专利保护范围；也可以先判断被请求人的实施行为是否落入范围 B，之后再根据需要判断其是否落入范围 A。

（四）注意事项

在处理专利纠纷行政调解请求时，管理专利工作的部门应当注意针对涉案专利是否存在未审结的无效宣告程序。如果相关无效宣告程序尚未结案，同时双方当事人就被请求人的行为是否落入专利权保护范围存在争议的，管理专利工作的部门可以中止临时保护期使用费纠纷的调解。

【案例 6-4】

蒋某于 1994 年 12 月 26 日提出了一项名为“有线电视机上变频器的制作法”的发明专利申请。1996 年 7 月 31 日，该申请被公布，权利要求只有一项，为“一种有线电视机上变频器的制作方法……”。1999 年 9 月 29 日，该发明专利被授权公告，公告发明名称为“有线电视终端信号的处理方法及其装置”，权利要求有 2 项，分别为：“1. 一种有线电视终端信号的处理方法……。2. 一种有线电视终端信号的处理装置，它包括……。”

1996 年 9 月，蒋某发现李某、金某未经其同意，以生产经营为目的，使用其专利技术制造、销售有线电视增台器。直至专利授权公告之日，二人从未向其支付临时保护期使用费。蒋某要求李某、金某支付其发明专利临时保护期使用费 160 万元。

经查，李某、金某生产、销售的有线电视增台器的结构、组成及其制作方法与蒋某申请公布文件的变频器的制作方法及结构相同，与授权公告的专利中的处理方法以及实施该处理方法得到的装置也均一致。

分析与评述

该案中，对比专利申请公布的权利要求和授权后的权利要求的保护范围，可以看出公布文本权利要求的主题是“变频器的制作方法”，其权利要求所阐述的实际上是有线电视终端信号的处理方法；授权后的权利要求 1 保护的是有线电视终端信号的处理方法，权利要求 2 保护的是有线电视终端信号的处理装置，同时对许多技术特征作了非常明确的限定。在公布的权利要求的基础上，授权专利权利要求缩小了专利保护范围。基于李某、金某生产、销售的有线电视增台器既落入公布的权利要求的保护范围，又落入授权公告的权利要求1和权利要求2的保护范围，因此，可以认定其落入专利权保护范围，李某、金某应支付专利权人蒋某合理的临时保护期使用费。

第二节　临时保护期使用费的确定

临时保护期使用费是在专利授权后对专利权人利益的一种事后补偿。在确定临时保护期使用费时，综合考虑实施行为的性质、情节、后果，实施行为人的技术来源、主观是否具有故意、生产能力及规模、产品价格等因素。

一、确定补偿费用的原则

发明专利申请的"临时保护"和专利授权公告后的"正式保护"是两种不同性质的保护。被请求人在专利授权后未经许可实施发明的，应当支付侵权损害赔偿，但其在临时保护期内实施发明的，仅需支付适当的补偿即可。补偿数额的"适当"是指不应超过相应期间的专利许可使用费，如果依照专利侵权赔偿数额的计算方法计算的，补偿数额应较相同情节的侵权赔偿数额低为合适。

二、确定补偿费用的考虑因素

在确定临时保护期使用费时，应当综合考虑各种因素：

1. 专利权人已经许可他人实施的，可参照专利许可使用费确定。

2. 专利权人尚未许可他人实施的，可根据实施发明专利的收益和发明专利的贡献大小确定合适的数额。专利权人实施发明专利所获得的收益越大，发明本身的贡献在所述收益中所占的比重越大，临时保护期使用费应越高。

3. 他人实施行为的技术来源。他人实施的专利可能源于自我研发，也可能源于专利申请的公布。对于自我研发的技术而言，虽然实施人并未利用专利申请人的智力劳动成果，但为鼓励发明创造的公开以推动整体社会进步，也可以要求实施人支付临时保护费，但一般应当少于利用专利申请公布而需要支付的临时保护费。

4. 考虑实施人主观故意程度。如果专利申请人在临时保护期间内对相关实施人提出过相关警告，而相关实施人并不理睬或扩大实施范围等，则可参照侵犯专利权的赔偿来确定临时保护期使用费。

【案例6－5】

A公司于1996年12月28日提出了名称为"分隔系统及其装配方法"的发明专利

申请。该申请于1997年8月27日公布，于2000年6月7日授权公告。专利授权后，A公司要求B公司支付其专利公布期间临时保护期使用费50万元以及因专利侵权造成的经济损失50万元。

经查明，1999年3月18日，A公司与C公司签订了一份专利许可合同，许可标的是涉案发明专利，许可类型是独占许可。根据该合同约定，许可费采用入门费加销售额提成的方式，入门费共80万元人民币。合同签订后，被许可方先向A公司支付40万元，专利授权后，再支付40万元，提成按专利产品销售额的5%向A公司缴纳。A公司未提交该合同的履行情况。

根据B公司提供的KW屏风出货明细表，1999年4～9月B公司的KW屏风出货金额为164 576.9元，2001年1月B公司的KW屏风出货金额为14 976元，2001年3月B公司的KW屏风出货金额为6 552.84元。

B公司最终被判令向A公司支付发明专利临时保护期间的使用费15万元。

分析与评述

该案涉及确定临时保护期使用费时要考虑的两个问题：一是被请求人在专利授权前与授权后的收益，二是参照专利许可使用费。

由于发明专利临时保护与发明专利权保护的性质并不相同，因此发明专利临时保护期使用费的补偿数额应当与侵犯专利权的损害赔偿数额有所差异。该案中，在确定补偿额时，需同时考虑B公司在专利授权前后被控侵权产品的相应生产、销售状况。涉案专利公布期间，1999年4～9月被控侵权产品的出货金额为164 576.9元；专利授权后，2001年1月、3月B公司的被控侵权产品的出货金额分别为14 976元、6 552.84元。审理部门最终判令B公司支付发明专利临时保护期使用费15万元是综合考虑两方面收益后折中的结果。

另外，参照专利许可使用费赔偿与参考专利许可使用费赔偿的依据是不同的。根据《专利法》及《最高人民法院关于审理专利纠纷案件适用法律问题的若干规定》的规定，在被侵权人的损失或者侵权人获得的利益难以确定时，有专利许可使用费可以参照的，参照该专利许可使用费的1～3倍合理确定赔偿数额。如果是参照赔偿，额度至少为许可使用费。该案中，A公司提交的许可合同约定的许可费在80万元以上，考虑到该许可合同的实际情况，不宜参照其约定的该案专利“许可使用费”确定B公司的赔偿额。

在实践中，确定临时保护期使用费时，侵权损害赔偿是一个非常重要的参考依据。

根据《专利法》的相关规定，侵权赔偿的数额确定除参照专利许可使用费外，还有权利人因被侵权所受到的损失或者侵权人因侵权获得的利益以及法定赔偿。在专利权人主张以自己所受到的损失作为赔偿数额的依据时，应提供自己单位产品获利情况的财务审计报告，以及专利权人因被侵权造成销售量减少的总数或者制造的侵权产品的数量，二者相乘之积就是专利权人的损失数额的依据；在专利权人主张以侵权人的获利作为赔偿的依据时，专利权人通常要申请保全侵权人的财务会计账册，经独立的第三方审计后，以审计结论确定侵权获利情况，从而明确赔偿的依据。

在确定临时保护期使用费补偿金数额时，可以参考会计师事务所对有关当事人的财务凭证、账目审计后出具的审核验证报告确定侵权获利情况，并酌情考虑当事人实施专利的情况，比如产品数量、生产专利产品的时间段以及专利技术在产品中所起的作用等。

第七章　专利侵权损害赔偿额的计算

管理专利工作的部门在处理专利侵权纠纷时，应当事人的请求，可以就侵犯专利权的赔偿数额进行调解。

权利人与被控侵权人就专利侵权赔偿数额或者计算方式有约定的，管理专利工作的部门应当按照约定确定赔偿数额；没有约定的，管理专利工作的部门应当在根据《专利法》第六十五条规定确定的赔偿数额的基础上，本着公平、合理的原则组织双方就赔偿数额达成调解协议。

按照《专利法》第六十五条的规定，侵犯专利权的赔偿数额按照权利人因被侵权所受到的实际损失确定；实际损失难以确定的，可以按照侵权人因侵权所获得的利益确定。权利人的损失或者侵权人获得的利益难以确定的，参照该专利许可使用费的倍数合理确定。赔偿数额还应当包括权利人为制止侵权行为所支付的合理开支。权利人的损失、侵权人获得的利益和专利许可使用费均难以确定的，可以根据专利权的类型、侵权行为的性质和情节等因素，依据《专利法》规定的法定赔偿数额予以确定。

第一节　权利人的实际损失

权利人的实际损失是指权利人因侵权人的侵权行为而减少的利润。权利人未实施专利技术或专利设计的，不得按照权利人的实际损失确定赔偿数额。

一、权利人实际损失的计算

权利人的实际损失可以按照专利权人的专利产品因侵权所造成销售量减少的总数乘以每件专利产品的合理利润所得之积计算。

专利权人的专利产品因侵权所造成销售量减少的总数不能确定的，可以按照侵权产品在市场上销售的总数予以确定。

每件专利产品的合理利润可以按照专利权人销售全部专利产品的平均利润计算，即销售收入减去生产、销售成本后除以销售数量，也可以直接参照专项审计报告所载明的项目利润计算表确定。

权利人应当对其主张的实际损失和侵权与损失之间具有直接因果关系承担举证责任，也应当对每件专利产品的合理利润承担举证责任。对于权利人主张的合理利润，经明示，被控侵权人没有异议的，权利人可以免于举证。

【案例7－1】

某案中，经查明，B公司生产并销售侵权产品数量为1套，专利权人A公司销售成套控制机专利产品的价格为58 680元，且A公司与第三方C公司均确认涉案产品的利润为50%左右，B公司对此不持异议。因此，审理部门认为，专利权人A公司因B公司侵权而造成专利产品销售的减少量应当是1套，专利权人的实际损失应当为：58 680元/套×50%×1套＝29 340元。结合A公司为制止该案侵权行为客观上支出了相应的公证费、律师费用等因素，酌情确定该案赔偿额为3万元。

【案例7－2】

A公司享有“防火隔热卷帘用耐火纤维复合卷帘及其应用”的发明专利权。在确定侵权损害赔偿额时，A公司提交了B会计师事务所出具的关于A公司承建某大厦防火卷帘及挡烟垂壁供应及安装工程项目利润的专项审计报告、A公司在招投标过程中取得的某博览会主场馆各层消防平面图，作为其经济损失赔偿数额的计算依据。经查证，B会计师事务所出具的专项审计报告载明，A公司提供的项目利润计算表系按照《企业会计准则》和《企业会计制度》的规定编制，反映了相关工程项目的主要经济指标。因此，该专项审计报告可以作为确定A公司实际损失的依据。

二、确定权利人实际损失时的考虑因素

在确定权利人的实际损失时，要考虑专利对于整个产品利润的贡献、与专利产品

相关的配件及零部件的销售损失以及其他因素。

（一）专利对于整个产品利润的贡献

侵犯发明、实用新型专利权的产品系另一产品的零部件时，如果专利产品有单独的销售价格和利润，应当按基于该产品的全部利润确定合理利润，计算损害赔偿金额；如果专利产品没有单独的销售价格和利润，则应当根据成品的利润乘以该零部件在实现成品利润中的作用比重来确定合理利润。

侵犯外观设计专利权的产品为包装物时，应当按照包装物本身的价值及其在实现被包装产品利润中的作用等因素确定专利产品的合理利润。

权利人应当举证证明专利产品在实现成品利润中的作用比重；作用比重无法确定的，由管理专利工作的部门酌定。

【案例7－3】

A公司拥有名称为“车辆运输车上层踏板举升机构”的实用新型专利。B公司生产、销售的5种型号的车辆运输车中，车辆上层踏板的举升机构落入涉案专利权的保护范围，侵权行为成立。A公司主张赔偿损失利润为5 606 480元，其计算方法是按照被控侵权车辆的销售数量506辆乘以A公司销售车辆的利润（128 000－116 920＝11 080元）而得出的。

分析与评述

涉案专利的专利产品并非车辆运输车，而是车辆运输车的上层踏板举升机构，11 080元/辆的单车利润并非该专利产品的单件利润。在计算赔偿额的时候应考虑该专利产品在整个车辆运输车中所占的价值比例，因此11 080元/辆的单车利润可以作为计算该专利产品合理利润的重要依据。该专利的发明目的在于设计一种上层踏板高度可调节的、便于操作的车辆运输车上层踏板举升机构。考虑到该专利在实现车辆运输车用途中所起到的作用，以及安装该专利产品的车辆运输车相对于其他车辆运输车而言具有的市场竞争优势，并结合A公司车辆运输车本身的销售利润，酌定归属涉案专利的利润贡献占车辆运输车利润的比例。

（二）与专利产品相关的配件及零部件的销售损失

权利人的实际损失不仅包括因侵权失去的专利产品的销售额，也包括对专利产品相关配件和零部件失去的销售额。如果权利人能够证明其专利产品之前是与非专利零配件一同销售的，那么专利侵权损害赔偿额的计算也应当包括和专利产品相关的配件以及零部件所失去的销售额。

（三）其他因素

确定权利人的实际损失时，还应当考虑其他因素。例如市场对专利产品的需求、权利人是否具有开发这种需求的生产和市场销售能力、权利人是否有获得这种利润的可能性、侵权行为和侵权结果之间是否存在因果关系（不包括其他原因导致权利人销售额的下降或增长的停滞）等因素。

权利人应对这些因素的存在负有举证责任。管理专利工作的部门可以应用“四步检验法”判断权利人是否充分举证，即考察权利人是否举证证明：（1）市场对专利产品的需求；（2）不存在可接受的非侵权替代产品；（3）权利人具有开发这种需求的生产和市场营销能力；（4）如果没有侵权产品的话，权利人本可能获得的利润额。如果以上所有四个要件都得到证明，则权利人的利润损失可以得到赔偿；如果其中任何一个要件没有得到证明，则应当按照其他法定方式确定赔偿。

可以通过其他合理方式确定权利人合理损失的，管理专利工作的部门应当在综合考量全部证据后予以确定。

【案例 7 -4】

B 公司大量仿造 A 公司已获得外观设计专利权的几种“窗花粘贴”产品。由于 B 公司销售侵权产品的时间长，数量无法查清，获利无从知晓，因此 A 公司根据自己在 1993 年 2 月至 1995 年 4 月间专利产品的销售量由于 B 公司侵权而降价产生的损失 1 041 624. 79元，请求 B 公司予以赔偿。

经查明，窗花粘贴作为一种新型的装饰材料，最初上市时比较受欢迎，但该产品工艺简单，生产厂家较多，随着市场的饱和，人们的审美意识也发生了变化，尤其是产品销售好坏与产品图案设计变化有直接的关系，生产厂家根据市场需求降价是必然选择。因此，审理部门认为，A 公司将产品降价完全归责于 B 公司是不合理的。但 B 公司在两年多时间里，在同一地区大量仿造 A 公司拥有外观设计专利权的产品，对 A 公司专利产品的销售带来了重大影响，A 公司不得不通过降价方法对抗 B 公司的侵权行为，由此带来损失也是必然的结果。经过分析，审理部门最终采纳了 A 公司的请求，按照其请求额的 1/3，确定 B 公司赔偿 A 公司经济损失的数额为 347 208. 23 元。

【案例 7 -5】

乙公司生产的仿制药 B 涉嫌侵犯甲公司原研药 A 的专利权。针对乙公司的仿制药 B 上市后对甲公司利润的影响，甲公司依照权利人的利润损失要求赔偿。甲公司的具体计算过程如下：

（1）原研药A的市场需求

原研药A从上市销售时就产生了巨大的市场需求。原研药A每季度都能为甲公司带来2亿美元左右的收益，并已成为近年来甲公司最能盈利的药品。在甲公司的所有药品中其利润率最高，每一美元的销售几乎能保证85%～90%的盈利。

（2）替代品

原研药A并不存在真正的可替代品。原研药A本身被认为是最好的抗焦虑处方药。其他以苯二氮族的抗焦虑药为代表的“可能”的代替品，由于会产生依赖性，都有极大的风险，它们只会被医生用于前两到三周的治疗。相反，原研药A不会产生依赖性，而且对减轻由焦虑紊乱而产生的情绪和身体方面的症状也是安全有效的。

（3）市场营销和生产能力

甲公司通过其下属部门和子公司构建了一个庞大的生产和销售药品、营养品、医疗器械和美容产品的网络。作为拥有一定资本实力的公司，甲公司具有所需要的营销和生产能力。

（4）利润损失

甲公司2001年第二季度和第三季度的财报显示，因为竞争者乙公司的仿制药B，甲公司的收入已经出现了巨大的损失。在2001年第二季度，原研药A的销量已经从2000年第三季度的1.75亿美元下滑到8 900万美元，这主要是由于竞争者乙公司的仿制药B造成的。在2001年第三季度，原研药A的销售额比上一年同期下降了84%，从1.75亿美元下滑至2 800万美元，这同样是由于仿制药品的竞争导致的，而这些仿制药品中大部分是由乙公司生产的仿制药B。考虑到原研药A对甲公司的重要作用，这些收入的减少肯定会影响甲公司现在和将来的利润。从数据来看，甲公司2002年利润增长率的预期是2001年的一半左右，原研药A的利润下滑是其中一个重要的原因。

甲公司的举证满足“四步检验法”的要求，可以作为计算权利人实际损失的依据。

第二节　侵权人获得的利益

侵权人获得的利益是指侵权人因侵犯专利权人的专利权而直接获得的利益。该利益应当限于侵权人因侵犯专利权行为所获得的利益，不包含因其他原因所产生的利益。

一、侵权人获得的利益的计算

侵权人获得的利益可以按照侵权产品在市场上销售的数量乘以每件侵权产品的合理利润所得之积计算，或者按照侵权产品的销售总额乘以该时间段的营业利润率计算。

每件侵权产品的合理利润是指被控侵权人销售全部侵权产品的平均利润，即销售收入减去生产、销售成本后除以销售数量。每件侵权产品的合理利润可以按照侵权人的平均营业利润计算；对于完全以侵权产品为主业的侵权人，可以按照平均销售利润计算。平均营业利润是指营业收入减去营业成本的差额除以销售量，营业成本一般包括管理费、广告费、租金等。平均销售利润是指销售收入减去销售成本的差额除以销售量。

营业利润率是指营业利润除以营业收入。营业利润率难以确定的，可以按照该行业或领域通常的利润率计算。

上述利润、成本、费用、销售数量等可以根据审计报告、咨询报告或者发票等予以确定，也可参照侵权人订货合同中载明的进货成本以及销售合同中载明的销售价格或者通过进货单、报价单等证据予以确定。

【案例 7 –6】

A 公司生产的汽车后保险杠产品涉嫌侵犯 B 公司的“汽车保险杠”外观设计专利。被控侵权的后保险杠产品是安装于涉案汽车上的零部件。涉案汽车的整车制造者 A 公司设计确定了被控侵权产品的外观，且该产品是由 A 公司委托他人定制，专门用于组装涉案汽车。A 公司将安装有被控侵权产品的涉案汽车以整车的形式进行销售，构成对被控侵权产品的销售。

在举证过程中，A 公司提交了一份由某会计师事务所出具的《审计报告》及一份由某资产评估事务所作出的《A 公司因专利侵权纠纷造成利润损失评估咨询报告书》（以下简称《咨询报告书》）。《审计报告》中载明 A 公司制造的某车自 2003 年 10 月至 2007 年 3 月共销售了 16 442 辆。《咨询报告书》中载明了 2004 年 2 月至 5 月 A 公司汽车损益情况表，以 2004 年 2 月为例，其销量为 1 218 辆，销售收入 9 743 万元，销售成本为 7 045 万元，最终每辆车的利润损失为 2. 21 万元。

审理部门经审理后认为，根据 A 公司提交的《审计报告》及《咨询报告书》，可以确定每辆车的销售成本、整车利润及销售数量；同时，根据 A 公司提交的由第三人 C 公司向 A 公司开具的发票，后保险杠单价为 286. 32 元，由此可以确定该产品在整车中所占比重。据此，确定 A 公司制造销售侵权产品所获得的利润为 172 万元。

【案例 7 –7】

某进出口贸易有限公司和某地毯有限公司（以下简称“被请求人”）涉嫌侵犯许某的外观设计专利权。经查证，被请求人为履行出口合同生产并销售出口侵权产品，挤占了许某本应享有的市场份额，应就其给许某造成的实际损失承担相应的赔偿责任。

审理部门认为，根据已被海关扣押的侵权产品共计 6 930 个、价款约 11 万美元可知，每件侵权产品的价格约为 19 美元，约合 132 元人民币。扣除许某提交的经审计的成本 78 元人民币左右，每件侵权产品的利润约为 54 元人民币，利润率为 41%。另外，双方均认可被请求人实际已出口的侵权产品为 36 万美元左右。据此确定被请求人因侵权所获得的利润应为 122 万元人民币左右。

【案例 7 -8】

A 公司主张，B 医院、C 公司侵犯了其外观设计专利权。经查证，B 医院与 C 公司先后签订并已实际履行了两份《铸铁花饰栏杆加工制作安装合同》。根据合同中的约定可推算出 C 公司的合同利益，该合同约定可以作为依据确定 C 公司具体的赔偿数额。

二、确定侵权人获得的利益时的考虑因素

在确定侵权人获得的利益时，也要考虑专利对于整个产品利润的贡献，排除侵权人因侵权行为之外的其他原因，如广告宣传或市场地位等获得的利益，并从侵权人的侵权产品总销售金额中扣除管理费、广告费、租金等费用。

（一）专利对于整个产品利润的贡献

侵犯发明、实用新型专利权的产品系另一产品的零部件时，如果该产品有单独的销售价格和利润，应当按该产品的全部利润确定合理利润，并据此计算损害赔偿金额；如果该产品没有单独的销售价格和利润，则应当根据成品的利润乘以该零部件在实现成品利润中的作用比重确定合理利润。

侵犯外观设计专利权的产品为包装物时，应当按照包装物本身的价值及其在实现被包装产品利润中的作用等因素确定专利产品的合理利润。

权利人应当举证证明专利产品在实现成品利润中的作用比重；作用比重无法确定的，由管理专利工作的部门酌定。

【案例 7 -9】

A 公司为“一种蚊香盒”实用新型专利的独占被许可人。B 公司生产、销售的盒装蚊香产品被控构成专利侵权。A 公司没有提供有效证据证明其在被侵权期间因侵权所受到的具体损失，以侵权人 B 公司在侵权期间因侵权所获得的具体利益来确定赔偿数额。

审理部门经审理，通过以下步骤计算 B 公司的非法获利：

（1）B公司共生产了被控产品1 500万只；

（2）经查明，B公司出售的被控产品每盒单价为1.475元；

（3）因B公司并没有提供被控产品的利润情况，按照通常商品利润为10%～20%计算，B公司生产销售1 500万只蚊香及蚊香盒可获得的利润为2 212 500～4 425 000元；

（4）被控产品中的利润包括被控侵权产品蚊香盒及蚊香两部分，应排除蚊香盒中所包含的蚊香利润比例，酌情裁量，最终确定赔偿非法获利220万元。

【案例7－10】

A公司涉嫌侵犯B公司的专利权。在确定侵权人获得的利益时，审理部门认定，A公司的“防火卷帘”实际包括被控侵权产品“无机布基特级防火卷帘产品”及与涉案专利无关的“无机布基防火卷帘产品”两部分，在以侵权人因侵权所获得的利益来确定赔偿额时，应当排除防火卷帘中“无机布基防火卷帘产品”的利润比例。故应当从经审计的产品毛利1 079 251.61元中扣除非侵权产品的销售毛利168 416.8元，最终确定A公司销售被控侵权产品所得毛利为899 163.1元。

（二）需要扣除的费用

侵权人获得的利益应当从侵权人的侵权产品总销售金额中扣除管理费、广告费、租金等费用。

【案例7－11】

A公司销售的淋浴喷头侵犯了B公司享有专利权的喷雾嘴。经查明，A公司订购了在某地预先包装的淋浴喷头，然后在甲国进行销售和提供售后服务。

司法机关适用“侵权人获得的利益”法计算侵权赔偿，具体的计算方法是：分别计算出A公司的总销售额（收入）和可扣除的成本，由“收入”减去“成本”得出“净利润”。计算过程如下：

（1）总收入：1 020 873.30元。

（2）可扣除的成本：

生产成本：450 570.57元；

管理成本：6 737.76元；

可变销售成本（如雇员福利、差旅、广告、印刷以及一般开支）：4 931.42元；

财政支出（银行借贷利息、进口及销售侵权产品所支付的利息）：19 647.38元；

销售回扣：24 191.33元；

运输成本：1 153.31元；

维修部成本（劳动、监管、航运、退货的运输、修理部件和设施）：1 466.71 元；

合作广告：143.80 元。

（3）不可扣除的成本：

法律费用、模具成本、打印成本、生产被销毁的侵权产品的成本、海运成本。

（4）最终确定 A 公司的净利润额为：512 031.02 元。

三、侵权人获得的利益的举证责任分配

原则上，权利人应当对其主张的侵权人获得的利益，以及侵权与所获利益之间存在的直接因果关系承担举证责任。

为确定侵权人获得的利益，在权利人已经尽力举证，但与专利侵权行为相关的账簿、资料主要由侵权人掌握的情况下，管理专利工作的部门可以责令侵权人提供与专利侵权行为相关的账簿、资料。侵权人无正当理由拒不提供或者提供虚假的账簿、资料的，可以根据权利人的主张和提供的证据认定赔偿数额。

【案例 7－12】

2012 年 8 月，A 公司以侵犯专利权为由，要求 B 公司停止生产被控侵权产品，并赔偿损失 100 万元。经查明，指定的会计师事务所出具的审计报告核定了 B 公司的销售额，但该审计报告没有确定 B 公司的实际利润。A 公司根据有关证据主张 B 公司的利润率在 20% 以上，遂增加索赔额至 230 万元。

审理部门经审理认为，可以根据 B 公司于 2010 年 8 月至 2012 年 7 月期间销售侵权产品所获得的营业利润来确定赔偿数额，该营业利润可以根据各时间段的侵权产品销售额乘以该时间段的营业利润率所得之积计算。因 B 公司拒绝提供成本账目，无法直接得出 B 公司销售涉案侵权产品的营业利润率，故可将 B 公司销售全部产品的平均营业利润率认定为可作计算依据的营业利润率，得出 350 万元的侵权所获利益数额。由于这一数额高于 A 公司请求的 230 万元，故以 A 公司主张的赔偿数额为依据，确定 B 公司的赔偿数额为 230 万元。

【案例 7－13】

某公司涉嫌侵犯某太阳能研究所的专利权。审理部门认为，由于某公司没有在规定的期限内提交自己生产、销售侵权产品的财务资料，因此视为其放弃了对某太阳能研究所提出的赔偿数额的抗辩权，最终参考某太阳能研究所的主张，确定了赔偿数额。

第三节　专利许可使用费的合理倍数

专利许可使用费是指侵权行为发生时或相近时期，权利人许可他人实施其专利获得的报酬。在参照专利许可使用费的倍数为依据确定侵权赔偿数额时，侵权赔偿数额通常为专利许可使用费的1～3倍。

一、许可使用费的确定

权利人提供的向国家知识产权局备案的专利实施许可合同约定的许可使用费，通常可以直接认定为专利许可使用费。同一时期存在多项许可使用费的，按照许可使用费的平均值计算赔偿数额。

【案例7－14】

A公司自2010年10月起取得了B公司“液体分配器”外观设计专利的独占实施许可权，并于2011年1月12日在国家知识产权局对该专利的独占许可进行了备案，许可期限至2015年10月11日，许可费为5万美元加上每季度销售额的5%。后A公司发现杨某生产、销售的产品涉嫌侵权。

在举证过程中，A公司提供了向国家知识产权局备案的上述专利实施许可协议，并参照其中确定的专利许可使用费，主张侵权人杨某应当向其赔偿15万元人民币。A公司的这一主张得到了司法机关的支持。

【案例7－15】

A公司于2000年12月20日向国家知识产权局申请了名称为“童车的轮毂”的外观设计专利，2001年6月30日获得授权。后A公司在市场上发现，B公司生产的产品与A公司的该专利相似，侵犯了其外观设计专利权，故要求B公司赔偿相关损失。

关于赔偿损失的数额，A公司主张以专利许可他人的使用费作为赔偿依据。经查证，A公司提交的《专利实施许可合同》在国家知识产权局已备案并实际履行，且该合同与专利实施许可使用费银行进账单、发票、纳税凭证等可以相互印证。司法机关认定，该《专利实施许可合同》签订于诉讼发生前，且在国家知识产权局办理了备案并已实际履行，因此，其中约定的许可费用可以作为确定赔偿数额的依据，故据此确定赔偿数额为50万元。

二、以许可使用费为依据确定赔偿数额时的注意事项

（一）专利实施许可合同的当事人与权利人的关联关系

如果专利实施许可合同的一方当事人为权利人的关联方，不宜将其中约定的许可使用费直接作为专利许可使用费用于计算侵权赔偿数额。

【案例 7－16】

2006 年 6 月 6 日，C 公司与 A 公司签订《专利实施许可合同》，约定由 A 公司独占许可使用涉案专利，许可使用费为 90 000 美元，合同有效期为 2006 年 6 月 6 日至 2014 年 3 月 12 日。2007 年 6 月 14 日，双方将上述合同报国家知识产权局备案。A 公司依据与专利权人的实施许可合同，享有涉案实用新型专利的独占许可使用权。

在合同有效期内，A 公司认为 B 公司侵犯该专利权。B 公司举证证明合同双方 C 公司与 A 公司有关联关系，故对合同的真实性提出异议。经查证，A 公司为 C 公司的子公司，二者存在密切关联关系，故司法机关未将《专利实施许可合同》中约定的许可使用费 90 000 美元作为确定赔偿数额的依据。

（二）专利实施许可合同是否实际履行

《专利实施许可合同》未实际履行的，不宜将其中约定的许可使用费直接作为专利许可使用费用于计算侵权赔偿数额。

【案例 7－17】

A 公司和 B 公司涉嫌侵犯叶某某的“食物绞碎机”外观设计专利权。经查明，叶某某提交的专利实施许可合同中虽然约定了专利许可费用，但是没有证据证明该合同约定的费用合理并已实际履行，故不能据此确定赔偿数额。

（三）专利实施许可合同中约定的许可使用费是否合理

专利实施许可合同中约定的许可使用费明显低于或高于正常的许可使用费的，不宜将其中约定的许可使用费直接作为专利许可使用费用于计算侵权赔偿数额。

（四）确定合理倍数时需要考虑多个因素

确定具体的合理倍数时，应当结合考虑专利权的类别，侵权人侵权的性质、规模、持续时间、地域范围，专利许可的性质、范围、时间、使用费数额等因素。

对于恶意侵权、重复侵权或者侵权情节严重的，可酌情加重适用专利许可使用费的倍数。对于专利实施许可合同中一次性地或者包含多年专利使用费的，需要考察专

利许可使用费的使用年限。

【案例7－18】

林某获得“组合式钢床”的实用新型专利权后，将该专利独占许可给A公司进行使用，许可使用费为225万元。B公司涉嫌侵犯该专利权。在确定侵权赔偿数额时，林某和A公司并无证据证明因被侵权所受到的损失。经查实，B公司与某大学曾经签订《销售合同书》，由该合同书可以认定B公司此次销售的侵权产品组合式钢床的数量、单价和总价。由于B公司未提供确凿的证据证明其所获利润，因此，其因侵权所获得的利益难以确定。另查实，林某和A公司曾于2006年将涉案专利普通许可给C公司生产组合式钢床6 000位、许可使用费为500 800元，且为一次许可生产。B公司此前已被判定侵犯过涉案专利权，当时所确定的赔偿标准是按产品数量的比例并参照许可使用费的1倍。

综合以上事实，审理部门认为，该案中的B公司的侵权行为属于重复侵权。考虑到该案专利权的类别、专利许可使用费的数额以及该案侵权行为的性质等具体情况，根据B公司销售侵权产品的数量占涉案专利一次许可生产的产品数量的比例，以专利许可使用费的3倍为准酌定B公司赔偿90 144元。

【案例7－19】

陈某拥有名称为“自推进式水翼装置”的发明专利。2009年3月，国家知识产权局对陈某与A公司的实施许可合同出具备案证明，其中载明许可合同的有效期为2009年2月19日至2023年11月25日，使用费总计25万元，分期付款。2009年5月，B公司销售涉嫌侵权产品。关于赔偿的具体数额，陈某主张参照上述许可合同中专利许可使用费25万元的1～3倍进行赔偿，但因该案的专利许可使用费的使用年限为涉案专利的剩余期限，使用年限超过14年，如赔偿数额直接参照专利许可使用费总数的1～3倍确定赔偿数额，明显不合理。从公平角度考虑，赔偿数额应当参照每年平均的专利许可使用费以及侵权时间。

第四节　法定赔偿

权利人直接主张适用《专利法》第六十五条第二款确定赔偿数额，或者权利人的损失、侵权人获得的利益和专利许可使用费均难以确定的，可以根据专利权的类型、侵权行为的性质和情节、专利技术或设计的市场价值等因素，依据《专利法》规定的法定赔偿数额予以确定。

一、确定法定赔偿数额的方法

（一）市场法

市场法，是指利用市场上相同或类似专利技术或设计的近期交易价格为参照，结合其他相关影响因素对专利技术或设计的市场价值进行评估。

采用该方法对侵权损害赔偿数额进行评估时，可以按照以下程序进行：

（1）选择参照物；

（2）在评估对象与参照物之间选择比较因素；

（3）指标对比、量化差异；

（4）在各参照物成交价格的基础上调整已经量化的对比指标差异；

（5）综合分析确定评估结果；

（6）运用市场法估计单项专利权应考虑的可比因素；

（7）将通过市场法评估出来的相关专利权价值与该专利可能的损害赔偿数额进行比较，确定二者是等同还是有差异，最终确定法定赔偿额。

运用市场法确定法定赔偿额时，通常可以根据经济发展程度相类似地区对类似性质的被请求人企业就类似专利产品价值的侵权损害赔偿判决，或者参考类似请求人在本地区对类似性质被请求人的相类似产品的损害赔偿数额的判决先例，确定最终的损害赔偿额。

（二）收益法

专利技术或设计已经用于商业经营的，可以通过估算专利技术或设计在相同期限的经营中的收益比例，确定赔偿数额。

采用该方法进行评估时，可以按照以下程序进行：

（1）收集验证与评估对象未来预期收益有关的数据资料，包括经营前景、财务状况、市场形势以及经营风险等。

（2）分析测算评估对象未来预期收益。

（3）确定折现率或资本化率。

（4）以所确定折现率将被评估专利预测收益折算成现值。

（5）分析确定评估结果。

（6）将通过收益法评估出来的相关专利权价值与该专利可能的损害赔偿数额进行比较，确定二者是等同还是有差异，最终确定法定赔偿额。

（三）成本法

专利技术或设计的研发成本可以确定的，可以根据该成本的合理比例确定赔偿数额。

二、需要考虑的其他因素

除上述市场法、收益法、成本法外，对专利技术进行评估需综合考虑以下因素：

（1）权利人可能的实际损失，或者侵权人可能的侵权所得。即对权利人的实际损失或侵权人侵权所得的数额有一个合理的估计，其是确定法定赔偿额的基础，可有效防止自由裁量的随意性。

（2）专利权的类型和创新程度。即需考虑专利属于发明、实用新型还是外观设计专利。一般来说，专利的创新程度和技术含量越高，对生产效率和质量的影响越大；发明专利的侵权赔偿额应为最高，实用新型专利次之，外观设计专利再次。

（3）专利权的价值。即需考虑专利技术的创造性、显著性、技术研发成本、技术实施情况、市场上同类产品的平均利润等因素。

（4）侵权行为的性质。即考虑是直接侵权还是间接侵权、是生产过程中的侵权还是销售过程中的侵权、是初次侵权还是重复侵权等因素。

（5）侵权行为的情节。即考虑侵权行为的次数、侵权行为持续的时间和空间程度、权利人发出侵权警告后侵权人的行为表现、侵权行为的组织化程度等因素。

（6）侵权行为的损害后果。即应根据侵权行为对权利人的商业利润、商业声誉、社会评价的影响等进行衡量。

（7）侵权人的主观过错程度。主观因素决定过错程度，并影响责任的大小和归属；过错越大，对权利人造成的损失可能越严重。

（8）作为部件的专利产品在整个产品中所起的作用。通常专利产品在整个产品中的作用越大，价值越高。

（9）同类专利的合理转让费、许可使用费。

（10）其他可能影响确定赔偿数额的因素。例如，专利是否经过无效宣告程序，并且已被国家知识产权局维持有效；专利属于基础专利还是从属专利，从属专利的价值往往低于基础专利；市场上是否有可替代产品或更新产品。

【案例 7－20】

陆某于 2005 年 5 月 18 日就其设计的“鼠标”向国家知识产权局提出外观设计专利申请，2006 年 5 月 3 日授权公告。A 公司涉嫌侵犯权利人陆某的外观设计专利权。

在确定损害赔偿额时，鉴于权利人陆某因被侵权所受到的损失、侵权人A公司因侵权所获得的利益均难以确定，也没有专利许可使用费可以参照，因此，应综合考虑该案的下列因素确定侵权人A公司的赔偿数额：

（1）该案所涉的专利为外观设计专利。

（2）该案被控侵权产品是在A公司的住所地公证购买的，因此A公司存在销售被控侵权产品的行为。

（3）A公司的经营范围包括电脑、手机周边产品的生产及销售，即A公司具有生产包括鼠标在内的电脑、手机周边产品的资质和能力；公证购买时取得的A公司法定代表人陈某的名片上明确记载"某市A电子有限公司，工厂地址：某市某区某镇某村学生工业园C栋4楼"；A公司没有提供任何证据证明其销售的被控侵权产品具有合法来源。综合分析上述证据，可以推定该案被控侵权产品是由侵权人A公司制造的。

（4）被控侵权产品的销售价格。

（5）陆某为维护自己的合法权益所支出的合理的公证费、律师费、差旅费等。

经综合考虑上述因素后，审理部门酌情确定A公司赔偿陆某经济损失及合理的维权费用共计8万元。

【案例7-21】

某公司涉嫌侵犯范某的专利权。审理部门在确定法定赔偿额时综合考虑了以下几个因素：（1）被控侵权产品的利润。被控侵权产品的销售价为2 800元/只，该公司自称该产品利润为销售价的20%，故推算出被控侵权产品的利润为每只560元左右。（2）被控侵权产品的生产规模。根据该公司陈述，该公司每人每天可以做2~3只支架，据此推算，该公司每人每年至少可以生产400~600只支架。（3）侵权行为可能的持续时间。因被控侵权产品上标注的检验日期为2002年8月25日，且没有证据证明该公司在纠纷处理期间已停止被控侵权产品的生产，由此可以推定其生产被控侵权产品持续时间较长。综合上述各因素，酌情确定赔偿数额为30万元。

【案例7-22】

B公司涉嫌侵犯A公司的专利权。审理部门依据A公司提交的B公司的资产负债表、损益表等证据材料，以及A公司与C公司、D公司签订的涉案专利技术许可协议中规定的许可使用费数额分别为150万元和60万元，综合B公司实施侵权行为的性质、规模、产品价格、一般市场利润、A公司的专利许可使用费等多种因素，酌情确定B公司赔偿A公司经济损失100万元。

【案例7-23】

B公司涉嫌侵犯A公司的专利权。在确定损害赔偿数额时，审理部门综合考虑了以下4个因素：(1) A公司专利的类别为外观设计专利，市场价值相对较低；(2) A公司的酒瓶享有瓶贴、瓶形、瓶盖共3项外观设计专利，赔偿数额应考虑其他外观设计的份额；(3) B公司的主观过错，即B公司在接到了酿酒专业协会的通知后立即对涉嫌侵权的瓶贴进行了回收；(4) B公司侵权持续的时间较短。

根据以上因素酌情确定赔偿数额为5万元。

第五节 合理开支

合理开支是指权利人为制止侵权行为所必要而遭受的直接损失，一般包括公证费、调查取证费、交通食宿费、误工费、材料印制费等，不应包括上述费用在支付后获得赔偿前期间的利息等间接损失。

权利人应当举证证明其合理开支的数额，说明开支合理的理由并提交相关证据。不合理的开支或者合理但缺乏证据支持的开支，不应由侵权人赔偿。

权利人直接主张法定赔偿的，管理专利工作的部门确定的赔偿数额不得包括权利人为制止侵权行为所支付的合理开支。

【案例7-24】

孙某是名称为“灯罩（水晶腰鼓）”的外观设计的专利权人。A厂和张某未经同意，擅自制造、销售该专利产品，侵害了孙某的外观设计专利权。孙某除要求A厂和张某赔偿其经济损失外，还要求赔偿其合理费用，包含：为公证保全涉案证据支付的公证费2 100元、照片冲洗费130元，以及购买侵权产品的费用1 100元，合计3 330元。在判定损害赔偿数额时，审理部门综合考虑了涉案专利权的类型、A厂和张某的主观过错、侵权行为情节以及侵权的时间等因素，确定A厂和张某应赔偿孙某的经济损失为4万元。此外，鉴于孙某在进行证据公证保全时确实需要支付购买被诉侵权产品的费用、公证费等，而且其实际上也已经有费用支出，结合该案实际需要和公证机关的相关收费标准规定，综合确定孙某在该案中为制止侵权应支付的合理费用为1 800元，该费用由A厂和张某予以支付。

附录

调解专利纠纷案件文书参考文本

一、调解专利纠纷案件用文书参考文本
（知识产权局处理用）

专利纠纷行政调解意见陈述通知书

案号：

专利号/专利申请号	
发明创造名称	
专利权人/专利申请人	
请求人	
被请求人	
案由	

________________：

依据《中华人民共和国专利法实施细则》第八十五条及《专利行政执法办法》第二十三条、第二十四条的规定，上述请求人向本局提出调解专利纠纷的请求，现将请求书副本发送给你（单位）。请在收到请求书副本之日起15日内向本局提交意见陈述书一份，并按照被请求人的人数提交副本。

被请求人应当在意见陈述书中表明是否同意由本局进行调解。逾期不提交意见陈述书，或者在意见陈述书中表明不接受调解的，本局将不予受理该专利纠纷调解请求。

特此通知。

________知识产权局（盖章）

________年____月____日

联 系 人：

联系电话：

本局地址：

邮政编码：

说明：本通知书一式两份，一份送达当事人，一份由知识产权局存档。

专利纠纷行政调解立案通知书

案号：

专利号/专利申请号	
发明创造名称	
专利权人/专利申请人	
请求人	
被请求人	
案由	

________________：

对请求人________年____月____日提交的专利纠纷调解请求，根据《专利行政执法办法》第二十四条的规定，本局予以立案。

因专利申请权或者专利权的归属纠纷请求调解的，可以持本通知书请求国家知识产权局中止该专利申请或者专利权有关程序。

特此通知。

承办人：________________

________知识产权局（盖章）

________年____月____日

说明：本通知书一式两份，一份送达当事人，一份由知识产权局存档。

专利纠纷行政调解请求不予立案通知书

案号：

专利号/专利申请号	
发明创造名称	
专利权人/专利申请人	
请求人	
被请求人	
案由	

______________：

对请求人________年____月____日提交的专利纠纷处理请求，根据《专利行政执法办法》第二十四条的规定，本局不予立案，具体理由是：

□被请求人逾期未提交意见陈述书。

□被请求人表示不接受调解。

特此通知。

________知识产权局（盖章）

________年____月____日

说明：本通知书一式两份，一份送达当事人，一份由知识产权局存档。

接收当事人提交证据材料清单

专利号/专利申请号：________________

递交人（签章）：____________________

序号	证据材料名称	所要说明的事实	页数	备注

接收人（签章）：________________

接收日期：________年____月____日

注：本清单一式两份，一份递交知识产权局，一份由递交人留存。

专利纠纷行政调解通知书

案号：

申请号/专利号	
发明创造名称	
专利权人/专利申请人	
请求人	
被请求人	
案由	

________________：

本局决定于________年____月____日____时在________________对本专利纠纷进行行政调解，要求双方当事人届时参加。

双方当事人应当在收到本通知之日起3日内将参加调解回执送交本局。当事人因正当理由不能参加的，应提前3日向本局提出，申请改期。

参加调解的人员，应当携带以下材料：

1. 当事人的主体资格证明（如：企业营业执照副本复印件并加盖公章；自然人身份证件正反面复印件）。

2. 委托代理人（1～2人）出席的，应当提交授权委托书及委托代理人的身份证明（身份证件正反面复印件）。

3. 有关证据材料。

________知识产权局（盖章）

________年____月____日

说明：本通知书一式两份，一份送达当事人，一份由知识产权局存档。

专利纠纷行政调解回执

案号：

________________知识产权局：

□我方参加________年____月____日____时举行的专利纠纷行政调解。

□我方不参加________年____月____日____时举行的专利纠纷行政调解，其原因是：____。

□我方是本案的请求人，参加专利纠纷行政调解的人员如下：

□我方是本案的被请求人，参加专利纠纷行政调解的人员如下：

姓名	单位	职务	移动电话	固定电话

________________（盖章）

________年____月____日

回避申请决定

案号：

案由			
回避申请人			
法定代表人（负责人）			
住所			
邮政编码		电话	

________________：

你（单位）于________年____月____日向本局提出的申请承办人员____________回避的请求，经调查核实，本局认为：

□申请回避理由成立，批准你（单位）的回避请求申请，并决定由____________担任本案的承办人员。

□申请回避理由不成立，不批准你（单位）的回避请求申请。

________知识产权局（盖章）

________年____月____日

说明：本决定书一式两份，一份送达当事人，一份由知识产权局存档。

专利纠纷行政调解书

案号：

请求人：
法定代表人（负责人）：
住　　所：
委托代理机构及代理人：

被请求人：
法定代表人（负责人）：
住　　所：
委托代理机构及代理人：

案由：“________________”（专利号：________________）专利纠纷

请求人________________就其“________________”专利（专利号：________________）与被请求人________________的专利________________纠纷，向本局提出行政调解请求。本局于________年____月____日立案，在本局主持下，请求人与被请求人达成调解协议如下：

1. ……

2. ……

本调解书自请求人与被请求人签章之日起生效，共一式________份，请求人与被请求人各执一份，本局留存一份。

请求人（签章）：____________
________年____月____日

被请求人（签章）：____________
________年____月____日

________知识产权局（盖章）
________年____月____日

承办人：____________

专利纠纷行政调解案件终止调解通知书

案号：

专利号/专利申请号	
发明创造名称	
专利权人/专利申请人	
请求人	
被请求人	
案由	

________________：

本局受理的专利纠纷行政调解请求，由于下述原因，现决定终止调解案件：

□请求人撤回调解请求。

□经调解当事人之间未达成一致。

□被请求人不同意继续调解。

特此通知。

________知识产权局（盖章）

________年____月____日

说明：本通知书一式________份，________份送达当事人，一份由知识产权局存档。

送达回证

案号：

送达单位	
送达文书及页数	
被送达人	
代理机构及代理人	
送达地址	
送达方式	□邮寄　□直接送达　□留置送达
收件人签章	____年___月___日
送达人签章	____年___月___日
备注	
填写说明	1. 代替被送达人收件的，由代收人在收件人栏内签名或者盖章，并在备注栏中注明与被送达人的关系。 2. 邮寄送达的，被送达人或代理人收到有关文书后，请于3日内填写此送达回证并寄回本局。 联 系 人： 联系电话： 本局地址： 邮政编码：

二、调解专利纠纷案件用文书参考文本

（知识产权局内部用）

专利纠纷行政调解案件立案审批表

案号：

专利号/专利申请号	
发明创造名称	
专利权人/专利申请人	
调解请求人	
被请求人	
纠纷类型	
案情简介	
承办人意见	签字：________ ____年____月____日
处（科）室负责人审核	签字：________ ____年____月____日
局领导批示	签字：________ ____年____月____日

三、调解专利纠纷案件用文书参考文本

（当事人用）

专利纠纷行政调解请求书

<table>
<tr><td colspan="2">专利号/专利申请号</td><td colspan="3"></td></tr>
<tr><td colspan="2">发明创造名称</td><td colspan="3"></td></tr>
<tr><td colspan="2">专利权人/专利申请人</td><td colspan="3"></td></tr>
<tr><td rowspan="9">调解请求人</td><td>姓名或者名称</td><td></td><td>法定代表人
（负责人）</td><td></td></tr>
<tr><td>住所</td><td colspan="3"></td></tr>
<tr><td>邮政编码</td><td colspan="3"></td></tr>
<tr><td>代理人姓名</td><td></td><td>机构名称</td><td></td></tr>
<tr><td>住所</td><td colspan="3"></td></tr>
<tr><td>邮政编码</td><td></td><td>电话</td><td></td></tr>
<tr><td>代理人姓名</td><td></td><td>机构名称</td><td></td></tr>
<tr><td>住所</td><td colspan="3"></td></tr>
<tr><td>邮政编码</td><td></td><td>电话</td><td></td></tr>
<tr><td rowspan="3">被请求人</td><td>姓名或者名称</td><td></td><td>法定代表人
（负责人）</td><td></td></tr>
<tr><td>住所</td><td colspan="3"></td></tr>
<tr><td>邮政编码</td><td></td><td>电话</td><td></td></tr>
<tr><td colspan="5">请求调解的事项：</td></tr>
</table>

续表

事实和理由：
调解请求人签章：

专利纠纷案件当事人提交证据材料清单

专利号/专利申请号：　　　　　　　　　　　　　　案号：

□请求方　□被请求方　　　　　　　　　　　　　　递交人（签章）：

序号	文件/证据名称	证据所要说明的事实	页数	备注

接收人（签章）：____________________

接收日期：__________年____月____日

注：本清单一式两份，一份递交知识产权局，一份由递交人留存。

意见陈述书

案号：

专利号/专利申请号	
专利名称/专利申请名称	
专利权人/专利申请人	
意见陈述人	
意见陈述：	

意见陈述人（签章）：________

________年____月____日

专利纠纷案件授权委托书

委托人（单位或个人）:
法定代表人（负责人）:
职　　务:

受委托人姓名:
工作单位:
职　　务:
受委托人姓名:
工作单位:
职　　务:

现委托上列受委托人在____________________一案中，作为我方委托代理人。

代理人________的代理权限为:

☐代为递交、接收法律文书　　☐代为答辩、意见陈述
☐参加口头审理　　☐参加调解
☐代为提出、变更、放弃处理请求　　☐________

代理人________的代理权限为:

☐代为递交、接收法律文书　　☐代为答辩、意见陈述
☐参加口头审理　　☐参加调解
☐代为提出、变更、放弃处理请求　　☐________

委托人（签章）: ______________________________
法定代表人（负责人）（签章）: ________________
________年____月____日

专利纠纷和解协议书

甲　方：
法定代表人（负责人）：
住　所：
委托代理机构及代理人：

乙　方：
法定代表人（负责人）：
住　所：
委托代理机构及代理人：

甲方________就其“________”专利（专利号：________）与乙方________的专利________纠纷，经协商一致，双方自愿达成如下和解协议：

1. ……

2. ……

……

本和解协议书自双方签章之日起生效，共一式____份，双方各执一份，报送____知识产权局留存一份。

甲方（签章）：________
____年__月__日

乙方（签章）：________
____年__月__日

____知识产权局（盖章）
____年__月__日

查处假冒专利行为
和办理专利标识标注不规范案件指南

国家知识产权局

2020 年 7 月

目　　录

第一章　概　　述

为规范专利行政执法工作，提升执法能力，更好保护创新者合法权益，构建公平竞争、公平监管的营商环境，根据《中华人民共和国专利法》（以下简称《专利法》）、《中华人民共和国专利法实施细则》（以下简称《专利法实施细则》）、《专利行政执法办法》和有关法律、法规、规章，制定本指南。

第一节　基本概念

假冒专利行为，是指以非专利产品（方法）冒充、假冒专利产品（方法）的行为。如果行为人实施了《专利法实施细则》第八十四条第一款规定的行为，则构成假冒专利行为。

查处假冒专利行为，是指专利执法部门依据《专利法》第六十三条的规定，对假冒专利行为依职权开展行政检查，并根据情形给予行政处罚的行为。

专利标识标注不规范行为，是指行为人违反了《专利法实施细则》第八十三条第一款的规定，没有按照《专利标识标注办法》（国家知识产权局第 63 号令）的规定正确标注专利标识的行为。

查处专利标识标注不规范行为，是指专利执法部门依据《专利标识标注办法》第三条、第八条的规定，对专利标识标注不规范行为依职权开展行政检查，并对不规范的标注行为责令改正的行为。

其中，专利标识，是指与专利权有关的文字、数字或者图形等表明专利身份的标记，如专利号、专利权类别、与专利权有关的宣传用语等。专利标识标注，是指在专利产品、产品包装、产品说明书等载体上标注专利标识的行为。专利权被授予前，有关专利申请的文字、数字、图形等标记在本指南中统一称为专利申请标记。

第二节　管　　辖

一、级别管辖

国家知识产权局负责专利执法工作的业务指导。

省、自治区、直辖市人民政府以及专利管理工作量大又有实际处理能力的设区的市人民政府设立的管理专利工作的部门负责本行政区内专利行政执法工作的指导、管理和监督，负责处理本行政区内重大、复杂、有较大影响的假冒专利案件。对于跨市（地、州、盟）的重大假冒专利案件，省、自治区管理专利工作的部门在必要时可以协调办理。

根据地方性法规规定，不设区的市、县（市、区、旗）管理专利工作的部门按法规授权办理本行政区内的假冒专利案件和专利标识标注不规范案件。

地方性法规授权县级管理专利工作的部门办理假冒专利案件和专利标识标注不规范案件的，县级管理专利工作的部门派出机构在县级管理专利工作的部门确定的权限范围内以县级管理专利工作的部门的名义查处假冒专利案件和专利标识标注不规范案件，法律、法规、规章授权以派出机构名义实施行政处罚的除外。

地方性法规授权县级管理专利工作的部门办理假冒专利案件和专利标识标注不规范案件的，县级以上管理专利工作的部门可以在法定权限内委托符合《中华人民共和国行政处罚法》（以下简称《行政处罚法》）规定条件的组织查处假冒专利案件和专利标识标注不规范案件。受委托组织在委托范围内，以委托行政机关名义查处假冒专利案件和专利标识标注不规范案件；不得再委托其他任何组织或者个人实施。

需要说明的是，关于查处假冒专利行为和办理专利标识标注不规范案件的承办机关，现行《专利法》《专利法实施细则》规定由管理专利工作的部门负责，但2018年党和国家机构改革后，按照2018年11月26日中办、国办印发的《关于深化市场监管综合行政执法改革的指导意见》（中办发〔2018〕62号）规定，商标侵权、假冒专利行为的行政检查、行政强制、行政处罚等行政执法职责由市场监管综合执法队伍承担。因此，各地假冒专利案件和专利标识标注不规范案件的具体办理机构根据各地机构改革后的情况予以确定，本指南中以下统称“专利执法部门”。

二、地域管辖

假冒专利行为和专利标识标注不规范行为由违法行为发生地的专利执法部门管辖。

电子商务平台经营者和通过自建网站、其他网络服务销售商品或者提供服务的电子商务经营者的假冒专利行为和专利标识标注不规范行为由其住所地专利执法部门管辖。

平台内经营者的假冒专利行为和专利标识标注不规范行为由其实际经营地专利执法部门管辖。电子商务平台经营者住所地专利执法部门先行发现违法线索或者收到投诉、举报的，也可以进行管辖。

三、移送管辖和指定管辖

对当事人的同一违法行为，两个以上专利执法部门都有管辖权的，由先立案的专利执法部门管辖。

两个以上专利执法部门因管辖权发生争议的，应当自发生争议之日起 7 个工作日内协商解决；协商不成的，报请共同的上一级专利执法部门指定管辖。无共同上一级专利执法部门的，由国家知识产权局指定管辖。

专利执法部门发现所查处的案件不属于本部门管辖的，应当将案件移送有管辖权的专利执法部门。受移送的专利执法部门对管辖权有异议的，应当报请共同的上一级专利执法部门指定管辖，不得再自行移送。

上级专利执法部门认为必要时，可以直接查处下级专利执法部门管辖的案件，也可以将本部门管辖的案件交由下级专利执法部门管辖。法律、法规、规章明确规定案件应当由上级专利执法部门管辖的，上级专利执法部门不得将案件交由下级专利执法部门管辖。

下级专利执法部门认为依法由其管辖的案件存在特殊原因，难以办理的，可以报请上一级专利执法部门管辖或者指定管辖；报请上一级专利执法部门管辖或者指定管辖的，上一级专利执法部门应当在收到报送材料之日起 7 个工作日内确定案件的管辖部门。

专利执法部门发现所查处的案件属于其他行政管理部门管辖的，应当依法移送其他有关部门。

专利执法部门发现违法行为涉嫌犯罪的，应当依照有关规定将案件移送公安机关。

四、管辖权异议

当事人对管辖权有异议的，立案的专利执法部门应当在收到管辖权异议书之日起 5 日内作出决定。异议成立的，作出将案件移送有管辖权的专利执法部门办理的决定；异议不成立的，作出驳回管辖权异议的决定。

对专利执法部门作出的管辖权异议决定不服的，可以申请行政复议或者提起行政诉讼。

第三节 回　　避

一、自行回避

承办假冒专利行为案件和专利标识标注不规范行为案件的执法人员（以下简称

“办案人员”）有下列情形之一的，应当自行回避：

① 是案件的当事人或者与当事人有直系血亲、三代以内旁系血亲或近姻亲关系的。

② 本人或者其近亲属与案件有利害关系的。

③ 担任过案件的证人、鉴定人、代理人的。

④ 与案件当事人有其他关系，可能影响公正查处或处理案件的。

二、请求回避

办案人员有以上情形之一的，当事人有权以口头或书面形式申请其回避。当事人提出回避申请的，专利执法部门应当要求其说明理由。当事人以口头形式提出回避申请的，应当制作陈述笔录并由回避申请人签名。专利执法部门应当自申请回避之日起3日内决定是否回避，并以口头或者书面形式通知当事人。

被申请回避的办案人员在专利执法部门作出是否回避的决定前，应当暂停参与该案工作，但需要采取紧急措施的除外。

当事人对决定不服的，可以申请复议一次。对复议申请应当在3日内作出复议决定，并通知当事人。

复议期间，被申请回避的办案人员不停止参与案件办理工作。

三、回避的审批

办案人员的回避，由专利执法部门负责人决定；负责人的回避，由主要负责人决定；主要负责人的回避，由专利执法部门负责人集体讨论决定，主要负责人不参加会议。

第四节　送　　达

一、送达和送达回证

受送达人指依照法律、法规、规章的规定，需要将有关法律文书送达的案件当事人或者与案件有关的人员或者组织。

送达文书必须有送达回证，由受送达人在送达回证上记明收到日期，并签名或者盖章。

受送达人在送达回证上的签收日期为送达日期。

专利执法部门可以要求受送达人签署送达地址确认书，送达至受送达人确认的地址，即视为送达。受送达人送达地址发生变更的，应当及时书面告知专利执法部门；未及时告知的，专利执法部门按原地址送达，视为依法送达。

因受送达人提供的送达地址不准确、送达地址变更未书面告知专利执法部门，导致执法文书未能被受送达人实际接收的，直接送达的，执法文书留在该地址之日为送达之日；邮寄送达的，执法文书被退回之日为送达之日。

二、送达方式

（一）直接送达

送达文书，应当直接送交受送达人。受送达人是公民的，本人不在时交他的同住成年家属签收；受送达人是法人或者其他组织的，应当由法人的法定代表人、其他组织的主要负责人或者该法人、其他组织负责收件的人签收；受送达人有代理人的，可以送交其代理人签收；受送达人已向专利执法部门指定代收人的，送交代收人签收。

受送达人的同住成年家属、法人或者其他组织的负责收件的人、代理人或者代收人在送达回证上签收的日期为送达日期。

（二）留置送达

受送达人或者他的同住成年家属拒绝接收文书的，送达人可以邀请有关基层组织或者所在单位的代表到场见证，说明情况，在送达回证上记明拒收事由和日期，由送达人、见证人签名或者以其他方式确认，将文书留在受送达人的住所；也可以将文书留在受送达人的住所，并采用拍照、摄像等方式记录送达过程，即视为送达。

（三）邮寄送达

直接送达文书有困难或者当事人要求邮寄送达的，可以邮寄送达。邮寄送达应当通过中国邮政并采用给据邮件方式，以从邮局查询的受送达人实际收到日期为送达日期。

邮寄送达受送达人没有寄回送达回证的，应当另行制作送达回证，将给据邮件寄件人存单粘贴在送达回证上，并在备注栏由案件承办人员写明情况、签名并注明日期。

（四）电子送达

除行政处罚决定书外，经受送达人同意，可以采用手机短信、传真、电子邮件、即时通信账号等能够确认其收悉的电子方式送达文书，同时应当通过拍照、截屏、录音、录像等方式予以记录。手机短信、传真、电子邮件、即时通信信息等到达受送达人特定系统的日期为送达日期。

（五）公告送达

受送达人下落不明，或者用本节规定的其他方式无法送达的，可以公告送达。自发出公告之日起，经过60日，即视为送达。

公告送达，可以在专利执法部门公告栏、官方网站、受送达人原住所地张贴公告，也可以在当地主要报纸上刊登公告；对公告送达方式有特殊要求的，应按要求的方式进行公告。

公告送达时，应当制作送达回证，将公告文书和相关载体（报纸原件等；如果是网站公告的，应当将公告网页页面采用带日期、带网址的方式全部打印，由案件承办人员在上面签名并注明日期）粘贴在送达回证上，并在备注栏由案件承办人员写明情况、签名并注明日期。

第二章　查处假冒专利行为办案程序

第一节　立　　案

一、案件来源

专利执法部门查处假冒专利行为的来源有：①举报、投诉；②发现；③移送、交办。

（一）举报、投诉

专利执法部门应当根据政务公开的要求向社会公布举报、投诉假冒专利行为的途径和方式。

举报人、投诉人向专利执法部门举报假冒专利行为的，应当如实提供假冒专利案件线索。

负责接待举报、投诉的工作人员应当对举报人、投诉人提供的假冒专利案件线索和材料进行登记，填写案件来源登记表。

举报、投诉登记材料应当及时移交给办案机构。

（二）发　　现

专利执法部门应当加强市场监督管理工作，定期对本行政区域内的生产制造、商品流通领域进行检查，查处假冒专利行为。

（三）移送、交办

移送是指由其他部门移送违法行为线索，由受移送部门查处的情形。移送部门既可能是其他行政区域专利执法部门，也可能是其他行政机关。

专利执法部门发现已立案的案件或者正在核查的违法线索不属于自己管辖的，应当依法移送案件。对当事人涉嫌违法行为进行调查时发现当事人还有违反其他行政管理秩序行为线索的，应当移送违法线索。

交办是指上级专利执法部门指定管辖或者交办违法行为线索，指定部门查处的情形。对符合管辖规定的交办案件，被指定的专利执法部门不得再移交。

二、立案条件

专利执法部门决定立案查处假冒专利行为应当符合以下条件：

① 有明确的涉嫌假冒专利行为人。

② 有构成假冒专利行为的初步线索。

③ 属于该专利执法部门管辖。

④ 涉嫌假冒专利行为从发生之日起在 2 年内被发现；涉嫌假冒专利行为有连续或者继续状态的，从行为终止之日起计算。

三、立案时限与立案审批

对依据监督检查职权或者通过投诉、举报、其他部门移送、上级交办等途径发现的违法行为线索，应当自发现线索或者收到材料之日起 15 个工作日内予以核查，提出是否立案的意见或者建议，并填写立案/不予立案审批表，经办案机构负责人审定，由专利执法部门负责人决定是否立案；特殊情况下，经专利执法部门负责人批准，可以延长 15 个工作日。法律、法规、规章另有规定的除外。检测、检验、检疫、鉴定等所需时间，不计入上述规定期限。

决定立案的，由办案机构负责人指定 2 名以上办案人员负责调查处理。

第二节　调查取证

一、证据类型及表现形式

（一）假冒专利案件中的证据类型

根据证据提交主体的不同，查处假冒专利行为过程中常见的证据可以分为两种类型：一是当事人提供的证据材料，二是专利执法部门调查收集及保存的证据。

1. 当事人提供的证据材料

（1）涉及当事人主体资格的证据

当事人为自然人的，应当提供身份证件；当事人为法人或者其他组织的，应当提供主体资格证明文件，如营业执照副本或事业单位登记证。当事人为外国主体的，应当提供相关证明文件。

（2）涉案专利权利的证据

如果涉案产品或其包装、产品说明书等材料、合同等载体上只标注专利的文字说明，而未标注专利号，办案人员可以要求当事人提交下列与专利权利相关的证据。当事人在陈述、申辩时，也可以主动提供下列证据。

① 专利证书。用于证明专利授权时的权属状况。

② 专利登记簿副本。用于证明专利权的变更以及现实归属。

③ 专利授权公告文本。发明或实用新型专利的授权公告文本为权利要求书、说明书及附图、说明书摘要及摘要附图；外观设计专利的授权公告文本为公告授权的图片或照片及简要说明。以上用于证明涉案专利标识所涉及的技术或设计与产品一致。

④ 专利年费收据。用于证明专利权持续有效。在权利人提供了次年年费缴纳期后制作的专利登记簿副本的情况下，该证据可以不提供。

⑤ 被许可人还应当提供有关专利实施许可合同及其在国家知识产权局备案的证明材料；未经备案的应当提交专利权人的证明，或者证明其享有权利的其他证据。

⑥ 专利财产权利的继承人应当提交已经继承或者正在继承的证据材料。

需要注意的是，如果涉案产品或其包装、产品说明书等材料、合同等载体上标注了专利号或专利申请号，上述证明专利权属、专利技术方案或设计、专利法律状态等事实的证据则需要办案人员主动调查。

（3）涉及假冒专利行为的证据

因假冒专利行为与制造、销售、许诺销售、宣传、技术转让、招投标等行为有关联，因此，部分案件还需要当事人提供下列材料：

① 与涉案产品有关的销售合同、生产加工合同、出库/入库单、技术转让合同、招投标文件、生产记录等能证明生产日期、合法来源、行为事实等的证据材料。

② 与涉嫌假冒行为有关的账簿、发票、收据、流水等能证明违法事实和情节的证据材料。

③ 其他与假冒专利行为有关的证据材料。

2. 专利执法部门调查收集及保存的证据

专利执法部门依职权主动调查收集的证据通常包括：

① 专利登记簿副本。

② 专利授权公告文本。

③ 查阅、复制的与案件有关的合同、账册、生产记录等书证。

④ 采用拍照、摄像等方式对涉嫌假冒专利的产品、包装、其他材料等进行保全形成的视听资料证据。

⑤ 采用复制计算机数据、电子文档等方式形成的电子证据。

⑥ 以抽样取证、查封扣押、登记保存等方式提取的证据。

⑦ 在相关现场进行检查、或对相关人员进行询问等形成的各类笔录、视听资料。

⑧ 能证明办案人员依法定程序进行执法的通知、决定、笔录、送达回证等各类书证、物证、试听资料等。

（二）证据的表现形式

假冒专利案件涉及的证据一般包括以下法定形式。

1. 书　　证

书证是指用文字、符号或图形所表达的思想内容来证明案件事实的证据。凡是以文字、符号、图案来表达人的思想和行为、其内容对待证事实具有证明作用的物品都是书证。书证形式上取决于它所采用的书面形式，内容上取决于它所记载或表达的思想内涵与案情具有关联性。

假冒专利案件中常见的书证包括专利权利文书、公证书、宣传资料、发票、单据、合同等。

2. 物　　证

物证，即以物品、痕迹等客观物质实体的外形、性状、质地、规格等证明案件事实的证据，如涉嫌假冒专利产品及包装等。

3. 视听资料

视听资料是指以音响、图像等方式记录有信息的载体。视听资料一般可分为三种类型：

① 视觉资料，也称无声录像资料，包括图片、摄影胶卷、幻灯片、投影片、无声录像带、无声影片、无声机读件等。

② 听觉资料，也称录音资料，包括唱片、录音带等。

③ 声像资料，也称音像资料或音形资料，包括电影片、电视片、录音录像片、声像光盘等。

4. 证人证言

证人证言是指证人就其所感知的案件情况所作的陈述。以本人所知道的情况对案件事实作证的人，称为证人。

证言有口头形式与书面形式、录音形式、视听资料形式等。无论以何种形式表现的证言，都应按照内容划为证言，而不应按照载体来划分为书证、视听资料等。

5. 当事人陈述

当事人陈述是指当事人就案件事实向办案人员所作的陈述。广义上，当事人陈述还包括当事人所作的与案件有关的其他事实的陈述以及关于案件性质和法律问题的陈述。

作为证据形式的当事人陈述是以询问当事人本人为手段所获得的关于案件事实的证据。

代理人的承认视为当事人的承认。但是，未经特别授权的代理人对事实的承认直接导致承认对方请求的除外；当事人在场但对其代理人的承认不作否认表示的，视为当事人的承认。

6. 鉴定意见

鉴定意见是指具有某方面知识的专家凭自己的专业知识、技能、工艺以及各种科学仪器、设备等，对特定事实及专门性问题进行分析鉴别后所给出的专门性意见。该证据的产生依赖科学技术方法而不是对有关情况的回忆。

7. 电子证据

电子证据是指基于电子技术生成，以数字化形式存在于磁盘、光盘、存储卡、手机等各种电子设备载体，其内容可与载体分离，并可多次复制到其他载体的文件。

电子证据可以分为以下几种类型：

① 文字处理文件：通过文字处理系统形成的文件，由文字、标点、表格、各种符号或其他编码文本组成。

② 图形处理文件：由专门的计算机软件系统辅助设计或辅助制造的图形数据。通过图形人们可以直观地了解非连续性数据间的关系，使得复杂的信息变得生动明晰。

③ 数据库文件：由若干原始数据记录所组成的文件。数据库系统的功能是输入和存储数据、查询记录以及按照指令输出结果。它具有很高的信息价值，但只有经过整理汇总之后，才具有实际的用途和价值。

④ 程序文件：计算机进行人机交流的工具。软件就是由若干个程序文件组成的。

⑤ 影、音、像文件：即通常所说的“多媒体文件”，通常经过扫描识别、视频捕捉、音频录入等综合编辑而成。

二、调查取证的实施

调查取证是指由 2 名以上办案人员，为查证违法行为人，查明违法事实，采取法定方式和措施固定、收集证据的工作。按照《专利法》第六十四条的规定，办案人员对涉嫌假冒专利行为进行查处时，可以询问有关当事人，调查与涉嫌违法行为有关的情况；对当事人涉嫌违法行为的场所实施现场检查；查阅、复制与涉嫌违法行为有关的合同、发票、账簿以及其他有关资料；检查与涉嫌违法行为有关的产品，对有证据证明是假冒专利的产品，可以查封或者扣押。专利执法部门依法行使上述职权时，应当遵守《中华人民共和国行政强制法》（以下简称《行政强制法》）、《中华人民共和国行政诉讼法》（以下简称《行政诉讼法》）等法律的相关规定。

（一）调查取证的准备

在调查取证前，办案人员应当完成下列工作：

① 对有关专利进行检索，初步确定涉案专利情况；阅读和研究案卷，了解案情，掌握需要调查的主要事实。

② 举行现场检查前准备会；确定现场检查的时间和内容、应当重点查清的问题，以及可能出现的各种情况及处置方案。明确检查组成员的分工，可以根据实际情况考虑是否需要分组行动，如需分组行动的，要明确各组的任务及负责人。

③ 准备必需的文书、文具和执法装备如相机、摄像机、录音笔等。

④ 现场检查过程如需要其他部门配合的，要事先与有关部门取得联系，并明确各部门工作内容。

办案人员调查取证时，应当严肃着装，主动向当事人或者有关人员出示行政执法证，表明身份，说明来意，调取所需证据。

（二）调查收集证据的途径

1. 现场检查

现场检查，是指专利执法部门对涉嫌假冒专利的行为人的生产经营场所进行实地勘察，采取法定方式固定、采集证据的工作。

（1）现场检查重点事项

对有违法嫌疑的物品或者场所进行检查时，应当通知当事人到场。检查时，办案人员应当对当事人的生产场地、储存仓库、陈列展示等有关场所进行现场检查，围绕案情，运用各种手段全面、客观、公正地收集相关证据。具体应当对以下事项进行重点检查：

① 根据举报人举报、其他部门移交、自行检查发现的线索进行检查。

② 对标注有专利号的产品进行检查。

③ 对标注有“专利产品仿冒必究”等字样的产品进行检查。

④ 对标注有“已申请专利”等字样的产品进行检查。

⑤ 对宣称运用专利技术的产品或方法进行检查。

⑥ 对标注有专利号的说明书等材料进行检查。

⑦ 对其他涉嫌假冒专利的产品或行为进行检查。

（2）提取书证、物证、视听资料

现场检查时，可以调查收集与案件有关的书证、物证、视听资料。

书证可以是原件，也可以是经核对无误的副本或者复制件。办案人员应当要求当事人在该书证上签名或盖章，并在现场笔录中载明来源和取证情况。经过核实的副本或复制件，除当事人签名、盖章、写明日期外，办案人员也要在书证上签字，并写明经核对与原件无异，注明日期。

物证应当是原物。被调查人提供原物确有困难的，应当要求其提供复制品。提供复制品的，办案人员应当在现场笔录中说明取证情况。

视听资料证据可以通过办案人员拍照、摄像获得。拍照、摄像应当通过拍摄手段，充分记录当事人从事假冒专利的生产经营情况、涉案产品的有关情况以及办案人员现场执法的情况。拍照和摄像的情况应当在现场笔录中予以记载。

同时，办案人员也可调查收集录音、录像等视听资料。办案人员应当要求被调查人提供有关资料的原始载体。提供原始载体确有困难的，可以提供复制件。提供复制件的，在现场笔录中应当载明其来源和制作经过。

（3）现场笔录

现场检查时，应当制作现场笔录，全面客观记录与案件有关的事实。笔录应用规范语言，在笔录中记录的当事人名称或姓名要注意与当事人企业营业执照或身份证件进行核对。现场笔录的制作须由 2 名以上办案人员在场，载明时间、地点、事件等内容。

当事人对笔录进行核对的，检查人员选择“请核对”，由当事人在笔录最后处写上“已核对，属实、无误”，并应签名、盖章或者以其他方式确认。当事人阅读有困难的，应当向其宣读笔录，检查人员选择“已向你宣读”，由当事人签名、盖章或者以其他方式确认宣读情况。

笔录应当由当事人逐页签名、盖章或者以其他方式确认。检查人员也应当在笔录上逐页签名。笔录有涂改的，涂改部分要由当事人以签名、盖章或者以其他方式确认。

当事人一栏应由当事人本人、委托代理人、法定代表人、负责人、检查现场的员工或者现场负责人员签名。如果无法通知当事人，当事人不到场或者拒绝接受调查，当事人拒绝签名、盖章或者以其他方式确认的，办案人员应当在笔录上注明情况，并采取录音、录像等方式记录，必要时可邀请有关人员作为见证人。邀请见证人到场的，在“通知当事人到场情况”栏填写见证人身份信息，并由见证人逐页签名。

如在“现场情况”最后一行文字后有空白，应当在最后一行文字后加上“以下空白”字样。

现场笔录需记载的重要事项包括：

① 当事人的基本情况，包括单位的名称、法定代表人或者经营者的姓名、地址等。

② 生产经营的基本情况，包括涉案产品的名称、型号、库存情况。

③ 涉案产品标注专利号或专利标记的有关情况，包括是否拥有或被许可使用相关的专利权、标注专利号或专利标记的目的等。

④ 涉案产品专利号或专利标记与模具有关的，还应当记录涉案产品模具的基本情况，如模具的名称、型号、数量、存放地点等。

⑤ 证据采集情况。

⑥ 采取行政强制措施的，还应记录告知当事人采取行政强制措施的理由、依据以及当事人依法享有的权利、救济途径的情况，以及当事人当场进行陈述、申辩或者不提出陈述、申辩的情况。

2. 询　　问

询问，是指查办涉嫌违法案件过程中，为查明案件事实，要求当事人或者相关人员接受询问、提供材料的工作。

询问应当个别进行，并制作询问笔录。首次询问当事人的，需由被询问人提供身份证或者其他有效身份证件；当事人属于单位或者个体工商户的，还应当由当事人提供营业执照或者其他主体资格证照。

笔录应当由当事人签名，具体要求同现场笔录。笔录应当制作副本送达当事人。

询问笔录需记载的重要事项包括：

① 被询问人的基本情况，包括姓名、身份证件号码、职务和所负责的工作。

② 询问时间、地点。

③ 告知被询问人其享有陈述权、申辩权以及申请回避的权利，但被询问人不是当事人或者当事人的委托代理人的除外。

④ 生产、销售涉案产品的时间、数量、价格等。

⑤ 涉案专利权的相关情况。

⑥ 要求提供材料的相关情况。

询问的同时可以要求当事人或者相关人员提供有关材料，并记入笔录。当场没有要求提供材料，或者无法当场提供的，应当制发限期提供材料通知书，要求其限期提供。

办案人员要求当事人及其他有关单位、个人提供证明材料或者与违法行为有关的其他材料的，应由材料提供人在有关材料上签名或者盖章。

被询问人不在场的，可以制发询问通知书，通知其限期接受询问调查。如果要求其接受询问的同时提供有关材料，可直接使用询问通知书，一般不需同时制发限期提供材料通知书。

3. 抽样取证

办案人员对涉嫌违法的物品可以采取抽样取证的方式收集证据。涉及产品专利的，可以从涉嫌假冒专利的产品中抽取一部分作为样品；涉及方法专利的，可以从涉嫌依照该方法直接获得的产品中抽取一部分作为样品。被抽取样品的数量应当以能够证明事实为限。

采取抽样取证的方式调查收集证据时，应当制作抽样记录，完整、准确地填写被抽样产品及抽样情况。同时，应当载明被抽样品的规格、生产日期、批号、执行标准、专利标识标注情况等。上述内容应按照抽样物品或者其外包装、说明书上记载的内容填写；没有或者无法确定其中某项内容的，应当注明。抽取样品数量包括检验样品数量以及备用样品数量，抽样基数是被抽样产品的总量。对抽样取证的方式、标准等有特别规定的，应当按照特别规定执行。样品封样情况写明被抽样品加封情况、备用样品封存地点。

办案人员实施抽样取证时，应当通知当事人到场。抽样记录应当由当事人签名或者盖章，具体要求同现场笔录。同时应当制作副本送达当事人或其他有关人员。

4. 登记保存

登记保存，是指行政机关在证据可能灭失或者以后难以取得的情况下，将其临时就地或异地保存的工作。例如，当场核实不了涉案专利的法律状态，又不能采用其他取证手段将该证据固定时，可以采取登记保存的方式。登记保存只是具体行政行为中的一个环节，不能算是独立的具体行政行为，当事人不可由此申请行政复议或提起行政诉讼。

拟采取登记保存措施的，办案人员应当填写行政处罚案件有关事项审批表，报专利执法部门负责人批准。登记保存时，保存的证据一般应当就地保存，由当事人或其他有关人员妥为保管。对被登记保存物品状况应在所附的财物清单中详细记录，登记保存地点要明确、清楚。同时，制作先行登记保存证据通知书，注明有关内容、事项，并由办案人员和当事人及其他有关人员签字或者盖章后送达当事人及其他有关人员。

办案人员应当告知当事人或者有关人员不得擅自撕毁封条、不得销毁或转移登记保存的物品。

专利执法部门应当在7日内，对被登记保存的物品作出处理决定。拟解除登记保存的，办案人员应当填写行政处罚案件有关事项审批表，报专利执法部门负责人批准后，制作解除先行登记保存证据通知书，写明解除登记保存物品的名称、规格、型号及数量等，并由办案人员和当事人在财物清单上签名或者盖章后送达当事人或其他有关人员。部分解除先行登记保存措施的，应当另行制作财物清单。

5. 行政强制措施

专利执法部门可以对有证据证明是假冒专利的产品采取查封、扣押等强制措施。

（1）查封与扣押

查封，是指为了防止假冒专利产品流入市场，将有证据证明是假冒专利的产品封存在原地，粘贴封条，保持物品原有状态的工作。办案人员应当告知当事人或者有关人员不得擅自撕毁封条、不得销毁或转移查封的物品，当事人对查封的物品负责。

扣押，是指为了防止假冒专利产品流入市场，将有证据证明是假冒专利的产品转移至其他地方封存的工作。执法部门对扣押的物品负责。

查封、扣押不得委托其他组织或者个人实施。

查封、扣押限于有证据证明是假冒专利的产品，不得查封、扣押与假冒专利行为无关的场所、设施或者财物，不得查封、扣押公民个人及其所扶养家属的生活必需品。

（2）实施查封扣押

办案人员应当根据案情，提出是否采取查封、扣押措施的意见，经办案机构负责人审定，报专利执法部门负责人审批。负责人批准实施查封、扣押措施的，应当制作实施行政强制措施决定书，当场送达当事人，并告知当事人采取行政强制措施的理由、依据以及当事人依法享有的权利、救济途径，上述告知情况应当记入现场笔录。当事人当场进行陈述、申辩的，要如实记载当事人陈述、申辩的情况；如当事人在现场检查时不提出陈述、申辩的，应当记载当事人未提出陈述、申辩的情况。

查封、扣押时应当当场清点被查封、扣押的物品，被查封模具应当拆开核对。确定查封、扣押物品存放地点，在加贴封条后拍照和录像，同时制作财物清单。被查封、扣押的物品应当指定有关人员负责妥善保管，以防损毁、被盗或者被转移。

因查封、扣押发生的保管费用由专利执法部门承担。

（3）解除、延长查封扣押

查封、扣押的期限不得超过30日；情况复杂的，经专利执法部门负责人批准，可以延长，但是延长期限不得超过30日。法律行政法规另有规定的除外。

有下列情形之一的，可以解除查封或者扣押等强制措施：

① 当事人违法行为不成立的。

② 查封、扣押的场所、设施或者财物与违法行为无关。

③ 当事人违法行为成立，专利执法部门已经作出决定，不再需要查封、扣押。

④ 查封、扣押期限已经届满。

⑤ 其他应当解除查封、扣押的情况。

专利执法部门根据案情需要，认为可以解除强制措施的，经办案机构负责人同意并报专利执法部门负责人批准后，制作解除行政强制措施决定书，由办案人员负责解封。执行解封时不得少于2名办案人员。办案人员解封时，应当填写财物清单，并交由当事人签名或者盖章。当事人拒绝签名或者盖章的，办案人员应当在笔录上注明。

因情况复杂需要延长实施行政强制措施期限的，经办案机构负责人同意并报专利执法部门负责人批准后，制作延长行政强制措施期限决定书送达当事人，并由当事人签名或者盖章。当事人拒绝签名或者盖章的，办案人员应当在笔录上注明。

第三节　案件法制审核

案件调查终结，办案机构应当撰写调查终结报告，并将案件报送法制审核机构进行审核。

一、调查终结报告

案件调查终结报告包括以下内容：

（1）当事人的基本情况

包括姓名或者名称、地址等。当事人有主体资格证照的，按照当事人主体资格证照记载事项写明主体资格证照名称、统一社会信用代码（注册号）、住所（住址）、法定代表人（负责人、经营者）等信息。当事人是个体工商户且有字号的，以字号名称为当事人名称，同时写明经营者姓名、身份证（其他有效证件）名称及号码。当事人主体资格证照未加载统一社会信用代码的，写明注册号或者其他编号。当事人是自然人的，按照身份证（或其他有效证件）记载事项写明姓名、住址、号码等信息。

（2）案件来源、调查经过及采取行政强制措施的情况

应当写明案件线索来源、核查及立案的时间，以及采取的先行登记保存、行政强制措施、现场检查、抽样取证等案件调查情况。

（3）调查认定的事实及主要证据

当事人实施违法行为的具体事实，包括从事违法行为的时间、地点、目的、手段、情节、违法所得、危害结果等。所描述的事实要客观真实，必须得到相关证据的支持，内容全面，重点突出。要将认定案件事实所依据的证据列举清楚，所列举的证据要符合证据的基本要素，根据证据规则应当能够认定案件事实。必要时可以将证据与所证明的事实对应列明。

(4) 违法行为性质

包括假冒专利行为的种类、法律适用等。

(5) 处理意见及依据

包括建议给予行政处罚、不予行政处罚、违法事实不能成立予以撤销案件、移送其他行政管理部门处理、移送公安机关等。

(6) 自由裁量的理由等其他需要说明的事项

应当说明影响行政处罚裁量的事实和理由，从违法案件的具体事实、性质、情节、社会危害程度、主观过错以及公平公正要求等方面，结合自由裁量规则进行表述。

调查终结报告作出后，连同案件材料交由审核机构审核。

二、法制审核

对假冒专利案件作出决定之前，应当经过法制审核。法制审核机构应当与办案机构相分离，一般由本单位法制机构审核；没有法制审核机构的，由负责法制工作的机构指定专职或者兼职法制员审核。初次从事案件审核的人员，应当通过国家统一法律职业资格考试取得法律职业资格。

(一) 审核内容

案件审核的主要内容包括：

① 是否具有管辖权。

② 当事人的基本情况是否清楚。

③ 案件事实是否清楚，证据是否充分。

④ 定性是否准确。

⑤ 适用依据是否正确。

⑥ 程序是否合法。

⑦ 处理是否适当。

(二) 审核意见

审核机构经对案件进行审核，区别不同情况提出书面意见和建议：

① 对事实清楚、证据充分、定性准确、适用依据正确、程序合法、处理适当的案件，同意案件处理意见。

② 对定性不准、适用依据错误、程序不合法、处理不当的案件，建议纠正。

③ 对事实不清、证据不足的案件，建议补充调查。

④ 认为有必要提出的其他意见和建议。

审核机构应当自接到审核材料之日起 10 个工作日内完成审核。特殊情况下，经专利执法部门负责人批准可以延长。

审核机构完成审核并退回案件材料后，对于拟给予行政处罚的案件，办案机构应当将案件材料、行政处罚建议及审核意见报专利执法部门负责人批准，并依法履行告知等程序；对于建议给予其他行政处理的案件，办案机构应当将案件材料、审核意见报专利执法部门负责人审查决定。

第四节　处罚告知和听证

一、行政处罚告知

经专利执法部门负责人批准，当事人违法事实成立，拟对其进行处罚的，在作出行政处罚决定前，应当向其发出行政处罚告知书。

行政处罚告知书应当包括以下内容：

① 当事人的违法事实和证据。

② 行政处罚的理由、依据和拟作出的行政处罚决定。

③ 当事人享有陈述和申辩的权利、提出陈述和申辩的期限（一般定为收到告知书之日起 3 日内，根据具体情况可以延长）、逾期提出或未提出陈述和申辩的后果。

行政处罚告知书应当加盖专利执法部门的公章。

二、当事人的陈述和申辩

当事人要求陈述和申辩的，应当要求其以书面形式提交陈述和申辩。当事人口头陈述和申辩的，由办案人员记录在案。当事人自告知书送达之日起 3 日内（或指定期限内），未行使陈述、申辩权，未要求举行听证的，不影响办案人员的处理。

办案机构应当对当事人提出的事实、理由和证据进行复核。当事人提出的事实、理由或者证据成立的，办案机构应当予以采纳，不得因当事人陈述、申辩或者申请听证而加重行政处罚。

三、听　　证

达到听证条件的案件，当事人提出听证要求的，专利执法部门应当按规定组织听证。

专利执法部门对于应当听证而未按规定组织听证的，其作出的行政处罚决定无效。

（一）听证的含义

听证，是指行政机关对适用听证程序的行政处罚案件，在作出行政处罚决定之前，根据当事人申请，以听证会的形式，依法听取当事人的陈述、申辩和质证的程序。

（二）适用听证程序的案件

专利执法部门拟对当事人作出下列行政处罚决定前，当事人提出听证要求的，适用本节所述的听证程序：

① 对个人处以较大数额的罚款（“较大数额”额度依据各地关于行政处罚听证的法规、规章确定）。

② 对法人或者其他组织处以较大数额罚款（“较大数额”额度依据各地关于行政处罚听证的法规、规章确定）。

③ 法律、法规规定其他可以要求举行听证的具体行政行为。

（三）听证的告知和提出

1. 听证的告知

对适用听证程序的行政处罚案件，在作出行政处罚决定前，专利执法部门应当向当事人送达行政处罚听证告知书，告知其有要求听证的权利。

行政处罚听证告知书内容包括：

① 当事人的违法事实和证据。

② 行政处罚的理由、依据和拟作出的行政处罚决定。

③ 当事人享有陈述、申辩和要求举行听证的权利；提出陈述、申辩的期限；提出听证要求的形式和期限；逾期提出或未提出陈述、申辩和听证要求的后果。

行政处罚听证告知书应当加盖专利执法部门的公章。

2. 听证要求的提出

当事人提出听证要求的，专利执法部门应当对提出听证要求的主体的资格、是否在法定期限内提出、是否符合书面形式的要求等几个方面进行审核。对符合听证条件的，应当组织听证。

当事人逾期未提出听证要求或者明确提出放弃听证的，视为放弃申请听证的权利，不得就同一案件再次提出听证要求。

当事人提出听证要求超过期限或者不符合听证条件的，办案机构应当自收到听证要求后3日内书面告知当事人不予听证。

（1）可以提出听证要求的主体

当事人提交的提出听证要求的书面材料，应当有当事人的签名或者盖章。当事人授权或委托他人提出听证要求的，提出听证要求的书面材料应当有被授权人、受委托人的签名或者盖章，同时应当有当事人授权、委托其代为提出听证要求的书面证明。

（2）提出听证要求的期限

当事人要求听证的，应当在收到行政处罚听证告知书之日起3日内向专利执法部门提出。

当事人因不可抗力的原因，不能在规定期限内提出听证要求的，经听证机关同意，可以延长申请听证期限。

当事人以邮寄方式提出听证要求的，以寄出的邮戳日期为准。

（3）提出听证要求的形式

当事人向专利执法部门提出听证要求应当采用书面形式。

3. 听证的组织

听证由拟作出适用听证程序的行政处罚的专利执法部门组织。

专利执法部门组织听证的具体工作包括：

① 办案机构应当在3日内将行政处罚认定的主要违法事实、证据的复印件和照片以及证据目录、证人名单移送本单位负责听证的部门；

② 负责听证的部门接到移送的案卷材料后，应当在3日内确定听证会组成人员。

4. 听证会组成人员

听证会由听证主持人、听证员组成。

听证主持人、听证员由专利执法部门负责人指定。专利执法部门可以聘请本单位以外的人员参加听证。涉及疑难、复杂、重大案件，由专利执法部门主要负责人指定听证会组成人员。

听证员为1名以上4名以下，协助听证主持人组织听证。

听证会组成人员为单数。

听证会应当设书记员1名，负责听证笔录的制作和其他事务。

听证会组成人员不得由该案办案人员担任。

（1）听证主持人及其职责

听证主持人应当具有从事专利行政执法工作3年以上的经历。

听证主持人履行下列职责：

① 决定举行听证的时间、地点并通知听证参加人。

② 审查听证参加人的资格。

③ 主持听证，并就案件的事实、证据或者与之相关的法律问题进行询问，要求听证参加人提供或者补充证据。

④ 维护听证的秩序，对违反听证纪律的行为进行警告或者采取必要的措施予以制止，情节严重的，可以责令其退场。

⑤ 对听证笔录进行审阅，并提出听证报告及处理建议。

⑥ 决定中止、终止或者延期听证，宣布结束听证。

⑦ 法律、法规、规章规定的其他职责。

（2）听证员的职责

① 阅读案卷，查阅有关证据，熟悉案情。

② 参加听证主持人召集的讨论会，拟定听证会要点。

③ 参加听证会，就案件的事实、证据或者与之相关的法律问题进行询问。

④ 阅读听证笔录并在听证笔录上签名。

⑤ 参加听证会结束后的合议，讨论决定听证报告的内容。

5. 听证参加人及其职责或权利

（1）听证参加人

听证参加人是指参加听证会并对听证会产生实体和程序影响的有关人员，包括：

① 办案人员。

② 当事人及其代理人。

③ 与案件处理结果有直接利害关系的第三人及其代理人。

④ 证人、鉴定人、翻译人员。

⑤ 其他有关的人员。

第三人参加听证的可以自行申请并由听证主持人决定，也可以由听证主持人通知其作为第三人参加听证会。

当事人、第三人可以亲自参加听证，也可以委托1～2名代理人参加听证。当事人、第三人是法人的，由其法定代表人参加听证。当事人是其他组织的，由其主要负责人参加听证。当事人、第三人是无民事行为能力人或者限制民事行为能力人的，由其法定代理人代为参加听证。委托代理人参加听证的，应当要求其提交由委托人签名

（盖章）的授权委托书，授权委托书应当写明委托事项和权限。

（2）办案人员在听证中的职责

① 查阅案卷、核实有关证据，详细了解案件的有关内容。

② 向负责听证的机构和听证主持人提交有关的案件材料。

③ 拟定听证会的发言材料。

④ 参加听证会，在听证会上提出当事人违法的事实、证据、拟作出的行政处罚建议及法律依据，向其他听证参加人发问，回答听证主持人和听证员的提问，回答当事人及其代理人的提问，参加质证和辩论，发表最后意见。

⑤ 核对听证笔录，在听证笔录中签名。

（3）当事人在听证中的权利

① 要求或者放弃听证。

② 申请回避。

③ 出席听证会或者委托1～2名代理人参加听证，并出具委托代理书，明确代理人权限。

④ 进行陈述、申辩和质证。

⑤ 核对听证笔录。

无民事行为能力或者限制民事行为能力的人的法定代理人享有上述权利。

6. 听证会

（1）听证会前的准备

听证会举行的时间由听证主持人确定，一般可以在当事人提出听证之日起15日内举行。

听证会举行前，听证主持人应当召集听证人员阅读案卷，查阅有关证据，熟悉案情，对案件事实、证据、适用法律等进行讨论，拟定听证要点，并通知办案人员准备相关事项。

听证主持人确定听证举行的时间、地点后，应当在听证会举行7日前将制作的行政处罚听证通知书送达当事人，并要求当事人在行政处罚听证通知书上签字或者盖章；将听证时间、地点等事项通知其他参加人。

行政处罚听证通知书内容包括：

① 听证会举行的时间、地点。

② 听证会组成人员的姓名。

③ 告知当事人有权申请回避。

④ 告知当事人准备证据、通知证人等事项。

行政处罚听证通知书应当加盖专利执法部门的公章。

公开听证的案件应当在听证会举行3日以前公告案由、当事人姓名或者名称、听证举行时间和地点。

（2）听证会的延期

听证会应当按期举行。专利执法部门因特殊情况，可以决定延期举行听证会并书面通知听证参加人。当事人符合延期举行听证会的情形的，应当及时书面告知听证主持人，请求延期举行听证会。由听证主持人决定是否延期，并书面通知听证参加人。

可以延期举行听证会的情形：

① 当事人因不可抗力的事由不能按时参加听证的。

② 当事人提出回避申请理由成立，需重新确定听证人员的。

③ 其他应当延期的情形。

（3）听证会的举行

听证会按照行政处罚听证通知书中确定的时间、地点举行。

听证会应当公开举行，但根据法律、法规等规定保密的除外。

听证会举行当日，听证会开始前，书记员应当查明当事人和其他参加人是否到会，并宣布听证纪律：

① 服从听证主持人的指挥，未经听证主持人允许，不得发言、提问。

② 未经听证主持人允许，不得录音、拍照、摄像。

③ 听证参加人未经听证主持人允许不得中途退场。

④ 旁听人员要保持肃静，不得议论、喧哗、哄闹或者进行其他妨碍听证秩序的活动。

听证主持人对违反听证纪律的参加人或参加人的不当辩论，有权予以制止；对违反听证纪律的旁听人员，听证主持人有权责令其退席，严重妨害听证正常进行的由公安机关依法处理。

1）听证主持人组织听证顺序

① 听证主持人宣布听证开始，介绍案由。

② 听证主持人宣布听证组成人员、书记员、翻译人员名单。

③ 听证主持人核对听证参加人身份。

④ 听证主持人告知当事人有关的权利和义务，询问是否提出回避申请。

⑤ 听证会调查，由案件调查人提出当事人违法的事实、证据、法律依据和拟作出行政处罚建议，由当事人、第三人及其代理人进行陈述和申辩。

⑥ 听证会质证，由办案人员、当事人和第三人及其代理人在听证主持人的组织下出示证据，宣读证人证言，并相互质证。

⑦ 听证会辩论，由办案人员、当事人及其代理人、第三人及其代理人进行。

⑧ 听证主持人按照案件办案人员、当事人、第三人及其代理人的先后顺序征询各方最后意见。

⑨ 听证主持人宣布听证会延期、中止、终止或者结束。

2）回避

听证主持人、听证员、书记员有下列情形之一的，应当自行回避，当事人及其代理人也有权申请其回避：

① 是该案的办案人员。

② 是当事人、该案办案人员的近亲属。

③ 担任过该案的证人、鉴定人。

④ 与该案的处理结果有利害关系的。

上述规定，也适用于翻译人员、鉴定人、检查人。

3）听证会调查

听证会调查首先由办案人员提出当事人违法的事实、证据、拟作出的行政处罚建议及法律依据。其次由当事人、第三人及其代理人进行陈述和申辩。

办案人员可以向当事人提问。

当事人可以向办案人员提问。当事人的代理人经听证主持人同意，可以向办案人员、当事人提问。

听证会组成人员可以向办案人员、当事人提问。

当事人无正当理由不按时参加听证或者在听证过程中未经听证主持人允许中途退场的，视为放弃听证。

4）听证会质证

办案人员在案件调查过程中采集并作为拟作出行政处罚事实依据的证据，应当在听证会上出示、宣读、辨认并经质证。未经质证的证据不能作为定案的证据。

当事人向听证会提交的证据也应当在听证会上出示、宣读、辨认并经质证，未经质证的证据不能作为定案的证据。

当事人和办案人员可以就有关证据相互质证和提问。当事人的代理人经听证主持人同意，可以向办案人员、当事人提问。当事人和办案人员经听证主持人允许，也可以向到场的证人、鉴定人、检查人发问。听证会组成人员可以向办案人员、当事人及其代理人提问。

听证会主持人认为证据有疑问，可能影响行政处罚的准确性，可以宣布中止听证，由办案人员对证据进行调查核实后再继续听证或者另行安排时间听证。

办案人员、当事人及其代理人有权申请通知新的证人到会，调取新的证据，申请重新鉴定或者检查。对于上述申请，听证主持人应当作出是否同意的决定。申请重新鉴定或者检查的费用由申请人支付。

对涉及国家秘密、商业秘密和个人隐私的证据应当保密，由听证会验证，不得在公开听证时出示。

5）听证笔录

听证会的全部过程应当制作听证笔录。

听证笔录应当作为专利执法部门作出行政处罚决定的依据。

听证笔录应当载明下列事项：

① 案由。

② 听证参加人姓名或者名称、地址。

③ 听证主持人、听证员、书记员姓名。

④ 举行听证的时间、地点和方式。

⑤ 办案人员提出的事实、证据和拟作出的行政处罚建议。

⑥ 当事人、第三人及其代理人陈述、申辩和质证的内容。

⑦ 证人证言。

⑧ 翻译人员、鉴定人、检查人发言。

⑨ 听证参加人最后陈述。

⑩ 其他有关听证的内容。

听证笔录应当交给当事人和其他参加人员审核无误后签字或者盖章。当事人拒绝签名或者盖章的，由听证主持人在听证笔录中注明。

听证笔录经听证主持人审阅后，由听证会组成人员和书记员签字或盖章。

（4）听证的中止

有下列情形之一的，听证主持人应当中止听证：

① 当事人死亡或者终止，需要等待权利义务继承人的。

② 当事人或者办案人员因不可抗力事件，不能参加听证的。

③ 在听证过程中，需要对有关证据重新鉴定或者检查的。

④ 出现其他需要中止听证情形的。

中止听证的情形消除后，应当恢复听证。恢复听证时，听证主持人应当在听证会举行 7 日前依照上述规定将行政处罚听证通知书送达当事人，将听证时间、地点等事项通知其他参加人。

（5）听证的终止

有下列情形之一的，专利执法部门应当终止听证：

① 当事人撤回听证申请或者明确放弃听证权利的。

② 当事人无正当理由拒不到场参加听证的。

③ 当事人未经听证主持人允许中途退场的。

④ 当事人死亡或者终止，并且无权利义务承受人的。

⑤ 其他需要终止听证的情形。

书记员应当将当事人缺席的事实载入听证笔录，由听证主持人签字或者盖章。

7. 听证报告

听证结束后，听证主持人应当组织听证会组成人员依法对案件作出独立、客观、公正的判断，并在听证会结束后及时制作听证报告，连听证笔录一并报告专利执法部门负责人。听证会组成人员有不同意见的，应当如实报告。

听证报告内容包括：

① 听证案由。

② 听证会组成人员和听证参加人的基本情况。

③ 听证举行的时间、地点和方式。

④ 听证会的基本情况。

⑤ 处理意见和建议。

根据申辩不加重处罚的原则，听证主持人不应当采纳行政处罚当事人提供的对其不利的证据认定案件事实，更不能作出比拟作出行政处罚更重的行政处罚建议。

8. 听证后案件的处理

听证会结束后，案件的处理工作由承办案件的机构负责。

专利执法部门负责人可以根据听证报告的意见和听证笔录，按照事先告知当事人的拟作出的行政处罚决定，根据实际情况，提出同意、改变、撤销拟作出的行政处罚决定的建议，也可以提出重新进行研究、提交部门负责人集体讨论决定等建议。

专利执法部门应当在听证会结束后15日内依法向当事人作出行政处罚或者不予行政处罚的决定。

作出行政处罚或不予行政处罚的决定，应当以听证笔录和听证程序中认定的证据作为依据。

9. 其他事项

听证费用由专利执法部门负责，不向当事人收取。专利执法部门应当提供组织听证所需的场地、设备及其他便利条件。

第五节 行政处理决定审批

一、审 批

办案机构应当在案件调查终结之后，提出最终处理建议，填写行政处理决定审批表后，连同案件调查终结报告、法制审核意见、当事人陈述和申辩意见或者听证报告、案卷等材料，一起提请专利执法部门负责人审批。

经审核机构审核的，应当由办案机构在行政处理决定审批表备注栏注明“本案已由审核机构于________年____月____日出具审核意见，审核意见为____________。”

专利执法部门负责人对办案机构的处理意见，主要对以下内容进行审查：

① 违法行为的事实是否清楚。办案人员是否收集到了足以确认当事人有无违法行为、违法行为后果轻重的基本事实。对于事实的审查重点在于当事人对处罚的意见和办案人员的意见是否一致，对双方认为事实不一致的地方，办案人员是否有足够的证据支持自己的观点。

② 违法行为的证据是否合法、充分和确凿。包括收集证据的行为是否合法，证据与案件事实是否有联系。证据充分是指在调查取证过程中所掌握的证据具体、全面、证据性质明显，已能为认定违法事实是否存在及其轻重提供足够的依据。

③ 办案人员的调查程序是否合法，有无违反处罚程序规定的行为。即审查办案人员是否依照法定程序进行调查，是否告知当事人所享有的权利，以及处罚的依据、事实和理由；办案人员是否认真听取了当事人的陈述和申辩，对当事人提出的事实、理由和证据是否进行了复核。审查过程中发现违反法定程序的做法，必须及时纠正。

④ 行政违法行为的处罚依据是否合法以及处罚规定是否明确。即审查办案人员给予违法行为的行政处罚是否符合法律、法规或者规章的规定，适用法律、法规或者规章的规定是否适当；发现有不适当的地方的，应当依照法律、法规或者规章的规定办理。

专利执法部门负责人根据不同情况，可批准分别作出以下决定：

① 确有依法应当给予行政处罚的违法行为的，根据情节轻重及具体情况，作出行政处罚决定。

② 有从轻或者减轻处罚情节的，予以从轻或者减轻处罚。

③ 确有违法行为，但违法行为轻微并已及时纠正，依法可以不予行政处罚的，不予行政处罚。

④ 违法事实不能成立的，不得给予行政处罚，并撤销案件。

⑤ 不属于专利执法部门管辖的，移送其他行政管理部门处理。

⑥ 违法行为涉嫌犯罪的，移送公安机关。

二、集体讨论

对下列情节复杂或者重大违法行为给予较重行政处罚的案件，应当由专利执法部门负责人集体讨论决定：

① 拟罚款、没收违法所得数额较大的案件。

② 涉及重大安全问题或者有重大社会影响的案件。

③ 调查处理意见与审核意见存在重大分歧的案件。

④ 专利执法部门负责人认为应当提交集体讨论的其他案件。

经专利执法部门负责人集体讨论的，应当制作重大案件集体讨论笔录，且讨论决定在行政处理决定审批表中应当予以记载，可表述为“经于________年____月____日集体讨论决定，同意”。

第六节　责令改正与处罚

一、责令改正

（一）责令改正程序及性质

假冒专利行为成立的，应当责令当事人改正或限期改正违法行为。

责令改正可以单独制作通知书，也可以作为当事人需要改正的内容体现在行政处罚决定书或不予行政处罚决定书中。

（二）责令改正的方式

专利执法部门认定假冒专利成立的，应当责令行为人采取下列改正措施：

① 在未被授予专利权的产品或者其包装上标注专利标识、专利权被宣告无效后或者终止后继续在产品或者其包装上标注专利标识、未经许可在产品或者产品包装上标注他人的专利号的，立即停止标注行为，消除尚未售出的产品或者其包装上的专利标识；产品上的专利标识难以消除的，销毁该产品或者包装。

② 销售第①项所述产品的，立即停止销售行为。

③ 在产品说明书等材料中将未被授予专利权的技术或者设计称为专利技术或者专利设计，将专利申请称为专利，或者未经许可使用他人的专利号，使公众将所涉及的技术或者设计误认为是他人的专利技术或者专利设计的，立即停止发放该材料，销毁尚未发出的材料，并消除影响。

④ 伪造或者变造专利证书、专利文件或者专利申请文件的，立即停止伪造或者变造行为，销毁伪造或者变造的专利证书、专利文件或者专利申请文件，并消除影响。

⑤ 责令假冒专利的参展方采取从展会上撤出假冒专利展品、销毁或者封存相应的宣传材料、更换或者遮盖相应的展板等撤展措施。

⑥ 其他必要的改正措施。

专利执法部门认定电子商务平台上的假冒专利行为成立的，应当通知电子商务平台提供者及时对假冒专利产品相关网页采取删除、屏蔽或者断开链接等措施。

（三）责令改正应注意的事项

（1）责令改正并非前置程序

认定假冒专利行为成立的，"责令改正"这一行政行为并非给予没收违法所得或者罚款等行政处罚的前置条件，责令改正通知并非对假冒专利行为进行行政处罚前的前置必经程序。

（2）责令改正并非行政处罚

责令改正通知书中表述的内容应是责令当事人停止或纠正违法行为的意思表示，以及当事人如果未在限定期限内改正可能引起的法律后果。责令改正的法律属性既不是行政处罚，也不是行政强制措施，而是一种行政管理措施，其本意是要求相对人有错必纠，本质上是教育性的，而不是惩罚性的。应当避免将责令改正表述为行政处罚、行政强制措施等其他行政行为。

（3）责令改正并不是最终决定

由于责令改正只是行政处罚程序中的一个环节，并不是对假冒专利行为的最终决定，因此，责令改正通知书只能作为中间文书，或者体现在行政处罚/不予行政处罚决定书中，不能作为体现行政处理决定的最终法律文书。

二、行政处罚

（一）假冒专利行为的处罚种类

1. 没收违法所得

专利执法部门认定假冒专利行为成立，当事人有违法所得的，应当没收违法所得。

专利执法部门认定假冒专利行为成立的，可以按照下列方式确定行为人的违法所得：

① 销售假冒他人专利的产品的，以产品销售价格乘以所销售产品的数量作为其违法所得。

② 订立假冒他人专利的合同的，以收取的费用作为其违法所得。

2. 罚　款

对应当进行行政处罚的假冒专利行为，专利执法部门可以责令改正并予以公告，没收违法所得，并处违法所得 4 倍以下的罚款；没有违法所得的，可以处 20 万元以下的罚款。

对当事人的同一项违法行为，不得给予 2 次以上罚款的行政处罚。

（二）自由裁量权

专利执法部门可以结合当地实际，自行制定行政处罚自由裁量办法，也可参照表 1 执行。

1. 从轻、减轻处罚

当事人有下列情形之一的，应当依法从轻或减轻行政处罚：

① 已满 14 周岁不满 18 周岁的人有违法行为的。

② 主动消除或者减轻违法行为危害后果的。

③ 在共同违法行为中起次要或辅助作用的。

④ 积极配合行政机关查处违法行为，有立功表现的。

⑤ 受他人胁迫实施违法行为的。

⑥ 其他依法应当从轻或者减轻处罚的。

2. 从重处罚

当事人有下列情形之一的，应当依法从重处罚：

① 违法行为恶劣，造成严重后果的。

② 在共同违法行为中起主要作用的。

③ 隐匿、销毁违法行为证据，或擅自启封、转移被查封、扣押物品的。

④ 妨碍、拒绝或者以暴力、威胁等手段抗拒办案人员执法尚未构成犯罪的。

⑤ 实施扰乱社会公共秩序，妨害公共安全，侵犯人身权利、财产权利，妨害社会管理等违法行为，具有较大社会危害性但尚未构成犯罪的。

⑥ 违法手段恶劣或者多次违法，屡教不改的。

⑦ 其他依法应当从重处罚的。

表1　假冒专利行政处罚裁量参考基准

违法行为	处罚依据	违法程度	违法情节	处罚裁量标准
假冒专利的行为： （一）在未被授予专利权的产品或者其包装上标注专利标识，专利权被宣告无效后或者终止后继续在产品或者其包装上标注专利标识，或者未经许可在产品或者产品包装上标注他人的专利号； （二）销售第（一）项所述产品； （三）在产品说明书等材料中将未被授予专利权的技术或者设计称为专利技术或者专利设计，将专利申请称为专利，或者未经许可使用他人的专利号，使公众将所涉及的技术或者设计误认为是专利技术或者专利设计； （四）伪造或者变造专利证书、专利文件或者专利申请文件； （五）其他使公众混淆，将未被授予专利权的技术或者设计误认为是专利技术或者专利设计的行为。	《专利法》第六十三条（假冒专利的，除依法承担民事责任外，由管理专利工作的部门责令改正并予公告，没收违法所得，可以并处违法所得4倍以下的罚款；没有违法所得的，可以处20万元以下的罚款；构成犯罪的，依法追究刑事责任。） 《专利法实施细则》第八十四条	轻微	1. 销售不知是假冒专利的产品，并且能够证明该产品合法来源的； 2. 专利申请尚未授予专利权而标注专利标识的； 3. 非法经营数额不满0.5万元的； 4. 其他依法属于情节轻微的情形。	责令改正并予公告，没收违法所得，免除罚款。
		较轻	1. 非法经营数额在0.5万元以上不满5万元的，或者违法所得数额不满2万元的； 2. 给权利人造成直接经济损失不满10万元的； 3. 专利权被宣告全部无效、专利权期满、专利权人声明放弃专利权或专利权因未缴年费终止，逾期但不满6个月而标称或标注专利的； 4. 其他依法属于情节较轻的情形。	责令改正并予公告，没收违法所得，并处违法所得1倍以下罚款；没有违法所得的，处5万元以下罚款。

续表

违法行为	处罚依据	违法程度	违法情节	处罚裁量标准
假冒专利的行为： （一）在未被授予专利权的产品或者其包装上标注专利标识，专利权被宣告无效后或者终止后继续在产品或者其包装上标注专利标识，或者未经许可在产品或者产品包装上标注他人的专利号； （二）销售第（一）项所述产品； （三）在产品说明书等材料中将未被授予专利权的技术或者设计称为专利技术或者专利设计，将专利申请称为专利，或者未经许可使用他人的专利号，使公众将所涉及的技术或者设计误认为是专利技术或者专利设计； （四）伪造或者变造专利证书、专利文件或者专利申请文件； （五）其他使公众混淆，将未被授予专利权的技术或者设计误认为是专利技术或者专利设计的行为。	《专利法》第六十三条（假冒专利的，除依法承担民事责任外，由管理专利工作的部门责令改正并予公告，没收违法所得，可以并处违法所得4倍以下的罚款；没有违法所得的，可以处20万元以下的罚款；构成犯罪的，依法追究刑事责任。） 《专利法实施细则》第八十四条	较重	1. 非法经营数额在5万元以上不满10万元的，或者违法所得数额在2万元以上不满5万元的； 2. 给权利人造成直接经济损失10万元以上不满25万元的； 3. 专利权被宣告全部无效、专利权期满、专利权人声明放弃专利权或专利权因未缴年费终止，逾期6个月以上不满12个月而标称或标注专利的； 4. 其他依法不属于从轻、减轻或从重处罚的情形。	责令改正并予公告，没收违法所得，并处违法所得1倍以上2倍以下罚款；没有违法所得的，处5万元以上10万元以下罚款。
		严重	1. 非法经营数额在10万元以上不满15万元的，或者违法所得数额在5万元以上不满8万元的； 2. 给权利人造成直接经济损失25万元以上不满40万元的； 3. 专利权被宣告全部无效、专利权期满、专利权人声明放弃专利权或专利权因未缴年费终止，逾期12个月以上而标称或标注专利的； 4. 伪造或者变造专利证书、专利文件或	责令改正并予公告，没收违法所得，并处违法所得2倍以上3倍以下罚款；没有违法所得的，处10万元以上15万元以下罚款。

续表

<table>
<tr><th>违法行为</th><th>处罚依据</th><th>违法程度</th><th>违法情节</th><th>处罚裁量标准</th></tr>
<tr><td rowspan="2">假冒专利的行为：
（一）在未被授予专利权的产品或者其包装上标注专利标识，专利权被宣告无效后或者终止后继续在产品或者其包装上标注专利标识，或者未经许可在产品或者产品包装上标注他人的专利号；
（二）销售第（一）项所述产品；
（三）在产品说明书等材料中将未被授予专利权的技术或者设计称为专利技术或者专利设计，将专利申请称为专利，或者未经许可使用他人的专利号，使公众将所涉及的技术或者设计误认为是专利技术或者专利设计；
（四）伪造或者变造专利证书、专利文件或者专利申请文件；
（五）其他使公众混淆，将未被授予专利权的技术或者设计误认为是专利技术或者专利设计的行为。</td><td rowspan="2">《专利法》第六十三条（假冒专利的，除依法承担民事责任外，由管理专利工作的部门责令改正并予公告，没收违法所得，可以并处违法所得4倍以下的罚款；没有违法所得的，可以处20万元以下的罚款；构成犯罪的，依法追究刑事责任。）
《专利法实施细则》第八十四条</td><td>严重</td><td>者专利申请文件，份数较少，或份数较多尚未使用的，但都尚未给他人和社会造成实际损害的；
5. 假冒2项以上专利，非法经营数额不满5万元的，或者违法所得数额不满2.5万元的；
6. 其他依法应当从重处罚的情形。</td><td></td></tr>
<tr><td>特别严重</td><td>1. 非法经营数额在15万元以上不满20万元的，或者违法所得数额在8万元以上不满10万元的；
2. 给权利人造成直接经济损失40万元以上不满50万元的；
3. 伪造或者变造专利证书、专利文件或者专利申请文件，已使用，并给他人和社会造成实际损害的；
4. 假冒2项以上他人专利，非法经营数额在5万元以上不满10万元的，或者违法所得数额在2.5万元以上不满5万元的；
5. 违法情节恶劣，屡教不改的；
6. 其他依法属于特别严重的情形。</td><td>责令改正并予公告，没收违法所得，并处违法所得3倍以上4倍以下罚款；没有违法所得的，处15万元以上20万元以下罚款。</td></tr>
</table>

（三）处罚决定

作出行政处罚决定，应当做到认定违法事实清楚，定案证据确凿充分，违法行为定性准确，适用法律正确，办案程序合法，处罚幅度合理适当。

经专利执法部门负责人审批，决定对当事人实施行政处罚的，应当制作行政处罚决定书，并加盖本部门的公章。行政处罚决定书的内容包括：

① 当事人的姓名或者名称、地址等基本情况。

② 违反法律、法规或者规章的事实和证据。

③ 当事人陈述、申辩的采纳情况及理由。

④ 行政处罚的内容和依据。

⑤ 行政处罚的履行方式、期限。

⑥ 不服行政处罚决定，申请行政复议或者提起行政诉讼的途径和期限。

⑦ 作出行政处罚决定的专利执法部门的名称和作出决定的日期。

行政处罚决定书应当在宣告后当场交付当事人；当事人不在场的，行政机关应当在7日内将行政处罚决定书送达当事人。行政处罚决定书送达即生效。

行政处罚决定书一经送达，专利执法部门不得随意变更。

（四）其他处理方式

1. 撤销案件

违法行为不成立的，不予行政处罚，发还有关物品，解除查封和扣押等强制措施。专利执法部门应当向当事人发出撤销案件通知书，以撤销案件的方式结案。

2. 不予行政处罚

违法行为成立，但依法可以不予行政处罚的，专利执法部门应当向当事人发出不予行政处罚决定书。

需要注意的是，作出不予行政处罚决定，只是因为案件符合法定不予处罚的情形，但当事人的违法行为仍然成立，应当责令其改正。

当事人有下列情形之一的，不予行政处罚：

① 不满14周岁的人有违法行为的。

② 精神病人在不能辨认或者不能控制自己行为时有违法行为的。

③ 违法行为轻微并及时纠正，没有造成危害后果的。

④ 除法律另有规定外，假冒专利行为在2年内未被发现的。该期限从违法行为发生之日起计算；违法行为有连续或者继续状态的，从行为终了之日起计算。

⑤ 其他依法不予处罚的情形。

3. 移送公安机关

行为人的违法行为已涉嫌构成犯罪的，应当移送公安机关。假冒专利行为涉嫌构成犯罪的情形主要有以下两种。

（1）假冒他人专利涉嫌构成犯罪

根据《最高人民法院、最高人民检察院关于办理侵犯知识产权刑事案件具体应用法律若干问题的解释》（法释〔2004〕19号）第十条的规定，实施下列行为之一的，属于《中华人民共和国刑法》（以下简称《刑法》）第二百一十六条规定的“假冒他人专利”的行为：

① 未经许可，在其制造或者销售的产品、产品的包装上标注他人专利号的。

② 未经许可，在广告或者其他宣传材料中使用他人的专利号，使人将所涉及的技术误认为是他人专利技术的。

③ 未经许可，在合同中使用他人的专利号，使人将合同涉及的技术误认为是他人专利技术的。

④ 伪造或者变造他人的专利证书、专利文件或者专利申请文件的。

根据《最高人民检察院、公安部关于公安机关管辖的刑事案件立案追诉标准的规定（二）》第七十二条的规定，假冒他人专利行为具有下列情形之一的，应当移送公安机关：

① 非法经营数额在20万元以上或者违法所得数额在10万元以上的。

② 给专利权人造成直接经济损失在50万元以上的。

③ 假冒两项以上他人专利，非法经营数额在10万元以上或者违法所得数额在5万元以上的。

④ 其他情节严重的情形。

其中非法经营数额，是指行为人在实施假冒他人专利行为过程中，制造、储存、运输、销售假冒他人专利产品的价值。已销售的产品的价值，按照实际销售的价格计算。制造、储存、运输和未销售的产品的价值，按照标价或者已经查清的产品的实际销售平均价格计算。产品没有标价或者无法查清其实际销售价格的，按照市场中间价格计算。

其中违法所得数额与查处假冒专利行为过程中的违法所得计算方式不同，这里所指为利润。多次实施假冒他人专利行为，未经行政处理或者刑事处罚的，非法经营数额、违法所得数额累计计算。

（2）伪造、变造证书涉嫌构成犯罪

伪造或者变造专利证书，涉嫌构成《刑法》第二百八十条规定的伪造、变造、买卖国家机关公文、证件、印章罪的，由专利执法部门移送公安机关追究刑事责任。

办案人员认为行为人已涉嫌构成犯罪的，应当依据《行政执法机关移送涉嫌犯罪案件的规定》（中华人民共和国国务院第310号令）向办案机构负责人提出移交公安机关处理的意见，经法制审核，专利执法部门负责人审批通过后方能移送。

对公安机关决定不予立案的案件，专利执法部门应当依法作出行政处罚。

三、时　　限

专利执法部门查处假冒专利案件，适用一般程序办理的案件应当自立案之日起90日内作出处理决定。因案情复杂或者其他原因，不能在规定期限内作出处理决定的，经专利执法部门负责人批准，可以延长30日。案情特别复杂或者有其他特殊情况，经延期仍不能作出处理决定的，应当由专利执法部门负责人集体讨论决定是否继续延期；决定继续延期的，应当同时确定延长的合理期限。

案件处理过程中听证、公告等时间不计入上述案件办理期限。

第七节　处罚的执行、公开和结案

一、执行的一般程序

（一）立即停止违法行为和采取改正措施的执行

专利执法部门认定假冒专利行为成立的，应当责令行为人采取改正措施。具体改正措施见本章第六节“责令改正”部分。

（二）假冒专利产品的处理

对假冒专利产品应当予以返还，以便行为人根据行政决定进行改正。对于既不提起行政诉讼或者行政复议，也不执行处罚决定的，专利执法部门可以申请人民法院强制执行。

（三）罚款和没收违法所得的执行

1. 罚款的缴纳

收到行政处罚决定书后15日内，被处罚人应当持专利执法部门开具的罚款缴款通知书（统一格式，一式三联）到指定的金融机构缴纳罚款。

2. 罚款的延期/分期缴纳

被处罚人确有经济困难，需要延期或者分期缴纳罚款的，经被处罚人申请和专利执法部门批准，可以延期或者分期缴纳。

① 必须是被处罚人确实有经济困难，有需要暂缓或者分期缴纳罚款的情况。例如，被处罚人被处罚后因遭受灾害造成财产损失，无法按时缴纳罚款，需要暂缓或者延期缴纳的。必须区分被处罚人故意拒绝或拖延缴纳罚款的情形。如果被处罚人有能力履行罚款决定，而故意不履行，或者拖延履行，专利执法部门应当对其加处罚款或者申请人民法院强制执行。

② 被处罚人应当向专利执法部门申请，并且得到专利执法部门的批准。被处罚人应当向专利执法部门提出申请，阐述其不能按期缴纳罚款的理由，并提出申请延期的期限或者需要分成几次来缴纳罚款。专利执法部门在收到被处罚人的申请之后，应当进行严格审查，调查清楚被处罚人目前的经济状况，从而确定其是否有缴纳罚款的能力。如经审查，认为被处罚人的申请理由不成立的，予以驳回；认为申请理由成立的，应当向被处罚人发送延期/分期缴纳罚款通知书。

二、执行的特殊情形

（一）申请强制执行

被处罚人在收到行政处罚决定书后，没有在60日内申请行政复议，也没有在6个月内向人民法院起诉，又不履行行政处罚决定的，专利执法部门可以申请人民法院强制执行。申请人民法院强制执行所需费用，由当事人承担。

专利执法部门申请人民法院强制执行前，应当制作行政处罚决定履行催告书，催告当事人履行义务。催告书应当载明下列事项：

① 履行期限。

② 履行方式。

③ 当事人依法享有的陈述权和申辩权。

催告书送达10日后当事人仍未履行义务的，专利执法部门可以申请人民法院强制执行。

对拒不执行处罚决定的，专利执法部门可以将其纳入社会诚信体系。

申请强制执行的，应当报专利执法部门负责人审批后，制作行政处罚强制执行申请书，提交有强制执行权的人民法院。

（二）加处罚款

根据《行政处罚法》第五十一条和《行政强制法》第四十五条第二款的规定，被处罚人没有正当理由，逾期不缴纳罚款的，专利执法部门可以每日按罚款数额的3%加处罚款，加处罚款的数额不得超出应缴罚款的数额。

（三）执行的停止

行政复议或者行政诉讼期间，不停止行政处罚决定的执行。有下列情形之一的，应当停止执行：

① 法律规定停止执行的。

② 人民法院裁定停止执行的。

③ 行政复议机关认为需要停止执行的。

④ 专利执法部门认为需要停止执行的。

三、结果公开

（一）公开的主体与权限

各省（自治区、直辖市）人民政府以及各设区的市的人民政府设立的专利执法部门负责公开本单位行政执法案件信息。

受委托开展专利行政执法工作的地区（自治州、盟）、县（区）人民政府设立的专利执法部门办理的行政执法案件，由委托单位负责公开相应案件信息。

地方性法规授权具有专利行政执法职责的地区（自治州、盟）、县（区）人民政府设立的专利执法部门负责公开本单位行政执法案件信息。

（二）公开的内容

作出行政处罚/不予行政处罚决定的假冒专利案件，公开内容应当包括：行政处罚/不予行政处罚决定书文号、案件名称、违法企业名称或自然人姓名、违法企业社会信用代码、法定代表人姓名、主要违法事实、行政处罚的种类和依据、行政处罚的履行方式和期限、作出处罚决定的机关名称和日期。

公开的假冒专利行为行政处罚决定因行政复议或行政诉讼发生变更或撤销的，应当及时公开相关信息。

（三）公开的时限

对于假冒专利行为行政处罚案件，自作出行政处罚/不予行政处罚决定之日起 7 日内依法主动公开相关信息；因行政复议或行政诉讼发生变更或撤销的，要在处罚决定变更或撤销之日起 20 个工作日内公开有关变更或撤销的信息。

（四）公开的方式

专利执法部门应当主要通过本单位官方网站公开行政执法案件信息，也可以选择公告栏、新闻发布会以及报刊、广播、电视等便于公众知晓的方式予以公开。公开的案件信息应以适当方式便于公众查询。

四、结　　案

（一）结案审批

适用一般程序的案件有以下情形之一的，办案机构应当在15个工作日内填写结案审批表，经专利执法部门负责人批准后，予以结案：

① 行政处罚决定执行完毕的。

② 人民法院裁定终结执行的。

③ 案件终止调查的。

④ 撤销、作出不予处罚决定、移送到其他单位的。

⑤ 其他应予结案的情形。

（二）案件材料的归档

结案后，办案人员应当将案件材料按照档案管理的有关规定立卷归档。案卷归档应当一案一卷，材料齐全，规范有序。

案卷可以分正卷、副卷。正卷按照下列顺序归档：

① 立案审批表。

② 行政处罚/不予行政处罚决定书及送达回证。

③ 对当事人制发的其他法律文书及送达回证。

④ 证据材料。

⑤ 听证笔录。

⑥ 财物处理单据。

⑦ 其他有关材料。

副卷按照下列顺序归档：

① 案源材料。

② 调查终结报告。

③ 审核意见。

④ 听证报告。

⑤ 结案审批表。

⑥ 其他有关材料。

案卷的保管和查阅，按照档案管理的有关规定执行。

第三章　查处专利标识标注不规范行为办案程序

第一节　办案程序

专利标识标注不规范行为是指违反《专利标识标注办法》有关专利标识标注的规定而影响专利行政管理秩序的行为。因此，专利执法部门按照《专利标识标注办法》第三条、第八条的规定，对该种行为进行监管和查处，是对行政管理相对人的单方面具体行政行为。查处专利标识标注不规范行为的程序可以参考本指南第二章“查处假冒专利行为办案程序”中的相关程序进行。但需要注意以下几点：

（1）专利标识标注不规范行为不适用行政处罚。根据《专利法实施细则》第八十三条、《专利标识标注办法》第八条规定，对专利标识标注不规范行为，专利执法部门只能责令改正，无诸如查处假冒专利案件时的没收违法所得或者罚款的职权，因此，本指南第二章“查处假冒专利行为办案程序”第四节、第六节、第七节（结案部分除外）不适用于查处专利标识标注不规范行为。

（2）专利标识标注不规范行为不适用行政强制措施。查处专利标识标注不规范行为时，专利执法部门没有采取查封、扣押等行政强制措施的职权，因此，本指南第二章“查处假冒专利行为办案程序”第二节中的“行政强制措施”不适用于查处专利标识标注不规范行为。

（3）查处专利标识标注不规范行为的最终决定为责令改正决定。由于查处专利标识标注不规范行为时，专利执法部门只能责令改正，没有行政处罚的职权，因此，与假冒专利案件中责令改正只是中间文书或行政处罚/不予行政处罚决定书中的部分内容不同，责令改正决定是查处专利标识标注不规范行为的最终决定文书，当事人针对该责令改正决定可以申请行政复议或提起行政诉讼。同理，不能认为专利标识标注不规范行为是情节轻微的违规行为，就作出不予行政处罚的决定。

除上述不适用的章节及内容外，第二章第一节、第二节（行政强制措施除外）、第三节、第五节、第七节中的结案部分都适用于查处专利标识标注不规范行为案件。

第二节　责令改正决定

一、责令改正决定书

专利执法部门认定专利标识标注不规范行为成立的，虽然只是责令改正，不予行政处罚，但仍需要履行告知程序。告知可以采用书面告知（参考本指南第二章第四节假冒专利案件中的处罚告知程序），也可以采用口头告知。采用口头告知的，应当将告知当事人违法事实，责令其改正的理由、依据，当事人依法享有的权利、救济途径，以及当事人陈述、申辩/放弃陈述、申辩的有关情况记入现场笔录。

经专利执法部门批准后，向当事人发出专利标识标注不规范责令改正决定书。专利标识标注不规范责令改正决定书应当包括下列内容：

① 当事人的姓名或者名称、地址。

② 违反法律、法规或者规章的事实和证据。

③ 责令改正的依据。

④ 改正方式和期限。

⑤ 不服责令改正决定，申请行政复议或者提起行政诉讼的途径和期限。

⑥ 作出责令改正决定的行政机关名称和作出决定的日期。

⑦ 加盖专利执法部门公章。

专利标识标注不规范责令改正决定书应当在宣告后当场交付当事人；当事人不在场的，专利执法部门应当在 7 个工作日内送达当事人。专利标识标注不规范责令改正决定书送达即生效。

专利标识标注不规范责令改正决定书一经送达，专利执法部门不得随意变更。

二、责令改正措施

专利执法部门认定专利标识标注不规范行为成立的，可以责令行为人采取下列改正措施：

① 在产品或者其包装上标注不规范的专利标识或专利申请标记的，立即停止错误的标注行为，消除或者修正尚未售出的产品或者其包装上的专利标识或者专利申请标记。

② 销售、许诺销售第①项所述产品的，立即消除或者修正尚未售出的产品或者其包装上的专利标识或者专利申请标记；产品上的专利标识或者专利申请标记难以消除

或者修正的，停止销售、许诺销售行为。

③ 在产品说明书等材料中标注不规范的专利标识或者专利申请标记的，立即停止错误的标注行为，消除或者修正尚未发出的材料上的专利标识或者专利申请标记；难以消除或者修正的，销毁尚未发出的材料。

④ 责令标注不规范的参展方采取从展会上撤出专利展品、消除或者修正相应的宣传材料、更换或者遮盖相应的展板等措施。

⑤ 其他必要的改正措施。

专利执法部门认定电子商务平台上的专利标识标注不规范行为成立的，应当通知电子商务平台提供者及时通知相关商户对标注不规范的网页及时进行更正；拒不更正的，采取删除、屏蔽或者断开链接等措施。

第四章　假冒专利行为认定

第一节　假冒专利行为概述

一、假冒专利行为的概念

根据《专利法实施细则》第八十四条第一款的规定，下列行为属于《专利法》第六十三条规定的假冒专利的行为：

“（一）在未被授予专利权的产品或者其包装上标注专利标识，专利权被宣告无效后或者终止后继续在产品或者其包装上标注专利标识，或者未经许可在产品或者产品包装上标注他人的专利号；

（二）销售第（一）项所述产品；

（三）在产品说明书等材料中将未被授予专利权的技术或者设计称为专利技术或者专利设计，将专利申请称为专利，或者未经许可使用他人的专利号，使公众将所涉及的技术或者设计误认为是专利技术或者专利设计；

（四）伪造或者变造专利证书、专利文件或者专利申请文件；

（五）其他使公众混淆，将未被授予专利权的技术或者设计误认为是专利技术或者专利设计的行为。”

上述《专利法实施细则》第八十四条第一款第（一）项至第（四）项列举了属于假冒专利行为的四种情形，第（五）项为兜底性条款。

《专利法实施细则》第八十四条第二款则规定了不属于假冒专利行为的情形："专利权终止前依法在专利产品、依照专利方法直接获得的产品或者其包装上标注专利标识，在专利权终止后许诺销售、销售该产品的，不属于假冒专利行为。"

二、假冒专利的行为方式

标注专利标识的行为方式主要包括：在产品或产品的包装上标注专利标识、销售标注了专利标识的产品、在产品说明书等材料中宣称专利等。如果上述行为中涉及的专利权未授权、已终止、被宣告无效或者是未经许可标注的他人的专利权，则构成假冒专利行为；另外，伪造或者变造专利证书等文件、使公众混淆或误认为有专利权等行为，也构成假冒专利行为。

（一）在产品或者产品的包装上标注专利标识

按照《专利标识标注办法》的规定，专利标识应当采用中文标明专利权的类别，例如中国发明专利、中国实用新型专利、中国外观设计专利；同时应标明由国家知识产权局授予该专利权的专利号。除上述内容之外，还可以附加其他文字、图形标记，但附加的文字、图形标记及其标注方式不得误导公众。

在产品或者产品的包装上标注专利标识是最常见的引发假冒专利行为的情形，主要包括两种情况：一是产品本身并没有被授予专利权或者是在"专利权被宣告无效或者终止后"即不具有任何有效的专利权的情况下，行为人在该产品或者该产品包装上标注专利标识；二是标注的专利号虽然合法有效，但标注专利标识的行为人并不是专利权人或经专利权人同意享有专利标识标注权的被许可人。

在以上两种情况下，标注专利标识的行为人一般为产品制造者，而构成假冒专利行为的方式既有可能发生在产品的制造过程中，也可能发生在产品的销售、流通过程中，无论发生在哪个环节，其行为均构成假冒专利行为。

（二）销售标注了专利标识的产品

根据社会分工的不同，市场主体除制造方外，还存在大量只负责销售、不负责制造的销售商，如果仅仅限定在非专利产品上标注专利标识的制造行为才构成假冒专利行为，则销售者就会逃脱法律责任，因此，销售标注有专利标记的非专利产品的行为，同样构成假冒专利行为。

但是，基于合理性的考虑，如果销售者所销售产品或其包装上的专利标记系在专利权有效期内标注，那么即便该专利权终止后，销售者继续销售该产品也不构成假冒专利行为（见《专利法实施细则》第八十四条第二款）。同时，为了减少不知情销售者的责任，《专利法实施细则》第八十四条第三款规定，销售不知道是假冒专利的产品，并且能够证明该产品合法来源的，由管理专利工作的部门责令其停止销售，但免除罚款的处罚。该款虽然对该种行为免除了罚款的处罚，但该行为仍然构成假冒专利行为，需承担除罚款以外的行政处罚。

（三）在产品说明书等材料中宣称专利

涉嫌构成假冒专利行为的情况还包括在产品说明书、产品宣传资料等材料中将未被授予专利权的技术或者设计称为专利技术或者专利设计，将专利申请称为专利，或者未经许可使用他人的专利号，使公众将所涉及的技术或者设计误认为是专利技术或者专利设计。在产品说明书等材料中将非专利技术或者设计宣称为专利技术或者专利设计也是常见的构成假冒专利行为的方式。

（四）伪造或者变造专利证书、专利文件或者专利申请文件

专利证书是专利申请经审查合格后，由国家知识产权局发给专利权人的法律证明文件。专利证书记载了发明创造的名称、专利权人姓名或名称、专利权起始日期、申请号及专利号等。

伪造专利证书、专利文件或者专利申请文件，是指行为人编造国家知识产权局未颁发过的专利证书、没有公告过的专利文件、未受理过的专利申请文件。

变造专利证书、专利文件或者专利申请文件，是指行为人以篡改方式变造国家知识产权局颁发的专利证书、公告的专利文件、受理的专利申请文件。

（五）其他假冒专利行为

《专利法实施细则》第八十四条第一款第（一）～（四）项规定了假冒专利行为的多种表现形式。考虑到实践中还存在形式比较特殊的其他违法行为，为有效打击假冒专利行为，《专利法实施细则》第八十四条第一款设置一项兜底性条款，以涵盖该款第（一）～（四）项未能涵盖的其他假冒专利行为。其他使公众混淆，将未被授予专利权的技术或者设计误认为是专利技术或者专利设计的行为也应当被认为是假冒专利的行为。

对于带有国外专利标识的商品，不能因为标注了国外专利标识就认定为属于假冒专利行为，而是应该审查所述国外专利的真实性，区别对待。

三、假冒专利行为的法律责任

假冒专利的行为直接欺骗消费者。假冒他人专利在侵害社会公共利益的同时也侵害专利权人的利益，扰乱专利管理秩序和社会经济秩序。根据《专利法》第六十三条的规定，假冒专利行为的法律责任包括行政责任、民事责任和刑事责任。

（一）行政责任

假冒专利行为是一种破坏市场正常竞争秩序、违反行政管理秩序的行为，应当承担行政责任。根据《专利法》第六十三条的规定，假冒专利行为需要承担的行政责任主要包括以下几种。

（1）责令改正

根据《专利法》第六十三条的规定，假冒专利的，除依法承担民事责任外，由专利执法部门责令改正并予公告。

（2）行政处罚

根据《专利法》第六十三条的规定，假冒专利行为成立的，应当接受行政处罚，具体处罚种类包括没收违法所得和罚款。假冒专利行为有违法所得的，应当没收违法所得，可以并处罚款；没有违法所得的，可以处以罚款。关于违法所得的计算方式，《专利行政执法办法》第四十七条作出明确规定：销售假冒专利的产品的，以产品销售价格乘以所销售产品的数量作为其违法所得；订立假冒专利的合同的，以收取的费用作为其违法所得。

需要注意的是，《专利法实施细则》第八十四条第三款对不知情销售假冒专利产品，并且能够证明该产品合法来源的行为免除了罚款的行政处罚。但是，罚款只是假冒专利行为需要承担的行政处罚种类之一，即便该款规定免除了罚款的行政处罚，但若该违法行为存在违法所得，则仍然需要承担没收违法所得的行政处罚。

（二）民事责任

未经许可在产品上标注他人专利标记和专利号，该行为不但违反了行政管理秩序，还直接侵害了专利权人拥有的专利标注权（对该行为本节以下简称“假冒他人专利行为”）。即使假冒专利的产品实际上并没有使用他人的专利技术，不具备专利产品应有的功能，这样的产品在市场上出售，也必然会影响专利产品的声誉，损害专利权人通过制造、销售专利产品获益的权利。因此假冒他人专利行为构成对专利权人标注权的侵犯，是一种民事侵权行为，专利权人或经专利权人同意享有专利标识标注权的被许可人可以要求标注者承担民事责任。

该种情形下承担民事责任存在两种情形。一种情形是违法行为人不但标注了他人享有标注权的专利标识，同时其产品还采用了与专利技术或设计相同（等同或相似）的技术或设计，在这种情形下，专利权人或者利害关系人可以根据《专利法》第六十条、第六十五条的规定主张其承担相应的民事责任；另一种情形是违法行为人只标注了他人享有标注权的专利标识，但其产品未采用与专利技术或设计相同（等同或相似）的技术或设计，《专利法》对这种情形下需承担的民事责任未作具体规定，因此只能依据其他法律的有关规定。

（三）刑事责任

假冒他人专利的行为，不但侵犯专利权人的利益，而且侵犯公众利益，破坏社会经济秩序，如果情节严重具有社会危害性，就构成了犯罪，应当承担刑事责任。假冒他人专利的行为是否情节严重，要由人民法院依据行为的具体情况予以认定。《刑法》第二百一十六条规定了假冒专利罪的刑事责任："假冒他人专利，情节严重的，处三年以下有期徒刑或者拘役，并处或者单处罚金。"

在认定假冒他人专利行为是否需要承担刑事责任时，需要对"假冒他人专利"和"情节严重"作出解释和认定。具体认定见本指南第二章第六节"移送公安机关"部分。

第二节　假冒专利行为认定

一、认定构成假冒专利行为的要素

假冒专利行为是在制造、销售、许诺销售、宣传某产品（或技术），或者实施专利许可、签订技术合同等商业活动中，将非专利产品（或方法）冒充专利产品（或方法）的行为。该违法行为本质上是因错误的专利标识标注而引发的，因此，某行为是否构成假冒专利行为与标注的专利标识有直接关系。一项合法的专利标识应当满足以下条件：第一，行为主体应当是有权主体；第二，行为载体应当是专利产品、依照专利方法直接获得的产品、产品包装、产品说明书等资料，以及专利证书、专利文件或者专利申请文件；第三，行为形式合规；第四，标注时间合法。

凡不符合上述条件之一的，均属于不规范的专利标识标注，并有可能构成假冒专利的行为。判断一个专利标识标注行为是否属于假冒专利行为，应当从以下几方面因素来考虑。

（一）行为主体

合规的行为主体应当是有权在产品或产品包装等载体上标注专利标识的主体，一般指专利权人或者经专利权人同意享有专利标识标注权的被许可人。这一行为主体应具有民事权利能力和民事行为能力。

实施假冒专利行为的主体应当是具有责任能力的行政管理相对人。参照《行政处罚法》第三条的规定，违反专利行政管理秩序的行政管理相对人是专利权人或者经专利权人同意享有专利标识标注权的被许可人之外的其他自然人、法人或者其他组织。

个体工商户涉及假冒专利行为的，应以营业执照上登记的业主为当事人。有字号的，应在法律文书中注明登记的字号。营业执照上登记的业主与实际经营者不一致的，以业主和实际经营者为共同当事人。

【案例4－1】

某市知识产权局到甲药店进行市场检查，发现其销售的一种药品上标注有“本品外观专利：20093×××××××.×”字样。经与国家知识产权局专利登记簿副本核对，20093×××××××.×号专利权因未在规定期限内缴纳年费已终止。经查，药品包装上标明生产时间晚于专利终止时间；甲药店是乙公司一家连锁分店，在工商部门领取了营业执照。

分析与评述

甲药店销售专利权已终止的上述产品的行为，已构成《专利法实施细则》第八十四条第一款第（二）项规定的“销售第（一）项所述产品”的假冒专利行为，依法应当予以处罚。甲药店虽是乙公司设立的连锁机构，但由于其依法领取营业执照经营，故以甲药店为处罚对象，下达处罚决定书。

【案例4－2】

某公立医院在宣传中称其实施的手术采用了专利技术，但在某知识产权局对其立案调查的过程中，该医院提供不了任何拥有有效专利权的证明。该医院主张，其为全额拨款的事业单位，经营活动具有公益性质，不以营利为目的，故不构成假冒专利行为。

分析与评述

该案涉及以下问题，即行为主体以营利为目的是否是构成假冒专利行为的必要条件。

首先，以营利为目的并非《专利法》及《专利法实施细则》认定假冒专利行为的必要条件。其次，公立医院即便不营利，其宣传行为亦误导公众认为其拥有专利权，该行为同样扰乱了专利管理秩序。

另外，生产经营活动也不是构成假冒专利行为的必要条件。利用专利标识进行宣传的行为通常与生产、经营有关，故即便当事人以此理由进行抗辩，也不能否定假冒专利行为的成立。

【案例4-3】

甲于1996年12月23日向国家知识产权局申请了“组合式墙体结构”的发明专利申请，申请号为961×××××.×。该申请于1999年10月15日进入实质审查，由于不符合《专利法》的有关规定，没有获得专利权。2002年4月9日乙与甲签订了《合资建厂合同书》，合同约定“组合式板块结构墙板”专利技术折价10万元。2002年8月20日甲单方提出解除合资建厂合同，合资双方因此产生纠纷。2005年6月6日，乙向某知识产权局举报甲“以非专利产品冒充专利产品、以非专利技术冒充专利技术进行违法活动”，请求查处。案件调查中，甲承认在《合资建厂合同书》中将“专利申请技术”称作“专利技术”，同时辩称，在谈判记录中自己一再强调是“专利申请技术”，在合同中打印成“专利技术”是笔误，没有假冒专利的故意。

分析与评述

该案涉及以下问题，即行为主体具有主观过错是否是构成假冒专利行为的必要条件。

《专利法》及其实施细则并未要求当事人必须具有故意或过失的心理状态，但故意或过失的心理状态是法律责任的要素，人要对受自己意识支配的行为负责，对无意识的行为不承担责任。就假冒专利行为而言，其法律责任的承担应以故意为主观要件。

需要强调的是，故意是追究其法律责任的构成要素，不是违法行为的构成要素。当事人违法时的心态如何，只是决定其应否承担法律责任或法律责任轻重的问题。对于无过错或明显为过失的行为，只要其具备假冒专利行为的构成要件，就应当认定为假冒专利行为。但是，不宜对其进行行政处罚，应责令其停止违法行为并予以改正。

对于将“专利申请技术”说成“专利技术”，通常有两种情形，一是故意而为的假冒行为，二是因过失而产生的笔误。基于故意的假冒专利行为，行为人的主观恶意明显，故意隐瞒申请未授权事实，谎称已经授权，以使对方发生错误认识为目的，应当予以严厉处罚。就该案而言，甲在《合资建厂合同书》中，将正在申请中的发明专利称为“专利技术”是不规范的。但是根据该案事实，乙在订立合同时也知道该技术是申请中的技术，且双方都在合同中签字盖章，这说明双方对合同标的并无异议。由此可见，甲在主观上不存在欺诈的故意。合同中的“专利技术”一词，应属于笔误，应根据案情减轻或不予行政处罚。

（二）行为形式

假冒专利行为的表现形式一般与专利标识标注字样、专利标识与标注载体的关联度有关。

1. 专利标识标注字样

专利标识标注形式通常有：标注专利号，标注专利发明创造名称，标注“专利产品 仿冒必究”“专利技术”“专利保护”“中国专利”“国家专利”“国际专利”“发明专利”“已申请专利”等字样以及其他宣称采用了专利技术或设计的形式。未经许可使用他人专利标识、伪造专利标识构成假冒专利行为，采用虚构的专利权人名称、假冒其他专利权人名称也构成假冒专利行为。

【案例4-4】

张某为农具产品生产商，其在产品上标注“中国专利名称：轻便推车式多功能农具”。经核实，张某并未申请过任何专利，“轻便推车式多功能农具”是李某的实用新型专利名称，张某未获得李某的许可。

分析与评述

张某在未取得许可的情况下，在产品上标注他人合法有效专利的名称，造成社会公众误以为其产品为专利产品的后果，该行为属于《专利法实施细则》第八十四条第一款第（一）项规定的“在未被授予专利权的产品上标注专利标识”的情形，构成假冒专利行为。

【案例4-5】

甲公司在其锁具产品上标注有“专利权人李某专利产品”。经核实，专利权人李某拥有一项锁具专利，但并未许可甲公司使用该专利以及进行专利标注。

分析与评述

甲公司未经许可，称其产品为他人专利产品，使社会公众误以为甲公司产品具有他人专利技术，该行为属于《专利法实施细则》第八十四条第一款第（五）项规定的“其他使公众混淆，将未被授予专利权的技术误认为是专利技术”的情形，构成假冒专利行为。

2. 专利标识与标注载体的关联度

对于专利权人本人或经其同意标注专利标识的被许可人标注合法有效的专利标识时，需要考虑标注专利标识的产品与该专利标识所代表的专利技术方案（设计）的差异程度。对于产品与专利技术完全不相关或差异较大的情形，应认定为假冒专利行为；

如果产品与专利技术（设计）虽有差别，但是两者极其相似，或者专利标识涉及的专利技术虽不是整体产品，但属于该标注产品的核心零部件，则不宜认定为假冒专利行为。

【案例4－6】

某市知识产权局执法人员到当地某商场进行假冒专利检查，发现甲公司生产的四款款式不同的玩具上都标有同一专利标识“外观设计专利号：20093××××××.×”。通过国家知识产权局网站检索查明，该专利虽然属于甲公司所有，且处于有效期内，但其主题是一个抱枕，并不是这四款玩具产品。

分析与评述

甲公司虽拥有标注的专利权，但由于其标注的产品并非专利产品，该标注行为仍使社会公众误以为该等产品为专利产品。同时，这一行为损害了专利管理秩序，属于在未被授予专利权的产品上进行专利标注，构成了假冒专利行为。

同样，被许可人获得专利权人的许可，可以在产品上标注专利号，但如果其实际生产的产品与专利技术不相对应，也有可能涉嫌构成假冒专利行为。

【案例4－7】

某企业生产的芦荟胶产品上标注有“芦荟提取 中国发明专利号ZL972×××××.×”“独家专利技术生产”等专利标识。经查，涉案专利的专利权人为黄某，黄某授权该企业标注专利标识，标注亦在专利权有效期内。同时，涉案专利涉及的是芦荟脱皮机。

分析与评述

该案中，该企业经黄某授权享有专利标识标注权，涉案专利涉及的是芦荟脱皮机，而非芦荟胶产品，该专利标识只能标注于芦荟脱皮机产品或者其包装上，而不能标注于芦荟胶产品上。即使该芦荟胶产品是通过该芦荟脱皮机获得的，也不能在其上标注有关芦荟脱皮机专利的标识，以避免社会公众误认为该芦荟胶产品本身是专利产品。该企业的行为属于《专利法实施细则》第八十四条第一款第（一）项规定的“在未被授予专利权的产品或者其包装上标注专利标识”的情形，构成假冒专利行为。

（三）行为载体

假冒专利行为的载体通常有：产品、产品包装、产品说明书、产品宣传资料、广告、专利文件、专利申请文件、专利证书、产品买卖合同、技术转让合同、技术许可合同及合同要约、投标文件等，也包括新闻网站、网上商城、个人网站、博客及微博等网络载体。这些载体在《专利法实施细则》第八十四条中并未穷举，但只要是能够使公众获知行为人的宣传行为，即属于假冒专利行为。

【案例4－8】

某市知识产权局行政执法人员在某电器商场检查时，发现该商场在销售宣传板上书写有“××热水器，专利产品；中国专利号：20091000××××”，经专利检索后确认，该专利号不存在。

分析与评述

某商场虽然未制作书面的广告宣传资料，但其书写在销售宣传板上的内容实质上已经构成了广告宣传行为，能够使公众误认为××热水器产品为专利产品，因此该行为属于《专利法实施细则》第八十四条第一款第（三）项规定的“在产品说明书等材料中将未被授予专利权的技术或者设计称为专利技术或者专利设计，将专利申请称为专利”的情形，构成假冒专利行为。

（四）时间性要求

符合规定的专利标识标注行为在时间上必须发生在专利授权之后专利权效力终止之前。与之对应，专利标识标注行为发生在专利授权之前或者专利权效力终止之后的，均构成假冒专利行为。此外，专利申请标记虽然可以在专利申请被受理后、授权前标注，但应当符合《专利标识标注办法》的要求，否则，也有可能构成假冒专利行为。

1. 专利权终止

（1）专利权期满终止

发明专利权的期限为20年，实用新型专利权和外观设计专利权期限为10年，均自申请日起计算。例如，一件实用新型专利的申请日是2009年9月6日，该专利权的期限为2009年9月6日至2019年9月5日，专利权期满终止日为2019年9月6日（遇节假日不顺延）。专利权期满后在专利登记簿和专利公报上分别予以登记和公告，并进行失效处理。

（2）专利权人没有按照规定缴纳年费的终止

专利年费滞纳期满仍未缴纳或者未缴足专利年费或者滞纳金的，如专利权人未启动恢复程序或者恢复权利请求未被批准的，国家知识产权局将在专利权终止通知书发出4个月后进行失效处理，并在专利公报上公告。专利权自应当缴纳年费期满之日起终止。

（3）专利权人放弃专利权

授予专利权后，专利权人随时可以主动要求放弃专利权。放弃专利权声明经审查符合规定的，有关事项在专利登记簿和专利公报上登记和公告。放弃专利权声明的生效日为手续合格通知书的发文日，放弃的专利权自该日起终止。

申请人依据《专利法》第九条第一款和《专利法实施细则》第四十一条第四款声明放弃实用新型专利权的，国家知识产权局在公告授予发明专利权时对放弃实用新型专利权的声明予以登记和公告。在无效宣告程序中声明放弃实用新型专利权的，国家知识产权局及时登记和公告该声明。放弃实用新型专利权声明的生效日为发明专利权的授权公告日，放弃的实用新型专利权自该日起终止。

【案例4-9】

某市知识产权局2009年在对友谊商厦进行专利行政执法检查时，发现其销售的“心相印盒抽”产品外包装上印有“ZL20063××××××.×”专利标识。经检索，国家知识产权局网站法律状态栏公告ZL20063××××××.×因未缴纳年费已于2008年8月27日终止。根据《专利法》第六十三条、《专利法实施细则》第八十四条的规定，友谊商厦涉嫌假冒专利行为，该知识产权局决定立案处理，并对友谊商厦下达了行政处罚前告知书，告知其如对违法事实及处罚意见有不同意见，在收到处罚前告知书后7日内提出申辩。在申辩期内，友谊商厦出具了“心相印盒抽”的生产商“恒安（中国）纸业有限公司”提供的ZL20063××××××.×号专利的国家知识产权局专利收费收据影印件（补缴时间为2008年10月），以及在国家知识产权局网站上查询到的ZL20063×××××.×号专利缴费信息的证明。

分析与评述

根据恒安（中国）纸业有限公司提供的收据和国家知识产权局网站上的缴费信息，可以证明涉案专利ZL20063××××××.×续缴专利年费成功，为合法有效专利。

国家知识产权局网站上的专利法律状态是判断专利是否合法有效的主要依据之一。但由于国家知识产权局网站上专利法律状态和专利缴费信息有时并不同步，因此地方知识产权局在查处假冒专利时，对法律状态显示为专利权失效的情况，应给予当事人充分辩解和提交证据的机会，综合作出判断。

2. 专利权被宣告无效

根据《专利法》第四十五条规定，国家知识产权局对专利权无效宣告请求案件进行审查并作出决定。宣告专利权无效包括宣告专利权全部无效和部分无效两种情形。

根据《专利法》第四十七条的规定，宣告无效的专利权视为自始即不存在。

专利权被宣告无效后，当事人如果仍然在有关载体上标注专利标识，则构成假冒专利。需要注意的是，与专利权终止前依法在有关载体上标注专利标识，在终止后许诺销售、销售的行为不构成假冒专利行为不同的是，专利权被宣告无效前标注的，如果被宣告无效后继续销售，仍然构成假冒专利行为。

【案例 4－10】

某市知识产权局接到社会公众举报，称某公司在产品上标注专利号 911×××××.×，该专利号对应的专利权已被国家知识产权局宣布全部无效，该公司的宣传行为涉嫌假冒专利行为。经查询，国家知识产权局已作出宣告该专利权全部无效的决定，并且决定已生效。

分析与评述

该案中，专利权人对无效决定作出的时间和结论均无争议，应当认定该专利权已经被宣告无效，该公司的行为构成假冒专利行为。

二、假冒专利行为的认定

在授予专利权之后的专利权有效期内，专利权人或者经专利权人同意享有专利标识标注权的被许可人可以在其专利产品、依照专利方法直接获得的产品、该产品的包装或者产品说明书等材料上标注专利标识。但是，标注应当按照《专利标识标注办法》的相关规定进行。

行使专利标识标注权最常见、最直接的方式是在相关产品或者其包装上或产品说明书等材料中标注专利标识，销售上述产品。假冒专利的行为也往往发生在生产、销售环节。未获得专利权而标注专利标识、不处于专利权有效期内而标注专利标识、未获得专利权人授权而标注专利标识等行为，都可能构成假冒专利行为。

（一）在产品或者其包装上标注专利标识

对于在产品或者包装上标注专利标识的情形，涉案专利（或专利申请）的法律状态包括已申请专利但未获得授权、获得授权至有效期届满期间、专利权有效期届满之后三种情形。

1. 已申请专利但未获得授权

【案例4-11】

甲公司在其生产的豆浆机上标注专利号。经查，相关发明专利申请在公布后视为撤回。

分析与评述

甲公司曾向国家知识产权局提出过发明专利申请，但在发明专利申请公开后，申请人放弃该申请实质审查，该申请被视为撤回，因而该申请并未被授予专利权。该案在未被授予专利权的产品或者其包装上标注专利号，属于《专利法实施细则》第八十四条第一款第（一）项规定的情形，构成假冒专利行为。

【案例4-12】

乙公司在其生产销售的电暖袋产品的包装盒上标注有“专利防爆技术”字样，但没有标注专利号。随后，乙公司提供了申请号为20112××××××××.×的专利申请受理通知书，但未能提供该专利获得授权的相关证据。经查，该专利申请尚未获得授权。

分析与评述

在产品包装盒等材料中将未被授予专利权的技术或者设计称为专利技术或者专利设计，将专利申请称为专利，使公众将所涉及的技术或者设计误认为是专利技术或者专利设计，属于《专利法实施细则》第八十四条第一款第（一）项规定的情形，构成假冒专利行为。

【案例4-13】

2010年5月，某市知识产权局在例行检查中发现，某企业制造并出售的电饭锅上标注有“中国专利，专利号20093××××××××.×”。经查，该专利的授权公告日为2010年2月，而该产品的生产日期为2009年10月。该企业辩称，该专利的申请日为2009年5月，根据《专利法》第四十二条的规定，发明专利权的期限为20年，实用新型专利权和外观设计专利权的期限为10年，均自申请日起计算，因此，2009年10月的标注行为不构成假冒专利行为。

分析与评述

该企业的辩解混淆了专利权的保护期限和专利权的生效时间。根据《专利法》第三十九条、第四十条的规定，专利权自公告之日起生效。由此可知，专利标识的合法标注应在专利权授权之后而不是专利申请日之后进行。即便该专利最终获得了授权，在其授权公告日之前的标注行为仍构成假冒专利行为。

该案当事人在提出专利申请之后，在未授权之前已经开始进行专利标识标注，该标注行为属于假冒专利行为。鉴于该专利申请最终获得授权，且该行为是在专利授权后才被执法人员发现的，客观危害性较小，处罚不宜过重。

2. 获得授权至有效期届满期间

标注行为发生授权之后至有效期届满期间，进一步细分为如下情形。

（1）专利权存在并处于有效状态

【案例4－14】

某企业获得了一项发明专利权，但其在相关产品上仅标注了专利号，未用中文标明专利类型。

分析与评述

该案中，专利权是存在并处于有效期内的，可以在产品上标注专利标识，并且当事人拥有发明专利权，并无故意混淆、隐瞒专利类型的主观意图，因此不应认定为假冒专利行为。但是，未用中文标明该专利类型，不符合《专利标识标注办法》第五条的规定，应责令其限期改正。

【案例4－15】

某企业获得了一项发明专利权，但其在产品上仅用中文标明专利类型，而未标注专利号。

分析与评述

该企业未标注专利号的行为属于不规范的专利标识标注行为，由于其拥有与产品相应的专利权，因此未构成假冒专利行为，但这种标注不符合《专利标识标注办法》第五条的规定，应责令其限期改正。

对于该种只标注专利标记而未标注专利号的情形，办案人员应当要求其提供涉案产品获得专利权的证据，包括专利证书等。如果当事人提供的专利证明文件表明该产品确实拥有专利，则可以按标注不规范要求其改正；如果当事人提供不出获得专利的相关证据，或者提供的专利文件与产品不符，则应以假冒专利论处。

【案例4－16】

某企业获得了一项发明专利权，其在产品上用中文标明了专利类型，亦标注了专利号。经查，所标注的专利号与真实专利号相差一位，导致产品上所标注的专利号并不存在。

分析与评述

该企业标注的专利号不存在，不符合《专利标识标注办法》第五条的规定，构成假冒专利行为；但从该案的客观事实来看，专利权人的标注错误明显出于过失而非故意，当事人也没有利用这一结果欺骗公众的意图，因此仅需责令其限期改正，不必进行处罚。

【案例4－17】

某市知识产权局在检查中，发现甲公司生产的产品上标注有某专利号。经查，该专利的专利权人是乙公司，甲公司对该专利号的使用并未获得乙公司的许可。

分析与评述

该案中，甲公司未经许可在其产品上标注乙公司的专利号，属于《专利法实施细则》第八十四条第一款第（一）项规定的“未经许可在产品或者产品包装上标注他人的专利号”的情形，构成假冒专利行为。

（2）专利权因欠费而终止

获得专利权后，专利权人应按规定缴纳年费，如未缴纳或未缴足，则专利权将因欠费而终止。此后，专利权人不得再在其生产、销售的产品或其包装等载体上标注该专利标识。

【案例4－18】

2011年，某门店销售的由甲公司生产的空调上标注专利号011×××××.×。经查，涉案专利因未缴纳年费，专利权已于2009年终止。甲公司在规定期限内未能按要求提供相关证明材料。

分析与评述

涉案专利权因未缴费而终止，专利权终止之后，继续在产品或者其包装上标注专利标识，属于《专利法实施细则》第八十四条第一款第（一）项规定的情形，构成假冒专利行为。

（3）专利权人主动放弃专利权

专利申请获得授权，但被专利权人主动放弃的，专利权人也不应再在所生产、销售的产品或其包装等载体上标注专利标识。

【案例4－19】

甲公司2011年在自己生产的产品上标注专利号。经查，甲公司已于2009年主动放弃该专利权。

分析与评述

该案中，涉案专利权已被放弃，甲公司之后在产品上标注该专利的专利标识属于《专利法实施细则》第八十四条第一款第（一）项规定的情形，构成假冒专利行为。

【案例4－20】

甲公司在自己的产品上标注专利号。经查，该专利号对应的专利权仍在有效期内，但是涉案专利权包括多项并列的技术方案，该产品与其中一个技术方案相对应，而该技术方案已在无效宣告请求审查过程中被甲公司主动删除，该技术方案的放弃已被国家知识产权局接受。

分析与评述

尽管该专利号对应的专利权仍然有效，但该产品所对应的技术方案已经被专利权人主动放弃，之后再在产品上标识该专利的专利标识属于《专利法实施细则》第八十四条第一款第（一）项规定的情形，构成假冒专利行为。

【案例4－21】

2013年10月，某市知识产权局在某商场进行检查时，发现甲公司2013年5月生产的产品上标注了中国实用新型专利20092×××××××.×、中国发明专利20091×××××××.×。经查，20092×××××××.×号实用新型专利的法律状态为“避免重复授权放弃专利权”，与该实用新型技术相对应的20091×××××××.×号发明专利授权公告日为2012年7月18日。

分析与评述

专利权人依据《专利法》第九条第一款和《专利法实施细则》第四十一条第四款规定，一般会在发明专利即将被授权时声明放弃实用新型专利权，放弃的实用新型专利权自发明专利权的授权公告日起终止。因此，2012年7月18日，20092×××××××.×号实用新型专利权已经终止，甲公司在专利权终止后仍然标注实用新型专利标识、某商场销售上述产品的行为属于《专利法实施细则》第八十四条第一款第（一）项规定的情形，构成假冒专利行为。

（4）专利权被宣告无效

专利申请获得授权后，任何人均可以对该专利提起无效宣告请求。如果专利权被宣告无效，其后不得继续在产品或者其包装等载体上标注相应专利标识。

【案例4－22】

某门店销售甲公司生产的空调，该空调上标注有专利号。经查，该专利权已被国家知识产权局宣告全部无效，无效宣告请求审查决定已生效。

分析与评述

该案中，涉案专利权已经被宣告无效，该专利权视为自始即不存在。专利权被宣告无效后，甲公司继续在产品或者其包装上标注专利标识属于《专利法实施细则》第八十四条第一款第（一）项规定的情形，构成假冒专利行为。该销售门店的销售行为属于《专利法实施细则》第八十四条第一款第（二）项规定的情形，也构成假冒专利行为。

3. 专利权有效期届满

在专利权有效期届满之后，专利权人不得再在其所生产、销售的产品或其包装等载体上标注专利标识。

【案例4－23】

2011年，某经销处销售的由甲公司2010年生产的天然碎石漆，包装上标注外观设计专利号983×××××.×。经查，天然碎石漆包装的生产日期为2010年。

分析与评述

外观设计专利权的有效期为10年，该漆包装的外观设计专利权已于2008年届满。在专利权有效期届满之后，甲公司继续在产品或者其包装上标注专利标识，属于《专利法实施细则》第八十四条第一款第（一）项规定的情形，构成假冒专利行为。

（二）销售标注专利标识的产品

对于销售标注专利标识的产品的情形，涉案专利（或专利申请）的法律状态除了包括上节中涉及的已申请专利但未获得授权、获得授权至有效期届满期间、专利权有效期届满的三种情形外，还有以下几种情形值得注意。

1. 专利权终止后的销售行为

根据《专利法实施细则》第八十四条第二款的规定，专利权终止前依法在专利产品、依照专利方法直接获得的产品或者其包装上标注专利标识，在专利权终止后许诺销售、销售该产品的，不属于假冒专利行为。因此，办案人员在执法过程中应该查明涉案产品的生产日期及专利的法律状态日，据以判断销售者的行为是否属于《专利法实施细则》第八十四条第二款规定的情形。

【案例4－24】

2016年1月，执法人员在执法中发现，甲商场销售的退热仪产品上标注有“产品专利：20132×××××××.×”。经查，涉案专利权因未缴年费终止，终止日期为2015年10月21日。该产品盒内合格证载明“出厂日期2015年5月10日”。

分析与评述

该案中，涉案产品的出厂日期在专利权终止日之前，可见其生产日期也在专利权终止日之前，生产者的该标注行为属于在专利权有效期内依法标注。虽然甲商场的销售行为发生在专利权终止日之后，但该行为符合《专利法实施细则》第八十四条第二款规定的情形，依法不构成假冒专利行为。

2. 专利权被宣告无效后的销售行为

专利权被宣告无效后，该专利权自始视为不存在。因此，无论是生产环节还是销售环节，都不可以在产品或者其包装上标注专利标识。对于专利权被宣告无效后许诺销售、销售该产品的，《专利法实施细则》第八十四条第二款并没有将该情形排除在假冒专利行为之外。因此，专利权被宣告无效后，无论制造者是在专利权被宣告无效后还是被宣告无效前标注专利标识的，销售者都不得再销售，否则构成假冒专利行为。

【案例 4－25】

2018 年 2 月，执法人员发现甲商场销售的气泡水机产品上标注有“实用新型专利：ZL20132××××××.×”。经查，涉案专利权被宣告全部无效，无效决定日为 2017 年 9 月 13 日。该产品生产日期为 2017 年 3 月 2 日。

分析与评述

涉案专利已于 2017 年 9 月 13 日被宣告无效，无论产品生产日期是在无效决定日之前还是之后，都不得继续销售。甲商场在专利权被宣告无效后销售标注专利标识的产品，属于《专利法实施细则》第八十四条第一款第（二）项规定的情形，构成假冒专利行为。

3. 善意销售者的法律责任认定

根据《专利法实施细则》第八十四条第三款的规定，销售不知道是假冒专利的产品，并且能够证明该产品合法来源的，由管理专利工作的部门责令停止销售，但免除罚款的处罚。该款规定减轻了善意销售者的法律责任，但销售假冒专利产品的行为仍然构成假冒专利行为，需要承担除罚款以外的法律责任。

【案例 4－26】

甲药店销售的健胃茶产品外包装上标注有 ZL931×××××.×，生产日期为 2014 年 5 月。经查，该专利申请日为 1993 年 12 月 20 日。甲药店销售了 30 盒，每盒售价 35 元。在随后的陈述申辩环节，甲药店提供了涉案产品的进货发票、入库单等材料。

分析与评述

该案中，涉案专利为发明专利，保护期限 20 年，该专利权已于 2013 年 12 月 20 日届满终止。甲药店销售专利权终止后仍然标注专利标识的产品，属于《专利法实施细则》第八十四条第一款第（二）项规定的情形，构成假冒专利行为。根据《专利法》第六十三条的规定，专利执法部门应当责令其改正并予公告，没收违法所得，可以并处违法所得 4 倍以下的罚款。甲药店提供了其有合法来源的证明材料，根据《专利法实施细则》第八十四条第三款的规定，可以免除其罚款，但是由于其有违法所得，因此仍然需要没收其 1050 元的违法所得。

（三）在产品说明书等材料中标注专利标识

除在产品或其包装上标注专利标识之外，为了打开销路、宣传品牌或者提高产品价格等，在产品说明书等材料（例如广告、网页、宣传册等）中标注专利标识也较为常见。

1. 将专利申请称为专利

仅提交了专利申请，尚未获得授权，此时不得在产品说明书等材料中标注为“专利”，根据《专利标识标注办法》第七条的规定，应明确标明“专利申请，尚未授权”字样。

【案例4－27】

甲公司在其网站上发布“我公司研发的矫正系统及教材喜获国家专利”的新闻，当地知识产权局执法人员前往该公司进行调查取证，该公司负责人对公司网站涉及专利的新闻宣传事实予以认可。经查，国家知识产权局仅受理了该公司“矫正系统”实用新型专利申请和“课本”外观设计专利申请，但尚未授权。

分析与评述

该案中，甲公司申请实用新型和外观设计两项专利，尚未获得授权便在公司网站新闻中宣称已获得专利。在产品说明书等材料中将专利申请称为专利，属于《专利法实施细则》第八十四条第一款第（三）项规定的情形，构成假冒专利行为。

【案例4－28】

甲公司与乙公司签订合同，合同中注明，乙公司将从甲公司购买一定数量的某专利产品，该产品上标注某专利号。经查，该专利号所对应的专利申请仅处于申请阶段，尚未获得授权。

分析与评述

甲公司在合同中将尚未被授予专利权的专利申请称为专利，进行销售或许诺销售，属于《专利法实施细则》第八十四条第一款第（三）项规定的情形，构成假冒专利行为。

2. 将未被授予专利权的技术或者设计称为专利技术或者专利设计

当事人如未获得专利权，不应在说明书等材料中标注专利标识。未获得专利权，除未曾获得专利授权的情形，还包括授权后该专利权被宣告无效、授权后该专利权期限届满或因欠费而终止、授权后主动放弃该专利权等情形。

【案例4－29】

某商场的热水器销售宣传板上标有专利标识“全球专利号2005A000037”。经查，该专利号不存在。

分析与评述

在宣传板上标注并不存在的专利号，是将未被授予专利权的技术或者设计称为专利技术或者专利设计，使公众将所涉及的技术或者设计误认为是专利技术或者专利设计，属于《专利法实施细则》第八十四条第一款第（三）项规定的情形，构成假冒专利行为。

【案例4－30】

2011年1月，某市知识产权局接到举报，甲公司在其散发的广告宣传册上称“某人造大理石荣获国家专利”并标注专利号。经查，该专利号所对应的发明专利因未缴费已经终止。

分析与评述

该案中，涉案专利因未缴费而终止，专利权终止之后，专利权已不存在，其效力与未被授予专利权的技术或者设计在本质上相同，继续在宣传册上以专利来宣传该产品，属于《专利法实施细则》第八十四条第一款第（三）项规定的情形，构成假冒专利行为。

【案例4－31】

甲公司在自己网站“公司简介”页面宣称“集团董事长是公司所有专利技术产品的发明人”，其“拥有二十余项美国和中国发明专利”，并在“我们的资质”页面附上A、B、C三项专利证书。经查，A专利权因未缴费而终止，B专利权已放弃，C专利处于有效状态。

分析与评述

在网站上传专利证书属于在产品说明书等材料中使用专利进行宣传的行为。该案中，C专利处于有效状态，A专利权已终止，B专利权已放弃，A、B专利权均已不存在，其效力与未被授予专利权的技术或者设计在本质上相同。在网站上将未被授予专利权的技术或者设计称为专利技术或者专利设计，使公众将所涉及的技术或者设计误认为是专利技术或者专利设计，属于《专利法实施细则》第八十四条第一款第（三）项规定的情形。因此，甲公司的宣传行为属于假冒专利行为。综上，对于某一标注有多个专利号的产品，即便多个专利号对应的专利均涉及该产品，但是，如果所标注的专利号对应的专利权中存在终止或无效的情况，同样应认定该行为属于假冒专利行为。

类似地，对于某一标注有多个专利号的产品，如果多项专利中有涉及该产品的，也有不涉及该产品的，即便与该产品相对应的专利权有效，无论其他专利权是否有效，均应认定该行为属于假冒专利行为。

【案例4-32】

2018年10月，甲公司发布采购公告，所列招标项目评分标准包括“投标人每有一项垃圾压缩站（设备）专利的得2分，最多得6分”。乙公司在投标文件中称其拥有证书号为第1620×××号、专利号为ZL20092×××××××.×的实用新型专利。经查，该专利权已于2014年6月因未缴年费终止。

分析与评述

乙公司为了中标甲公司的招标项目，在投标文件中记载已经终止的专利标识，使招标方误认为乙公司就该项技术仍然拥有有效的专利权，这一宣传行为属于《专利法实施细则》第八十四条第一款第（三）项规定的“在产品说明书等材料中将未被授予专利权的技术或者设计称为专利技术或者专利设计”的情形，构成假冒专利行为。

（四）未经许可使用他人的专利号

未经许可在产品或者其包装上标注他人的专利标识、未经许可在说明书等材料上标注他人的专利标识，使公众将所涉及的技术或者设计误认为是标注者拥有的专利技术或者专利设计，构成假冒专利行为。

1. 他人的专利权在有效期内

【案例4-33】

甲公司在网页上称公司拥有多项专利，并公开了多个专利号。经查，网页上所列专利号的专利权人并不是甲公司，而是姜某。经查，姜某为甲公司的法定代表人，姜某未许可甲公司以任何形式使用其专利号。

分析与评述

甲公司使用公司法定代表人姜某拥有的专利权进行宣传。尽管涉案专利的专利权人为甲公司法定代表人姜某，但并不意味着甲公司拥有这些专利权。未经姜某许可，甲公司不得标注姜某拥有的专利权。未经许可使用他人专利号，使公众将所涉及的技术或者设计误认为是标注者拥有的专利技术或者设计，属于《专利法实施细则》第八十四条第一款第（三）项规定的情形，构成假冒专利行为。

2. 他人的专利权已终止或无效

【案例 4－34】

甲公司生产的产品上标注有“实用新型专利，专利号：ZL20132××××××××.×”。经查，ZL20132××××××××.×号专利的专利权人为乙公司，乙公司并未许可甲公司使用其专利标识，且该专利已因未缴年费终止。

分析与评述

未经乙公司许可，甲公司无权在其产品上标注涉案专利权专利标识。同时，由于涉案专利已因未缴年费被终止，即该专利权已不存在，乙公司亦无标注权，因此，虽然甲公司的行为属于《专利法实施细则》第八十四条第一款第（一）项规定的情形，但不能以“未经许可在产品上标注他人的专利号”来定性（因假冒他人专利情节严重的还需负刑事责任），应当以“专利权终止后继续在产品上标注专利标识”来定性。

3. 未经许可以他人的名义进行标注

【案例 4－35】

甲公司在其产品上标注“乙公司专利，专利号：ZL20152××××××××.×”。经查，甲公司的标注行为并未取得乙公司的许可。

分析与评述

虽然甲公司在其产品上并没有只标注他人的专利号，而是同时标注了专利权人，但是该标注行为并未获得专利权人许可，容易使公众误认为甲公司的产品涉及的技术是乙公司的专利技术，并获得了乙公司的许可，属于《专利法实施细则》第八十四条第一款第（一）项规定的情形，构成假冒专利行为。

（五）伪造或者变造专利法律文书

专利证书、专利文件和专利申请文件均是专利法律文书，专利证书和专利文件可证明专利权的所有权或者证明专利权保护范围等，专利申请文件则可以作为预期获得专利权的佐证。

伪造专利法律文书，是指仿照真实法律文书特征使用各种方法制作专利法律文书的行为。变造专利法律文书，是指无变更权限的人对真实专利法律文书进行处理，改变专利法律文书内容的行为。

伪造或变造专利法律文书均属于假冒专利行为。

1. 伪造专利法律文书

【案例 4－36】

甲公司在招投标活动中，向招标方提供了表明该公司授权专利的发明专利证书，专利号为20051××××××××，经查，上述专利号和相关专利权均不存在。

分析与评述

甲公司的行为是典型的伪造专利证书的行为，属于《专利法实施细则》第八十四条第一款第（四）项规定的情形，构成假冒专利行为。

【案例 4－37】

甲与乙进行合作洽谈，洽谈中甲宣称获得了某项技术的专利权，并提供了相关专利授权公告文本复印件。后乙举报甲涉嫌假冒专利。经查，甲提供的专利授权公告文本是伪造的，该专利权并不存在。

分析与评述

该案当事人的行为是典型的伪造专利文件的行为，属于《专利法实施细则》第八十四条第一款第（四）项规定的情形，构成假冒专利行为。

【案例 4－38】

甲和乙在进行洽谈合作研发某产品过程中，甲向乙出示若干份专利证书，并宣称自己已就该产品提交多项发明专利申请，其中一部分在短期内有望获得授权。经乙要求，甲提供了相关专利申请的权利要求书等文件。经查，上述申请文件均系伪造。

分析与评述

该案当事人的行为是典型的伪造专利申请文件的行为，属于《专利法实施细则》第八十四条第一款第（四）项规定的情形，构成假冒专利行为。

2. 变造专利法律文书

【案例4-39】

A公司经理为公司开展业务的便利，变造专利证书，将某中国发明专利证书的发明名称由“远红外线杀菌除臭鞋垫”篡改为“远红外线杀菌除臭材料及制作方法和杀菌除臭卫生巾”，并将专利权人由“张某某”篡改为“A公司”。

分析与评述

A公司经理的行为是典型的变造专利证书的行为，属于《专利法实施细则》第八十四条第一款第（四）项规定的情形，构成假冒专利行为。

【案例4-40】

甲在参加展会时将外观设计专利授权公告文本摆放在展位上招揽顾客，授权公告文本中专利权人是甲本人，专利权均在有效期内。经查，所展示的产品外观设计图片并非该专利的图片，甲也并非该专利的专利权人，申请日与该专利的实际申请日不同。

分析与评述

甲的行为是典型的变造专利文件的行为，属于《专利法实施细则》第八十四条第一款第（四）项规定的情形，构成假冒专利行为。

【案例4-41】

甲向乙推销某产品，甲宣称自己已就该产品提交了实用新型专利和外观设计专利申请，即将获得授权，并在乙要求下提供了实用新型专利申请权利要求书、外观设计专利申请图片等申请文件，实用新型专利申请的权利要求书内容、外观设计专利申请图片均与甲所推销的产品完全相同。经查，上述实用新型和外观设计专利申请的确存在，但甲提供的专利申请文件相关内容与实用新型专利申请的权利要求书、外观设计专利申请图片均不同，甲提供的申请文件系变造。

分析与评述

该案当事人的行为是典型的变造专利申请文件的行为，属于《专利法实施细则》第八十四条第一款第（四）项规定的情形，构成假冒专利行为。

（六）其他假冒专利行为

假冒专利行为的后果是造成公众混淆，将未被授予专利权的技术或者设计误认为是专利技术或者专利设计。除上述情形，实践中还可能遇到下述情形。

1. 错误标注专利类型

通过错误标注专利类型（主要是将实用新型专利或外观设计专利称为发明专利）使得公众混淆其内容，例如，使公众将产品包装的外观设计专利误认为是涉及产品本身的发明专利。

【案例4－42】

某企业代理商为推广销售某产品，在某晚报上刊登广告，宣称该产品为“国家发明专利”，标注专利号为20103××××××.×，并以该专利权宣传该产品疗效。

分析与评述

根据相关规定，专利申请号（与专利号相同）第3位（采取8位数编码时）或第5位（采取12位数编码时）表明该专利的类型，其中“1”或“8”代表发明，“2”或“9”代表实用新型，“3”则代表外观设计。该案中，该企业代理商未按照《专利法实施细则》第八十三条以及《专利标识标注办法》规定标注专利标识，虽如实标注专利号，但错误标注专利类型。这种行为使得公众混淆销售产品与外观设计专利的关系，将产品包装的外观设计专利误认为是涉及产品本身的发明专利，属于《专利法实施细则》第八十四条第一款第（三）项规定的“将未被授予发明专利权的产品称为发明专利，使公众将所涉及的技术误认为是发明专利”的情形，构成假冒专利行为。

2. 在改变的产品上标注原专利标识

【案例4－43】

某公司在一系列形状相同而图案、色彩不同的异形玻璃杯外包装上都标有同一专利标识“外观设计专利号：20093××××××.×”。经查，该外观设计专利权处于有效期内，但其所保护的玻璃杯上图案、色彩与上述系列玻璃杯并不相同，并且该外观专利要求保护色彩。

分析与评述

按照《专利法》第二条第四款的规定，外观设计，是指对产品的形状、图案或者其结合以及色彩与形状、图案的结合所作出的富有美感并适于工业应用的新设计。该案中，尽管都是玻璃杯且形状相同，但其上的图案、色彩不同，在同类但与其不同的其他产品上标注该专利权的专利号，其效力与在未被授予专利权的产品或者其包装上标注专利标识在本质上相同，属于《专利法实施细则》第八十四条第一款第（一）项规定的情形，构成假冒专利行为。

3. 实际产品与标注的专利标识不一致

【案例4－44】

某公司生产的颈椎牵引器上标注有专利号。经查，该专利号对应的专利名称为“腰带包装盒”，并非“颈椎牵引器”。

分析与评述

在某一产品上标注其他产品的专利号，尽管“腰带包装盒”“颈椎牵引器”是同一生产单位，但其内容使公众混淆，其效力与将未被授予专利权的技术或者设计误认为是专利技术或者专利设计在本质上是相同的，属于《专利法实施细则》第八十四条第一款第（一）项规定的情形，构成假冒专利行为。

【案例4－45】

某美容院在网站上宣称其掌握“专利开眼角技术”“专利去皱技术”专利并标有相关实用新型专利号。经查，该美容院的确拥有多项实用新型专利权，但均为美容仪器或其部件。

分析与评述

该美容院虽然拥有实用新型专利权，但其在网站上并未明确标明其专利权类型，美容院的经营项目是提供美容服务，其做广告的意图也是招揽顾客、推销其美容服务，上述标注行为容易造成公众混淆，将其拥有的美容产品专利权误认为美容方法专利权，导致公众将未被授予专利权的技术或者设计误认为是专利技术或者专利设计，属于假冒专利行为。

（七）假冒专利行为与专利侵权行为

对于专利侵权行为而言，《专利法》第十一条规定了“未经专利权人许可，实施其专利”的判断标准。与《专利法实施细则》第八十四条规定的假冒专利行为相比，二者的判断标准不同，对两者的认定应根据各自法条独立进行。假冒专利行为与侵犯专利权行为并无必然联系，假冒专利行为成立不以侵犯专利权为必要条件，单纯侵犯专利权的行为也不能被认定为假冒专利行为或构成假冒专利罪。

【案例4－46】

某市知识产权局在例行检查中发现，甲企业制造并出售的某种电饭锅上标注有专利号20093×××××××.×。经核查，该专利号所对应的专利为一种微波炉，其专利权人是乙企业，且该专利权处于有效状态。经询问当事人，甲企业称其随意捏造了一个专利号并加以标注，并未刻意使用他人专利号。

分析与评述

假冒专利行为的认定应严格依照法条的规定进行，当未经许可使用他人合法有效的专利号时，即构成假冒专利行为．这一判断标准中并未将落入专利保护范围作为必要条件。该案中，甲企业制造的电饭锅并未落入乙企业微波炉专利的保护范围，未构成专利侵权，但构成假冒专利行为。

在有些情况下，当事人在假冒专利的同时，还实施了他人的专利技术，即假冒专利行为与专利侵权行为出现了事实上的竞合。此时，当事人须分别承担假冒专利的责任和侵犯专利权的责任。

【案例4－47】

甲公司拥有一项手电筒的专利，并生产与之相应的产品。乙公司见该产品技术性能优越，便予以仿制，并在产品外标注甲公司的专利号。在地方知识产权局执法人员对其进行查处的过程中，乙公司辩称，其产品完全落入甲公司专利权的保护范围，两者技术性能完全一致，消费者购买乙公司的产品并未上当受骗，故乙公司的行为不应构成假冒专利行为。

分析与评述

乙公司的产品虽非价高质低之次品，但乙公司的行为侵犯了甲公司的专利标识标注权，同时扰乱了专利管理和市场经济秩序，具有一定的社会危害性，应予以处罚。在判断是否构成假冒专利行为时，只需考虑是否获得专利权人的许可，无需考虑是否落入他人专利的保护范围。如未获得许可，可直接认定为假冒专利行为。

第三节　当事人申辩

专利执法部门作出行政处罚决定前，应告知当事人作出处罚决定的事实、理由和依据，并告知当事人依法享有陈述、申辩、举行听证的权利。在当事人的陈述、申辩中，有以下几种常见的申辩理由。

一、专利权有效证明

【案例 4 –48】

2011 年，某市知识产权局执法人员发现辖区甲公司生产的热水器被标注为专利产品（发明专利：热水器内胆 专利号 20061 × × × × × × ×. ×），该批次产品的生产日期为 2010 年 10 月。经检索发现，该专利申请尚处于实质审查阶段，甲公司存在假冒专利的嫌疑。甲公司向市知识产权局提交了该产品专利证书复印件以及 2010 年年费缴纳收据，证明该发明专利申请已于 2010 年 1 月被授予专利权，甲公司的热水器生产日期均在授权之后。

分析与评述

甲公司向国家知识产权局提交了发明专利申请。在假冒专利行为查处过程中，甲公司提交了专利证书复印件、缴纳专利年费的证明，以及涉案产品出厂日期证明等证据，证明涉案专利已被授予专利权，且涉案产品出厂日期在涉案专利授权之后的专利权有效期内。甲公司的标注行为不属于《专利法实施细则》第八十四条第一款第（一）项规定的情形，不构成假冒专利行为。

二、专利权有效期内标注

【案例 4 –49】

2012 年，某商厦销售的盒装抽纸产品外包装上印有“ZL20063 × × × × × × ×. ×”专利标识，该产品生产日期为 2012 年 1 月。经检索发现，该外观设计专利因未缴费于 2011 年 8 月终止，这种专利标注行为存在假冒专利的嫌疑。该商厦在指定期限内，向当地知识产权局提交了由盒装抽纸生产商提供的涉案专利的专利收费收据复印件。当地知识产权局核查属实，该专利仍为合法有效专利。

分析与评述

涉案盒装抽纸生产日期在专利权因欠费终止之后，专利权人及时续费，续接了专利权有效期，因此盒装抽纸包装的外观设计专利权仍处于有效状态。在专利权有效期内依法在专利产品、依照专利方法直接获得的产品或者其包装上标注专利标识，不属于假冒专利行为。

【案例4－50】

某市知识产权局2011年1月对某商场进行专利执法检查，查出甲公司酸奶机上标注专利标识所对应的实用新型专利权已于2010年9月22日终止。因其继续在包装上标注涉嫌假冒专利行为，执法人员向该商场和甲公司发出行政处罚告知书。随后，甲公司提交了上述批次酸奶机的生产及标注日期为2010年4月的证明。

分析与评述

甲公司能够提供该批次酸奶机的生产和标注日期在专利权终止之前的证明，因此甲公司的专利标注行为属于《专利法实施细则》第八十四条第二款规定的情形，不属于假冒专利行为。

【案例4－51】

2011年3月，某市知识产权局接到举报称，发现某商场出售标注有专利号的自动铅笔，相关专利权已于2009年10月到期，该商场涉嫌假冒专利。该局执法人员对该商场出售的自动铅笔抽样取证，并要求该商场在规定时间内提供该产品的进货、销售情况证明。相关铅笔供应商提供了相关证据，证明2009年5月该商场开业时供应了一批铅笔，因销售情况不佳，该商场后来再未进货。经核实，供应商所述属实。

分析与评述

商场及供应商并非专利权的拥有主体，但其购买产品的时间早于专利权终止时间，显然，专利标识的标注时间不晚于产品的出厂时间，因此，可以推定上述标注行为发生于专利权终止之前，不属于假冒专利行为。

三、不知情销售

《专利法实施细则》第八十四条第三款规定，销售不知道是假冒专利的产品，并且能够证明该产品合法来源的，由专利执法部门责令停止销售，但免除罚款的处罚。

【案例4－52】

某商场销售的水杯上标注有专利标识。经查，所标识的专利号对应的专利并非水杯，而是铁锅。该商场涉嫌假冒专利，执法人员向该商场发出行政处罚告知书。该商场提交了进货合同、发票等证据，证明产品具有合法来源，并称事先不知道该产品为假冒专利产品。

分析与评述

销售商能够提供产品的合法来源证明，其对该产品是假冒专利的事实也并不知情，因此，仅责令其停止销售该产品，免除对其罚款。

停止销售能够避免假冒专利产品进一步侵犯消费者的合法权益，防止不当得利。若当事人拒不停止销售，则当事人具有主观故意，可以对其罚款。

【案例4－53】

某市知识产权局对某商场进行检查，查出甲公司豆浆机上标注的专利号并不存在，涉嫌假冒专利行为。执法人员向该商场发出行政处罚告知书，该商场提交了购买上述豆浆机的发票，证明产品具有合法来源，并称事先不知道为假冒产品。该市知识产权局责令其停止销售该产品，但该商场未停止。

分析与评述

该案中，销售商虽能够提供产品的合法来源证明，但其被责令停止销售后不停止销售的行为，反映出其对销售假冒专利产品具有主观故意，因此不能适用《专利法实施细则》第八十四条第三款的规定，应认定其行为属于假冒专利行为，并给予罚款处罚。

第五章　专利标识标注不规范行为认定

在查处假冒专利行为的执法实践中，经常会遇到某些产品或包装、产品宣传册等载体上标注了专利标识，虽然标注主体适格，专利权也合法有效，依照《专利法实施细则》第八十四条的规定不构成假冒专利行为，但没有按照《专利标识标注办法》的规定予以标注，扰乱了专利标识标注管理秩序，需要予以纠正。

第一节 专利标识标注不规范行为概述

一、相关概念

（一）专利标识标注权

专利标识标注权，是指在授予专利权之后的专利权有效期内，专利权人在其专利产品、依照专利方法直接获得的产品、该产品的包装或者该产品的说明书等材料上标注专利标识的权利。他人经专利权人同意，可享有专利标识标注权。

（二）专利申请标记标注权

专利申请人在其已提交专利申请的产品、产品包装或者产品说明书等载体上如实标注该产品已提交专利申请等信息的权利称为“专利申请标记标注权”。他人经专利申请人同意，可享有专利申请标记标注权。

（三）专利申请号、公开号、专利号以及授权公告号

专利申请号，是指专利申请人提交专利申请后，由国家知识产权局按一定编码规则给出的编号。专利申请号通常用12位阿拉伯数字表示，第1～4位数字表示受理专利申请的年号，第5位数字表示专利申请的种类（1和8为发明，2和9为实用新型，3为外观设计），第6～12位数字为申请流水号，在流水号后面通过“.”随跟校位。例如201110012018. X。

专利公开号，是指发明专利申请尚未获得专利授权之前，国家知识产权局依法公开专利申请时的编号，其标识组成方式为“国别号＋种类号＋流水号＋标识代码”。例如CN1340998A，其中，CN为国别，1表示发明，340998表示流水号，A为标识代码，整体表示中国的第340998号发明专利。

专利号，是授予专利权时国家知识产权局给出的编号，记载在专利证书上。专利号的编码通常是在申请号前面加ZL，例如ZL201110012018. X。

授权公告号，是指专利申请在获得授权后，国家知识产权局对授权专利进行公告时的编号。对于发明专利、实用新型专利、对于外观设计专利，公告号最后一位字母分别为B、U、S。

（四）利害关系人

本章中，经专利权人同意享有专利标识标注权的被许可人以及经专利申请人同意享有专利申请标记标注权的被许可人，统称为“利害关系人”。

二、标注行为规范

（一）相关法律依据

《专利法》第十七条第二款规定："专利权人有权在其专利产品或者该产品的包装上标明专利标识。"

《专利法实施细则》第八十三条第一款规定："专利权人依照专利法第十七条的规定，在其专利产品或者该产品的包装上标明专利标识的，应当按照国务院专利行政部门规定的方式予以标明。"

国家知识产权局作为国务院专利行政部门，在其发布的《专利标识标注办法》第二条中规定："标注专利标识的，应当按照本办法予以标注。"该办法第八条第一款中规定："专利标识的标注不符合本办法第五条、第六条或者第七条规定的，由管理专利工作的部门责令改正。"

（二）标注规范

标注专利标识的，应当标明下列内容：

① 采用中文标明专利权的类别，例如中国发明专利、中国实用新型专利、中国外观设计专利。

② 国家知识产权局授予专利权的专利号。

除上述必须标明的事项外，标注时可以附加其他文字、图形标记，但附加的文字、图形标记及其标注方式不得误导公众。

在依照专利方法直接获得的产品、该产品的包装或者该产品的说明书等材料上标注专利标识的，应当采用中文标明该产品系依照专利方法所获得的产品。

标注专利申请标记的，应当采用中文标明中国专利申请的类别、专利申请号，并标明"专利申请，尚未授权"字样。

专利申请人或者专利权人针对某一产品，在国外提交专利申请或者获得授权，或者提交 PCT 专利申请的，应当参照前述要求如实标明专利或者专利申请相关信息。

（三）标注不规范行为的法律责任

专利标识或者专利申请标记标注不规范行为（以下简称"标注不规范行为"）违反专利行政管理秩序的，根据《专利标识标注办法》第八条第一款的规定，由管理专利工作的部门责令改正，即停止标注不规范专利标识或者专利申请标记。

标注国外专利或者专利申请、PCT 专利申请标记构成假冒专利行为的，专利执法部门应当按照假冒专利行为的认定标准和执法程序进行查处；上述标注行为不构成假冒专利行为，但标注内容存在误导公众嫌疑的，应当按照涉嫌虚假宣传移送相关部门处理。

第二节 标注不规范行为的认定

一、合规标注行为的构成要件

合规专利标识或专利申请标记标注行为应当具备下列四个构成要件：

① 行为主体应当是有权主体。

② 行为载体应当是产品、依照专利方法直接获得的产品、产品包装、产品说明书等材料。

③ 行为形式合规。

④ 标注时间合法。

（一）行为主体

合规的专利标识标注行为主体应当是专利权人或者经专利权人同意享有专利标识标注权的被许可人，合规的专利申请标记标注行为主体应当是专利申请人或者经专利申请人同意享有专利申请标记标注权的被许可人。标注主体不享有所标识专利或者专利申请的标注权的，无论标注的专利标识或者专利申请标记是否符合有关规定，标注行为均构成假冒专利行为，而非标注不规范行为。

销售商销售或者许诺销售带有不合规专利标识或者专利申请标记产品，或者发放带有不合规专利标识或者专利申请标记宣传材料的，应当承担相应责任。

（二）行为载体

标注专利标识或者专利申请标记的载体通常有：产品、产品包装、产品说明书、产品宣传资料等。随着互联网技术的发展，标注行为载体扩展到电子载体，包括但不限于新闻网站、网上商城、个人或者企业网站等。

（三）行为形式

合规的专利标识或者专利申请标记标注行为形式通常包括：①存在标注实施行为。②所标注的专利标识或者专利申请标记在形式上符合《专利标识标注办法》的要求。③产品与所标注的专利或者专利申请在内容上具有关联性。

1. 标注实施行为

标注实施行为，通常是指在产品或者产品包装上标注专利标识或者专利申请标记，销售、许诺销售前项所述产品，在产品说明书等材料中标注专利标识或者专利申请标记。

【案例5－1】

甲商场销售的由乙公司生产的玻璃杯上标注有“仿冒必究 专利号20112××××××××.×”。经查，所述专利标识系专利权人乙公司在专利权有效期内标注，专利技术内容与产品相一致。

分析与评述

乙公司为专利权人，其在专利权被授予后的有效期内标注专利标识，产品与专利技术相一致。但是，上述标注内容没有标注专利权类别和正确的专利号，不符合《专利标识标注办法》第五条的规定。乙公司的行为构成专利标识标注不规范行为。

甲商场销售了专利标识标注不规范的产品，同样构成专利标识标注不规范行为，应当责令其改正，即责令其停止销售标注有上述字样的玻璃杯。

【案例5－2】

甲电器商城在其柜台上摆放有某品牌热水器的宣传册，该宣传册上标注有“本产品获国家专利，专利号20133×××××××.×”。经查，该宣传册系专利权人热水器生产厂家乙公司印制，印制时间在专利权有效期内，专利技术内容与其宣传的产品相一致。

分析与评述

乙公司为专利权人，其有权在专利权被授予后的有效期内，在其专利产品宣传册上标注专利标识，但是上述标注内容没有标注专利权类别和正确的专利号，不符合《专利标识标注办法》第五条的规定。乙公司的行为构成标注不规范行为。

甲电器商城发放标注有不规范专利标识的产品宣传册，同样构成专利标识标注不规范行为，应当责令其停止发放标注有上述字样的宣传册。

2. 标注字样

按照《专利标识标注办法》的相关规定标注专利字样，如专利权类别、专利号、附加文字、图形、专利申请标记等，是规范标注专利标识或者专利申请标记的必要条件。在标注形式上不符合《专利标识标注办法》相关规定的，构成标注不规范行为。

【案例5-3】

甲中药有限公司在其生产的口炎清颗粒产品包装上标注有“中国专利号：ZL20071××××××.×”。经查，甲中药有限公司为涉案专利的专利权人，专利标识系该公司在专利权有效期内标注，专利技术内容与产品相一致。

分析与评述

该公司在专利权被授予后的有效期内标注了专利标识，产品与专利技术相一致，标注实施人为专利权人。但上述标注内容没有标注专利权类别，不符合《专利标识标注办法》第五条的规定。甲中药有限公司的这一标注行为构成专利标识标注不规范行为，应当责令其改正。正确的标注应当是“中国发明专利，专利号ZL20071××××××.×”。

3. 产品与专利的关联性

标注的专利号所涉及的技术方案或者外观设计与产品不一致的，无论标注形式是否规范，标注行为都构成假冒专利行为，而非专利标识标注不规范行为。

【案例5-4】

某企业生产的芦荟胶产品上标注有“芦荟提取中国发明专利号ZL972×××××.×”“独家专利技术生产”等专利标识。经查，涉案专利的专利权人为黄某，黄某授权该企业标注专利标识，标注亦在专利权有效期内。同时，涉案专利涉及的是芦荟脱皮机。

分析与评述

该案中，该企业经黄某授权享有专利标识标注权，是合规的标注主体，标注亦在专利权有效期内，所标注的专利标识也包括专利权类别、专利号等信息，在形式上符合《专利标识标注办法》第五条的规定。但涉案专利涉及的是芦荟脱皮机，而非芦荟胶产品，该专利标识只能标注于芦荟脱皮机产品或者其包装上，而不能标注于芦荟胶产品上。即使该芦荟胶产品是通过该芦荟脱皮机获得的，也不能在其上标注有关芦荟脱皮机专利的标识，以避免社会公众误认为该芦荟胶产品本身是专利产品。该企业的行为属于《专利法实施细则》第八十四条第一款第（一）项规定的“在未被授予专利权的产品上标注专利标识”的情形，构成假冒专利行为，而非标注不规范行为。

产品上标注的专利标识或者专利申请标记对应的是零部件而非整个产品时，只要产品与所标注的专利标识或者专利申请标记有关联性，就不宜将其认定为假冒专利行为；是否属于标注不规范行为，需根据合规标注的四个构成要件加以判断。

【案例5－5】

某加气站的加气设备上标注有“中国实用新型专利，专利号ZL20062××××××××.×”。经查，该加气设备是甲公司生产，甲公司拥有ZL20062××××××××.×号专利权，并在专利权有效期内在其加气设备上标注了上述专利标识。同时查证，ZL20062××××××××.×号专利涉及的是压缩气缸，该压缩气缸属于加气设备中的核心部件。

分析与评述

该案中，甲公司拥有压缩气缸的实用新型专利权。虽然根据《专利法》第十七条第二款的规定，专利权人原则上只能在其专利产品（压缩气缸）或者该产品包装上标注专利标识，而不能在包含该产品的另一产品（加气设备）上标注专利标识，但由于压缩气缸是加气设备的核心部件，二者在工作时紧密关联，尤其是所述压缩气缸安装于加气设备的内部，如果将甲公司在其生产的加气设备上标注压缩气缸专利标识的行为认定为假冒专利行为，将难以达到鼓励规范标注专利标识的目的。该案中，在标注字样符合《专利标识标注办法》相关规定的情况下，不宜将甲公司的标注行为认定为标注不规范行为。

（四）时间性要件

在专利权被授予后标注专利标识的，标注行为应当在专利权有效期内，即专利授权之后到专利权终止之前。在专利授权之前或者专利权终止之后标注专利标识的，构成假冒专利行为。

标注专利申请标记的，标注行为应当在专利申请日之后到专利授权之前。

【案例5－6】

甲商场销售的“心相印随盒抽”产品外包装上标注有“ZL20063××××××××.×”专利标识。经查，该专利已因未缴纳年费而终止。在调查过程中，甲商场出具了补缴涉案专利年费的收据，执法人员随后调取专利登记簿副本，确认该专利法律状态为有效（下一年度年费及滞纳金已缴纳）。

分析与评述

在甲商场申辩前，执法人员收集的证据表明涉案专利因未缴纳年费而终止，生产企业在专利权终止后继续在产品上标注专利标识以及甲商场销售相关产品的行为，属于《专利法实施细则》第八十四条第一款第（一）项、第（二）项规定的情形，无论专利标识的标注形式是否符合要求，甲商场的行为都构成假冒专利行为。

随后，甲商场提供补缴专利年费的收据，专利登记簿副本亦显示涉案专利因年费和滞纳金已缴纳而恢复到有效状态。在此情况下，甲商场假冒专利行为不再成立。但涉案产品上仅标注了专利号，未标注专利权类别，不符合《专利标识标注办法》第五条的规定，构成专利标注不规范行为，应当责令其改正。

二、标注不规范的认定

对标注不规范行为进行监督管理，应当从合规标注的四个构成要件加以判断，重点核查标注字样是否符合《专利标识标注办法》第五条至第七条的相关规定。

（一）专利权类别标注不规范

标注专利标识的，应当采用中文标明专利权的类别。

1. 未标注专利权类别

未用中文标注专利权类别，如发明、实用新型或者外观设计的，属于专利权类别标注不规范的情形。

【案例5－7】

某企业获得了一项发明专利权，其在相关产品上仅标注了专利号“ZL018××××××.×”，未用中文标明专利权类别。

分析与评述

该案中，专利权存在并处于有效期内，专利权人有权在其产品上标注相关专利标识，以表明其拥有发明专利权，但其未按照《专利标识标注办法》第五条的规定用中文标注专利权类别，构成专利标识标注不规范行为，应责令其限期改正。正确的标注应当是“中国发明专利，专利号ZL018×××××.×”。

2. 错误标注专利权类别

行为主体标注的专利权类别和专利号不一致的，属于“在未被授予专利权的产品或者其包装、产品说明书上标注专利标识”的情形，构成假冒专利行为，不属于标注不规范行为。

【案例5－8】

某企业在其销售的产品上标注“具有国家发明专利、专利号ZL20123××××××

×.×”，在产品说明书上有“本产品获国家专利，具有……功能”的表述。

分析与评述

该案中，某企业未按照《专利法实施细则》第八十三条以及《专利标识标注办法》第五条的规定标注专利标识，其虽如实标注专利号，但错误标注了专利权类别，使得公众对产品所获得的专利权类别产生混淆，将产品包装的外观设计专利误认为是涉及产品本身的发明专利，属于《专利法实施细则》第八十四条第一款第（五）项规定的“使公众混淆，将未被授予专利的技术误认为是专利技术”的情形，构成假冒专利行为，不能将其认定为标注不规范行为。

实践中，某一产品涉及的专利技术为实用新型专利，但权利人在产品上标注发明专利的，也属于在未被授予发明专利权的产品上标注发明专利标识的情形，构成《专利法实施细则》第八十四条第一款第（一）项所列的假冒专利行为。

3. 产品外包装专利或者专利申请的标注不规范

专利权人拥有产品包装的外观设计专利权，不拥有产品本身的专利权，专利权人或者其利害关系人在产品包装上只标注专利号，未标明专利权类别，或者附加“专利产品 仿冒必究”“本产品已申请专利，侵权必究”等字样的，应当认定为标注不规范行为，不宜认定为假冒专利行为。

【案例5-9】

某企业销售的烫伤膏外包装上标有“专利产品 专利号：ZL20133×××××××.×”。

分析与评述

该案中，专利权存在并处于有效期内，类别为外观设计专利权，专利权人有权在其产品上标注相关专利标识，以表明其拥有外观设计专利权。但是，其未按照《专利标识标注办法》第五条的规定用中文标注专利权类别，容易使公众误认为产品本身是专利产品。因此，该企业的行为属于专利标识标注不规范的情形，应责令其限期改正。正确的标注应当是“中国外观设计专利，专利号ZL20133×××××××.×”。

4. 多国专利或者专利申请的标注不规范

权利人拥有国外专利或者专利申请、PCT专利申请的，其应当参照《专利标识标注办法》第五条至第七条的要求，如实标注所拥有专利权的类别、国家及该国专利号。如“德国发明专利，专利号GE×××××××”。

【案例5－10】

甲企业在我国拥有一项发明专利权，其同时也递交PCT申请并在多个国家获得专利权。该企业在其产品上标注"国际专利，中国发明专利，专利号20141××××××.×"的字样。

分析与评述

专利具有地域性，不存在所谓"国际专利""全球专利"等术语。该案中，甲企业拥有与产品相对应的中国发明专利权，其有权在相关产品上如实标注中国发明专利及相应的专利号。同时，其也拥有多国的专利权，在产品上标注"国际专利"并没有夸大宣传，误导公众，只是措辞不严谨。因为即便有国外专利，也应当标注国外专利类别和专利号，而不是标注"国际专利"。因此这种标注不符合《专利标识标注办法》第五条的规定，属于标注不规范行为，可以责令其改正。正确的标注方法是分别标注各国专利权类别和专利号。例如，标记"德国发明专利，专利号×××××；美国发明专利，专利号×××××"等，连同"中国发明专利，专利号ZL20141××××××.×"一起，在产品或者产品包装上进行标注。

但是，如果该企业在只获得中国专利权，或者只是通过国际组织递交了申请，尚未被其他国家授予专利权的产品上标注"国际专利""全球专利"等字样，使公众将并未被其他国家授予专利权的技术或者设计误认为获得了其他国家授权的专利技术或者设计，则相关标注行为属于《专利法实施细则》第八十四条第一款第（五）项所列假冒专利的行为，应当以涉嫌假冒专利行为立案查处。

5. 同时存在标注不规范和假冒专利行为

既存在专利标识标注不规范的行为，也存在假冒专利的行为的，应当以涉嫌假冒专利行为进行查处。

【案例5－11】

执法人员执法检查时，发现甲药店销售的由乙公司生产的腰间盘突出三蛇磁波透骨贴产品外包装上标注有"中华人民共和国国家专利 专利号20133×××××××.×"专利标识。经查，20133×××××××.×号专利真实有效，产品生产日期在专利授权公告日之后，但该专利的专利权人为王某，而非乙公司。调查中，甲药店未能提供王某同意乙公司享有专利标识标注权的相关证明文件，执法机关遂以假冒专利案件立案并进行了处理。

分析与评述

该案中，单从标注的字样、标注的时间及专利号的法律状态来看，其瑕疵仅在于没有标注专利权类别以及没在专利申请号前加注“ZL”，属于专利标识标注不规范的情形，正确的标注应当是：“中国外观设计专利，专利号ZL20133××××××.×”。

但是，该案最大的问题是，专利权人与涉案标注主体不一致，如果王某未同意乙公司享有专利标识标注权，则乙公司标注专利标识的行为属于《专利法实施细则》第八十四条第一款第（一）项“未经许可在产品或者包装上标注他人的专利号”的情形。甲药店销售上述产品，属于《专利法实施细则》第八十四条第一款第（二）项的情形，构成假冒专利行为，应以涉嫌假冒专利而非专利标识标注不规范行为进行查处。

（二）专利号标注不规范

标注专利标识的，除了应当采用中文标注专利权类别外，还应当标明国家知识产权局授予专利权的专利号。只标注专利权类别而未标注专利号、标注专利号时未在数字前加注“ZL”、标注授权公告号而非专利号等，均属于专利号标注不规范的情形，但《专利法》《专利法实施细则》等法律、法规另有规定的除外。

【案例5－12】

某商场销售的健康走毯上标注有“中国实用新型专利产品 仿冒必究”。由于该标注不能反映涉案产品是否拥有合法有效的专利权，执法人员遂要求商场提供该产品拥有专利权的证明。商场随后提供了专利证书。经查，该专利权真实有效，标注者也是专利权人，执法人员以专利标识标注不规范为由责令该商场进行改正。

分析与评述

健康走毯的生产企业在其产品上只标注了专利权类别，未标注专利号，经查证其拥有相应的专利权，因此不构成假冒专利的行为。但是，这种标注不符合《专利标识标注办法》第五条第一款第（二）项的规定，属于标注不规范的行为，应责令其改正。

当发现产品没有标注专利号时，办案人员不能一概以标注不规范行为查处，而是应当首先核实涉案产品拥有专利权的情况。如果经查证，标注主体、标注载体、所标注的专利权及相应技术方案都符合合法标注要件，才应考虑以专利标识标注不规范行为进行查处。当存在标注主体不适格、专利号所对应的技术方案与产品无关联性等情形时，应当以假冒专利行为进行查处。

【案例 5-13】

某药店销售的黄皮肤乳膏外包装上标注有“本包装已获专利 仿冒必究 专利号 20093××××××.×”。经查，该专利标识的标注日期在专利权有效期内，专利权真实有效，专利权人与产品制造商一致。

分析与评述

产品制造商（专利权人）未按照《专利标识标注办法》第五条第一款的规定用中文标注专利类别，并且专利号前缺少“ZL”标记。根据相关规定，当事人提交专利申请后就会取得专利申请号，授权后专利号的数字位与申请号相同，但是规范的专利号应在数字位前加注“ZL”标记，以便与专利申请号相区分。

该案中，涉案产品上没有按照规定标注专利权类别和专利号。正规的标注应当是“中国外观设计专利，专利号 ZL20093××××××.×”，产品制造商将标识修改为例如“本包装已获中国外观设计专利，仿冒必究，专利号 ZL20093××××××.×”也是可以接受的。该药店销售专利标识标注不规范的产品，应当责令其改正。

【案例 5-14】

某药店销售的膏药产品上标注有“中国发明专利 专利号 CN101×××××××”。

分析与评述

该案中，CN101×××××××并非专利号，而是专利授权公告号。经查，公告号为 CN101×××××××的专利与涉案产品完全一致，相关标注行为并未构成假冒专利行为。但这种标注不符合《专利标识标注办法》第五条第一款第（二）项的规定，属于专利标识标注不规范的行为，应当责令其改正。

【案例 5-15】

某企业在其生产销售的保健枕上标注了“中国外观设计专利，专利号 ZL20073××××××.×”。经查，所标注的专利号与真实专利号相差一位，导致产品上所标注的专利号不存在。当事人提供其拥有合法专利权的证明，经查，与该产品对应的专利号应为 ZL20073×××××××.×，执法时真实有效。

分析与评述

该案中，专利权人拥有真实有效的专利权，且其专利权技术内容与产品相一致，其标注缺少一个数位为明显笔误，但仍属于假冒专利行为，因为主观过错是追究其法律责任的构成要素，而不是违法行为的构成要素。不管当事人是否具有主观故意，只要标注了不存在的专利号，其行为就构成假冒专利。但是，因其没有主观故意，故可以责令改正，减轻或不予处罚。

实践中也存在标注的专利号某一数位错误或者错位，导致与他人的专利号恰巧重合的情形，该情形下构成假冒专利行为，而非标注不规范行为。如果当事人能够提供其拥有合法专利权的证明，且所述专利权与涉案产品技术内容或者外观设计相一致，此时可以将专利号标识中数位错误或者错位归结为明显笔误，减轻或不予处罚，责令其改正。

（三）附加文字、图形标记、方法类专利权标注不规范

除了采用中文标注专利权类别和标注专利号外，标注时还可以附加其他文字、图形标记，但所附加的文字、图形标记及标注方式不得误导公众。

下列情形属于附加文字、图形标记、方法类专利权标注不规范行为：

① 只附加文字或者图形、未标注专利权类别和专利号。

② 附加文字或者图形将会误导社会公众。

③ 在依照专利方法获得的产品或者包装上未标注“系依照专利方法所获得的产品”。

【案例 5－16】

某企业在其生产销售的按摩仪上标注了“专利产品 仿冒必究”。经查，该企业拥有与标注产品技术相一致的有效实用新型专利权。

分析与评述

该企业只标注了“专利产品 仿冒必究”的附加文字，没有标注专利权类别、专利号。但因其拥有相应的专利权，因此不能认为构成假冒专利行为。根据《专利标识标注办法》第五条第二款的规定，附加文字只能作为专利权类别、专利号等专利标识的附加标记进行标注，不能在不标注专利权类别和专利号的情况下只标注附加文字。该企业的标注行为构成专利标识标注不规范行为，应当责令其改正。

【案例 5－17】

某药店销售的皮肤乳膏上标注有“国家专利 专利质量 中国外观设计专利号：ZL20133××××××.×”。

分析与评述

该产品上除了按规定标注专利权类别和专利号外，还标注有“国家专利 专利质量”的附加文字。经查，该专利是涉案产品包装的外观设计专利，但对社会公众而言，看到“国家专利　专利质量”的附加文字表述后，容易将产品本身（皮肤乳膏）误认为有专利技术。因此这一标注违反了《专利标识标注办法》第五条第二款关于附加文字不得误导公众的规定，该药店销售这种专利标识标注不规范的产品，应承当相应的责任，消除误导公众的附加文字。

【案例5－18】

某药店销售的“清开灵颗粒”产品外包装上标注有“发明专利号：ZL991××××××.×”。经查，991×××××.×号专利技术是“用环糊精包合胆酸及动物浸膏制备清开灵颗粒的工艺”，所述“清开灵颗粒”系用该专利方法直接获得的产品。

分析与评述

该药店销售的“清开灵颗粒”产品实际是按照991×××××.×号专利所述方法直接获得的产品，但该产品仅标注了专利权类别和专利号，没有标注“该产品系依照专利方法所获得的产品”，不符合《专利标识标注办法》第六条的规定，构成专利标识标注不规范行为，应当责令其改正。

（四）专利申请标记标注不规范

专利权被授予前，专利申请人有权在其相应的产品、产品的包装或者产品的说明书等材料上如实标注专利申请信息，但在标注时应当采用中文标明中国专利申请的类别、专利申请号，并标明“专利申请，尚未授权”字样。

专利申请号、专利申请的类别和“专利申请，尚未授权”的标记字样须同时标注。在专利申请被驳回或者被视为撤回后仍标注专利申请标记，或者专利授权后已终止或者被宣告无效后依然标注专利申请标记的，属于专利申请标记不规范的行为。

【案例5－19】

某医疗器械专卖店销售的充气式床垫外包装上标注有“已申请国家专利 侵权必究 专利申请号：20132×××××××.×”。经查，在产品生产日期之前该专利申请尚未授权。

分析与评述

专利权被授予前标注专利申请标记的，应当按照《专利标识标注办法》第七条的规定，用中文标明中国专利申请的类别、专利申请号、“专利申请，尚未授权”字样，三者缺一不可。该案中，涉案产品的专利申请尚未授权，没有标注专利申请的类别，也没有标注“专利申请，尚未授权”字样，属于专利申请标记标注不规范行为，应当责令其改正。正确标注应为“中国实用新型专利申请，专利申请号20132××××××××.×，专利申请，尚未授权”。

同时，涉案专利申请尚未授权，是否可获得授权也未可知，而根据《专利法》第十一条的规定，专利授权后未经专利权人许可实施其专利才构成侵权行为，在专利申请未被授予专利权之前不存在侵权的情形，标记“侵权必究”容易误导公众，也属于标注不规范的行为，应当责令其消除该附加文字。

另外，如果行为主体在标注专利申请标记的同时还附加“仿冒必究”“专利申请已获保护”“未经授权不得仿制”等文字，也属于容易误导社会公众的情形，应当责令其消除相应表述。

【案例5－20】

某商场销售的口罩外包装上标注有“发明专利申请号：021×××××.×”。经查，该口罩生产日期之前涉案专利申请的法律状态为“发明专利申请公布后的视为撤回”。

分析与评述

根据《专利标识标注办法》第七条的规定，专利申请人可以在专利权被授予前标注专利申请标记。“专利权被授予前”，一方面指专利申请已经提交（即专利申请真实存在），但尚未被授权，另一方面指专利申请存在被授权的可能性。因此，《专利标识标注办法》第七条隐含的含义是标注者在标注专利申请标记时，该专利申请的法律状态应为正在申请中，尚不存在被驳回、被视为撤回、主动放弃等情况。该案中，生产企业在标注上述专利申请标记时，涉案专利申请已被视为撤回。生产企业在明知不可能获得授权的情况下仍然标注专利申请标记，且未如实标注相应法律状态，不符合《专利标识标注办法》第七条的规定，构成专利申请标记标注不规范行为，应当责令其改正。

附录

执法文书参考文本

说　　明

一、本指南所录执法文书与表格，其主要依据为《专利法》《专利法实施细则》《专利行政执法办法》《专利标识标注办法》《市场监督管理行政处罚程序暂行规定》等相关法律、法规、部门规章和规范性文件。考虑到各地差异，未将地方性专利保护条例作为参考依据。各地方知识产权局如有需要，可根据地方性法规，自行制定规范性执法表格。

二、机构改革后，多数地市将查处假冒专利和标注不规范行为的执法职能划入了市场监管系统，《市场监管总局关于印发〈市场监督管理行政处罚文书格式范本〉的通知》（国市监法〔2019〕55 号）对行政执法基本文书格式进行了规范。为更好地实现工作融合，对于一般通用类执法文书表格（如办案指南中明确提到的各类文书），各地方知识产权局可结合实际需要，参照《市场监督管理行政处罚文书格式范本》使用，本指南中不再赘述。对《市场监督管理行政处罚文书格式范本》中未作规定的，可参照适用本指南所录执法文书与表格。

三、本指南所录执法文书与表格，标题中直接标明“假冒专利案件……”的文书表格只适用于查处假冒专利案件，标题中直接标明“专利标识标注不规范……”的文书表格只适用于查处专利标识标注不规范案件，其余标题中没有特别标明的，查处假冒专利案件和标注不规范案件皆适用。

四、《市场监督管理行政处罚文书格式范本》中除行政处罚类文书（如行政处罚/行政处罚听证告知书、行政处罚/不予行政处罚决定书等）、听证类文书、行政强制措施类文书外，其余文书都可适用于查处专利标识标注不规范案件，各地方知识产权局在查处专利标识标注不规范案件时，可参照《市场监督管理行政处罚文书格式范本》自行调整。

五、办案笔录中有关内容解释

1. 办案笔录中具体内容分为三类：第一类是固定格式文本，主要记载的内容为笔录当中固定的询问内容；第二类是实际情况记录文本，主要记载的内容为当事人所述的实际情况；第三类是固定格式与实际情况记录相结合文本，主要记载的内容为固定格式文本与实际情况记录文本结合在一起的询问笔录。

2. 为提高笔录速度，笔录当中将有关人员以简称形式记录，比如：调查人员简称“调”。

3. 为保证笔录的合法性、真实性，笔录每页底部都应标有页码、页数以及当事人的签字方，应如实填写。

六、案号制定规则：

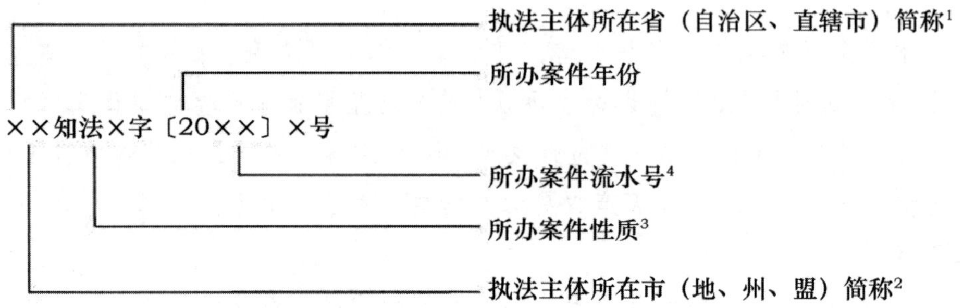

注释：

1. 如河南省内各知识产权局所办案件为“豫”，湖北省内各知识产权局所办案件为“鄂”。

2. 如武汉市知识产权局所办案件为“武”，新乡市知识产权局所办案件为“新”。如是省、自治区、直辖市知识产权局所办案件，此处简称应删除。

3. 查处假冒专利案件为“假”，处理标注不规范案件为“标”。

4. 所办案件流水号按照阿拉伯数字顺排，例如“京知法假字〔2016〕1号”“豫新知法标字〔2016〕16号”。

七、本指南所录执法文书、表格及笔录为参考文本，各地方专利执法部门可根据本地实际参照执行。

第一部分

查处假冒专利和专利标识标注不规范案件用文书表格

假冒专利/专利标识标注不规范案件立案通知书

案号：

<table>
<tr><td rowspan="3">涉嫌违法人</td><td>姓名</td><td></td><td>性别</td><td></td><td>年龄</td><td></td></tr>
<tr><td>名称</td><td colspan="3"></td><td>法定代表人（负责人）</td><td></td></tr>
<tr><td>住所</td><td colspan="3"></td><td>联系电话</td><td></td></tr>
<tr><td colspan="2">案发地点</td><td colspan="3"></td><td>案发时间</td><td></td></tr>
<tr><td colspan="2">涉及产品</td><td colspan="3"></td><td>涉及专利号</td><td></td></tr>
<tr><td colspan="2">涉嫌违法情况</td><td colspan="5"></td></tr>
</table>

________________：

□根据《中华人民共和国专利法实施细则》第八十四条的规定，你（单位）上述行为已涉嫌假冒专利。

□根据《专利标识标注办法》第五条/第六条/第七条的规定，你（单位）上述行为已涉嫌专利标识标注不规范。

本局决定予以立案。如果有陈述、申辩意见，你（单位）可在收到本通知书后________日内向本局提出。

特此通知。

________（专利执法部门）（盖章）

________年____月____日

案件承办人：

联系电话：

本局地址：

邮政编码：

说明：本通知书一式两份，一份送达当事人，一份由专利执法部门存档。

举报涉嫌假冒专利/专利标识标注不规范案件不予立案通知书

<table>
<tr><td>举报时间</td><td></td><td>举报方式</td><td></td></tr>
<tr><td rowspan="3">举报人</td><td rowspan="3"></td><td>联系地址</td><td></td></tr>
<tr><td>联系电话</td><td></td></tr>
<tr><td>电子邮箱</td><td></td></tr>
<tr><td>被举报人</td><td colspan="3"></td></tr>
<tr><td>被举报人地址</td><td colspan="3"></td></tr>
<tr><td>举报内容</td><td colspan="3"></td></tr>
</table>

________________:

你（单位）举报的上述涉嫌假冒专利/专利标识标注不规范行为，已经本局调查核实。

□根据《中华人民共和国专利法实施细则》第八十四条的规定，不构成假冒专利，理由如下：

1. ……

2. ……

……

□根据《专利标识标注办法》第五条/第六条/第七条的规定，不构成专利标识标注不规范，理由如下：

1. ……

2. ……

……

因此，本局决定不予立案查处。如果有不同意见或发现有新的违法情况，你（单位）可再次向本局举报。

特此通知。

________（专利执法部门）（盖章）

________年____月____日

案件承办人：

联系电话：

本局地址：

邮政编码：

说明：本通知书一式两份，一份送达当事人，一份由专利执法部门存档。

假冒专利案件不予行政处罚告知书

案号：

被告知人			
法定代表人（负责人）			
住所			
邮政编码		电话	

________________：

由本局立案调查的________________一案，已经本局调查终结。根据《中华人民共和国行政处罚法》第三十一条和《专利行政执法办法》第三十二条的规定，现将本局拟不予作出行政处罚的事实、理由、依据及相关内容告知如下：

你（单位）的下列行为：

以上行为，依据《中华人民共和国专利法实施细则》第八十四条，已构成假冒专利行为，但鉴于违法行为轻微并已及时纠正，且并未造成危害后果，根据《中华人民共和国行政处罚法》第三十八条、《中华人民共和国专利法》第六十三条、《中华人民共和国专利法实施细则》第八十四条的规定，本局决定不予行政处罚。

根据《中华人民共和国行政处罚法》第三十二条和《专利行政执法办法》第三十三条的规定，对上述拟作出的不予行政处罚，你（单位）有陈述、申辩意见的权利。

如果有陈述、申辩意见，你（单位）应当在收到本通知之日起5日内向本局提出。

特此通知。

________（专利执法部门）（盖章）

________年____月____日

案件承办人：

联系电话：

本局地址：

邮政编码：

说明：本通知书一式两份，一份送达当事人，一份由专利执法部门存档。

假冒专利案件听证回执

案号：

________知识产权局：

□我方不参加________年____月____日____时举行的听证，其原因是：

□我方参加________年____月____日____时举行的听证，参加听证的人员如下：

姓名	单位	职务	移动电话	固定电话

________________（盖章）

________年____月____日

假冒专利案件听证申请不予受理通知书

案号：

案由			
被通知人			
法定代表人（负责人）			
住所			
邮政编码		电话	

________________：

申请人提出的听证要求，本局经审查认为：

□该案不属于《中华人民共和国行政处罚法》所规定的听证范围。

□超出法定期限。

根据《中华人民共和国行政处罚法》第四十二条规定，决定不予受理。

特此通知。

________（专利执法部门）（盖章）

________年____月____日

说明：本通知书一式两份，一份送达当事人，一份由专利执法部门存档。

回避申请决定

案号：

案由			
回避申请人			
法定代表人（负责人）			
住所			
邮政编码		电话	

________________：

你/你单位于________年____月____日向本局提出的申请承办人员回避的请求，经调查核实，本局认为：

□申请回避理由成立，批准你/你单位的回避请求申请，并决定由________________担任本案的承办人员。

□申请回避理由不成立，不批准你/你单位的回避请求申请。

________（专利执法部门）（盖章）

________年____月____日

说明：本决定书一式两份，一份送达当事人，一份由专利执法部门存档。

撤销案件通知书

案号：

被通知人			
法定代表人（负责人）			
住所			
邮政编码		电话	

________________：

由本局立案调查的______________________一案，已经本局调查终结。

□依据《中华人民共和国专利法实施细则》第八十四条，你（单位）的涉案行为不构成假冒专利，现予以撤案。

□依据《专利标识标注办法》第五条/第六条/第七条，你（单位）的涉案行为不构成专利标识标注不规范，现予以撤案。

特此通知。

________（专利执法部门）（盖章）

________年____月____日

案件承办人：

联系电话：

本局地址：

邮政编码：

说明：本通知书一式两份，一份送达当事人，一份由专利执法部门存档。

专利标识标注不规范责令改正决定书

案号：

<table>
<tr><td>行政相对人</td><td></td><td>法定代表人（负责人）</td><td></td></tr>
<tr><td>住所</td><td colspan="3"></td></tr>
<tr><td>邮政编码</td><td></td><td>电话</td><td></td></tr>
<tr><td>涉嫌专利标识
不规范类型</td><td colspan="3">□1. 没有采用中文标明专利权的类别。
□2. 没有标明或者没有正确标明国家知识产权局授予专利权的专利号。
□3. 附加的文字、图形标记及其标注方式误导公众。
□4. 在按照专利方法直接获得的产品、该产品的包装或者该产品的说明书等材料上标注专利标识，没有采用中文标明该产品系依照专利方法所获得的产品。
□5. 专利权被授予前在产品、该产品的包装或者该产品的说明书等材料上进行标注的，没有采用中文标明中国专利申请的类别、专利申请号，没有标明“专利申请，尚未授权”字样。
□6. 专利申请未具备授权前景或者专利权被授予后依然标注专利申请标记。
□7. 其他。</td></tr>
</table>

________________：

本局于________年____月____日在______________________________发现你（单位）________________________。经核查，你（单位）的该行为，违反《专利标识标注办法》第　　条的规定，现责令你（单位）____。

如你（单位）不服，可以自接到本通知之日起60日内向________________提起行政复议申请，或者在6个月内向________________人民法院提起行政诉讼。

________（专利执法部门）（盖章）
________年____月____日

案件承办人：
联系电话：
本局地址：
邮政编码：

说明：本通知书一式两份，一份送达当事人，一份由专利执法部门存档。

实施行政强制措施物品委托保管书

案号：

________________：

现委托你（单位）代为保管本局依法实施行政强制措施的下列物品（详见《场所/设施/财物清单》）。

在保管期间，未经本局同意，任何单位或者个人不得擅自隐藏、转移、变卖或者毁损被查封或被扣押的物品。

附件：场所/设施/财物清单

________（专利执法部门）（盖章）

________年____月____日

案件承办人：

联系电话：

本局地址：

邮政编码：

说明：本保管书一式两份，一份送达保管单位或个人，一份由专利执法部门存档。

假冒专利案件讨论笔录

案号：

<table>
<tr><td>案由</td><td colspan="3"></td></tr>
<tr><td>违法嫌疑人</td><td></td><td>法定代表人
（负责人）</td><td></td></tr>
<tr><td>承办人</td><td colspan="3"></td></tr>
<tr><td>书记员</td><td></td><td>时间</td><td></td></tr>
<tr><td>案情简介</td><td colspan="3"></td></tr>
<tr><td>讨论内容</td><td colspan="3"></td></tr>
<tr><td>处理意见</td><td colspan="3"></td></tr>
<tr><td>承办人签名</td><td colspan="3">______________　　________年____月____日
______________　　________年____月____日</td></tr>
</table>

假冒专利重大案件集体讨论笔录

案号：

<table>
<tr><td>案由</td><td colspan="3"></td></tr>
<tr><td>当事人</td><td></td><td>法定代表人
（负责人）</td><td></td></tr>
<tr><td>参加人员</td><td colspan="3"></td></tr>
<tr><td>书记员</td><td></td><td>时间</td><td></td></tr>
<tr><td>案情简介</td><td colspan="3"></td></tr>
<tr><td>讨论内容</td><td colspan="3"></td></tr>
<tr><td>处理意见</td><td colspan="3"></td></tr>
<tr><td>参加人员签名</td><td colspan="3">__________ ______年____月____日
__________ ______年____月____日
__________ ______年____月____日
__________ ______年____月____日
__________ ______年____月____日</td></tr>
</table>

专利行政执法委托书

案号：

<table>
<tr><td>受委托方</td><td colspan="3"></td></tr>
<tr><td>联系地址</td><td></td><td>邮政编码</td><td></td></tr>
<tr><td>电话</td><td colspan="3"></td></tr>
<tr><td>案由</td><td colspan="3"></td></tr>
<tr><td>案情简介</td><td colspan="3"></td></tr>
<tr><td>委托事项</td><td colspan="3"></td></tr>
<tr><td>办理要求</td><td colspan="3">完成期限：________年____月____日</td></tr>
<tr><td>附具材料</td><td colspan="3">1. ……
2. ……
……</td></tr>
<tr><td>委托方</td><td colspan="3">________（专利执法部门）（盖章）
________年____月____日</td></tr>
<tr><td>委托方联系人</td><td></td><td>联系电话</td><td></td></tr>
<tr><td>联系地址</td><td></td><td>邮政编码</td><td></td></tr>
<tr><td>备注</td><td colspan="3"></td></tr>
</table>

委托执法办理结果告知书

案号：

________知识产权局：

你局于______年____月____日委托我局__________，我局已于______年______月____日办理完毕。现将办理情况和办理结果告知如下：

办理情况：

办理结果：

有关法律文书附后。

特此告知。

______（专利执法部门）（盖章）

______年____月____日

附件：1. ……

2. ……

委托事项承办人：

联系电话：

本局地址：

邮政编码：

假冒专利行政处罚强制执行申请书

案号：

________________人民法院：

关于____________________案的行政处罚决定书已于________年____月____日送达被处罚人____________________。被处罚人在收到行政处罚决定书后，既没有在60日内申请行政复议，也没有在6个月内向人民法院提起行政诉讼，又不履行行政处罚决定。根据《中华人民共和国行政处罚法》第五十一条的规定，特申请强制执行。

被处罚单位名称：
详细地址：
法定代表人：
电话：
邮政编码：

被处罚人姓名：
性别：
年龄：
工作单位或家庭住址：
联系电话：
邮政编码：

申请执行项目：

附件：行政处罚决定书

________（专利执法部门）（盖章）
________年____月____日

授权委托书

委托人（单位或个人）：
法定代表人（负责人）：
职　　务：

受委托人姓名：
工作单位：
职　　务：

受委托人姓名：
工作单位：
职　　务：
现委托上列受委托人在____________________一案中，作为我方委托代理人。
代理人________的代理权限为：☐递交、接收法律文书
☐代为陈述、申辩意见
☐代为质证
☐参加听证
☐________________
代理人________的代理权限为：☐递交、接收法律文书
☐代为陈述、申辩意见
☐代为质证
☐参加听证
☐________________

委托人（签章）：_____________________
法定代表人（负责人）（签章）：________
________年____月____日

假冒专利案件听证申请书

案号：

申请人		法定代表人（负责人）	
住所			
邮政编码		电话	
代理人姓名		机构名称	
住所			
邮政编码		电话	

__________________（专利执法部门）：

我（单位）对贵局________年____月____日作出的《处罚前听证告知书》（案号：________________）中拟作出的行政处罚有异议，要求听证。理由如下：

申请人（签章）：____________

________年____月____日

第二部分

办案笔录

假冒专利案件调查笔录

案号：××知法假字〔20××〕×号

案由：A公司假冒专利案

被调查人：

姓名：B某　　**单位：**A公司

地址：××省××市××街××号　电话：××××××××

调查人：

姓名：执法人员甲　　**单位：**×××知识产权局　　**职务：**××

姓名：执法人员乙　　**单位：**×××知识产权局　　**职务：**××

调查时间：20××年××月××日××时××分至××月××日××时××分

调查地点：××省××市××街××号A公司经营场所

调查笔录：（以下笔录中调查人员简称“调”，被调查人员简称“被”）

调：（固定格式与实际情况记录相结合文本）我们是×××知识产权局专利行政执法人员执法人员甲，执法证号是××××；执法人员乙，执法证号是××××。这是我们的证件（出示证件）。

被：已经向我出示执法证件。

调：根据《中华人民共和国专利法》第六十四条规定，我们就你公司销售的产品涉嫌假冒专利行为一事，对你进行调查，请你予以配合。通过检查你公司××商店商品，其中××商品涉嫌假冒专利，我们对上述商品进行了抽样取证（具体内容见《场所/设施/财物清单》），并向你们下达《限期提供材料通知书》，请按照《限期提供材料通知书》要求提供相关材料，到×××知识产权局接受调查。

被：（实际情况记录文本）好的，我们会积极配合。

调：（固定格式与实际情况记录相结合文本）现在确定一下你的身份，请问你与A公司是什么关系？

调查人（签章）：　　　　　　　　　　　　______年____月____日

被调查人（签章）：　　　　　　　　　　　______年____月____日

第____页共____页

被：（实际情况记录文本）我是A公司的销售经理B某，电话为××××××××。

调：（固定格式文本）如上述情况属实的话，请签字确认。

被：（实际情况记录文本）好的。

（被调查人看过无异议后，请抄写：以上内容已阅，情况属实。）

（抄写处）**以上内容已阅，情况属实。B某**

（以下空白）

被调查人（签字）：B**某**　20××年××月××日

调查人（签字）：**甲**　20××年××月××日

乙　20××年××月××日

调查人（签章）：　　　　＿＿＿＿年＿＿月＿＿日

被调查人（签章）：　　　　＿＿＿＿年＿＿月＿＿日

第＿＿页共＿＿页

假冒专利案件协助调查笔录

案号：××知法假字〔20××〕×号

案由： A公司假冒专利案

被调查人：

姓名： B某　**单位：** A公司

地址： ××省××市××街××号　电话：××××××××

调查人：

姓名： 执法人员甲　**单位：** ×××知识产权局　**职务：** ××

姓名： 执法人员乙　**单位：** ×××知识产权局　**职务：** ××

调查时间： 20××年××月××日××时××分至××月××日××时××分

调查地点： ×××知识产权局口头审理庭

调查笔录：（以下笔录中调查人员简称"调"，被调查人员简称"被"）

调：（固定格式与实际情况记录相结合文本）我们是×××知识产权局的执法人员执法人员甲，执法证号是××××；执法人员乙，执法证号是××××。这是我们的执法证，向你出示。

被： 执法证已出示。

调： 根据《中华人民共和国专利法》第六十四条的规定，现在依法进行调查。请你配合调查，如实陈述事实和提供证据，不得有任何隐瞒。如果故意说假话或者隐瞒案情，须承担相应的法律责任。你是否申请我们回避？如果需要，请说明理由。

被：（实际情况记录文本）不申请回避。

调：（固定格式与实际情况记录相结合文本）首先确定一下你的身份，请问你与A公司是什么关系？如是当事人委托来接受调查的，请出示委托书。

被：（实际情况记录文本）我是A公司的代理律师，这是公司的委托书和我的律师证件及身份证。我的代理权限为一般代理（此处情况可以简单处理，因为证件、权限等都已提交）。

调查人（签章）：	＿＿＿年＿＿月＿＿日
被调查人（签章）：	＿＿＿年＿＿月＿＿日
第＿＿页共＿＿页	

调：（固定格式文本）请介绍你本人的基本情况，包括年龄、文化程度、住址、电话等内容。

被：（实际情况记录文本））我叫 B 某，××律师事务所的律师，现年××岁，法学硕士，家住××省××市××街××号，我的联系电话是×××××××××。这是我的名片。

调：（固定格式文本）请确认一下你公司的地址、邮编、法定代表人并出示营业执照。

被：（实际情况记录文本）A 公司的地址是××省××市××街××号，邮编是××××××，电话是×××××××××，法定代表人是×××。这是公司的营业执照。

调：（固定格式文本）请确认一下我们在检查中发现的××产品是否为你公司销售？

被：（实际情况记录文本）是 A 公司销售的。

调：（固定格式与实际情况记录相结合文本）请介绍一下你公司销售的××产品的基本情况（产品来源、销售时间、销售数量、进货价格、销售价格、库存情况、生产日期）。

被：（实际情况记录文本）××产品是我公司从 C 公司进的货，从××××年××月开始销售，到目前销售了××件，库存××件，生产日期是××××年××月。这是公司进货的合同复印件。该产品的进货价格为××元，销售价格为××元。

调：（固定格式与实际情况记录相结合文本）你对你公司销售的××产品上标注的专利标识（ZL×××××××××××××.×）有什么看法？

被：（实际情况记录文本）我公司销售的产品上的专利标识是由生产厂家印刷上去的，我公司作为销售公司不知道标注该专利标识是违法行为，请从宽进行处理。

调：（固定格式文本）根据到目前为止的调查发现，我们初步认定你公司的销售行为属于《中华人民共和国专利法实施细则》第八十四条规定的假冒专利行为，你公司对我们的定性有没有不同意见？如果有不同意见，请说明理由并提供能证明你公司销售的产品标注的专利标识合法的证据。

被：（实际情况记录文本）没有。

调：（固定格式文本）以上问话笔录请你阅读核对。若你不具备阅读能力或有其他因素导致无法自行阅读，请你申明，我们可以为你宣读。核对时，若发现我们有差错、遗漏的地方，你有权要求我们补充更正。

调查人（签章）：	________年____月____日
被调查人（签章）：	________年____月____日
第____页共____页	

（被调查人看过无异议后，请抄写：以上内容已阅，与我所述一致。）

（抄写处）**以上内容已阅，与我所述一致。B某**

（以下空白）

被调查人（签字）：**B某**　20××年××月××日

调查人（签字）：**甲**　20××年××月××日

乙　20××年××月××日

调查人（签章）：　　　　________年____月____日

被调查人（签章）：　　　________年____月____日

第____页共____页

假冒专利案件听证笔录

案号：××知法假字〔20××〕×号

案由：A公司假冒专利案

听证时间：20××年××月××日××时××分至××时××分

听证地点：××会议室

听证方式：■公开 □不公开

听证事项：行政处罚

听证组：

姓名：B某 **单位：**×××知识产权局 **职务：**××

姓名：C某 **单位：**×××知识产权局 **职务：**××

姓名：D某 **单位：**×××知识产权局 **职务：**××

案件调查人：

姓名：执法人员甲 **单位：**×××知识产权局 **职务：**××

姓名：执法人员乙 **单位：**×××知识产权局 **职务：**××

听证申请人：

单位：A公司 **地址：**××省××市××街××号

委托代理人：

姓名：E某 **单位：**××律师事务所 **职务：**律师

听证笔录：（以下笔录中听证组人员简称“听”，案件调查人简称“调”，听证申请人简称“申”）

听：（固定格式与实际情况记录相结合文本）根据《专利行政执法办法》第三十二条和《中华人民共和国行政处罚法》第四十二条的规定，×××知识产权局决定就A公司假冒专利一案举行听证会，现在开始。

首先，核实参加今天听证会的人员身份和到场情况。案件调查人是否到场？请报告你的姓名及职务，并出示有效执法证件。

办案人员（签章）： ________年____月____日

当事人、代理人（签章）： ________年____月____日

第三人、其他听证参加人（签章）： ________年____月____日

第____页共____页

调：（实际情况记录文本）到场，执法人员甲在×××知识产权局工作，执法人员乙在×××知识产权局工作（出示执法证件）。

听：（固定格式文本）听证申请人及其代理人是否到场，请出示有效身份证件及授权委托书。

申：（实际情况记录文本）A公司的委托代理人到场，E某，在××律师事务所工作，职务是律师。

听：（固定格式文本）案件调查人对听证申请人的身份有无异议？

调：（实际情况记录文本）没有。

听：（固定格式文本）听证申请人对案件调查人的身份有无异议？

申：（实际情况记录文本）没有。

听：（固定格式文本）双方当事人及其代理人符合法律规定，可以参加听证。

现在宣布听证纪律和听证会场有关注意事项。

为了维护行政听证会场秩序，保障当事人平等参加听证的各项权益，根据《中华人民共和国行政处罚法》《××行政听证办法》等法律、法规、规章之相关规定，参加听证和参加旁听的各方人员应当遵守听证会场纪律，维护听证会场秩序。

1. 听证会场必须保持肃静。不准随意走动和进出听证会场。

2. 未经许可，不准录音、摄像、拍照。

3. 不准鼓掌、喧哗、哄闹和实施其他妨害听证秩序的行为。

4. 未经许可，不得发言和提问。旁听人员无发言、提问权利。

5. 关闭通信工具。

6. 发言和回答问题，应客观、真实，不准使用侮辱、谩骂、诽谤等人身攻击性语言。

7. 未经许可中途退出听证会的，视为放弃听证权利。

8. 听证会场内严禁吸烟。

9. 对违反听证会场纪律的人，听证组可以给予口头警告，训诫或者责令退出会场。对严重扰乱听证秩序者，依法追究相关法律责任。

听：（固定格式文本）以上听证纪律案件调查人是否清楚？

办案人员（签章）：	________年____月____日
当事人、代理人（签章）：	________年____月____日
第三人、其他听证参加人（签章）：	________年____月____日
第____页共____页	

调：（实际情况记录文本）清楚。

听：（固定格式文本）以上听证纪律听证申请人是否清楚？

申：（实际情况记录文本）清楚。

听：（固定格式与实际情况记录相结合文本）本次听证会由B某、C某、D某3位听证员组成听证组，听证主持人由B某担任。书记员由F某担任。（此处记录要介绍一下听证组人员基本情况）

听证参加人员在听证过程中，享有如下权利：

1. 申请回避权。陈述人认为听证员、书记员具备法定回避事由的，可以申请其回避。

2. 委托代理权。听证申请人、利害关系人（非部门陈述人）可以委托1～2人作为代理人参加听证会，代为行使自己的听证权利。

3. 陈述申辩权。听证申请人、利害关系人（非部门陈述人）对行政处罚案件事实、理由、依据，有权进行陈述、申辩和质证。

除上述权利外，听证参加人员还需承担如下义务：

1. 按时参加听证，遵守听证纪律。无故不出席、逾期出席听证会或者未经许可中途退出听证会的，视为放弃听证权利。

2. 服从听证纪律，如实回答提问。

3. 客观、真实陈述意见、理由、依据，并提出相关证据。

上述权利义务，各方听证参加人是否听清楚了？

调：（实际情况记录文本）清楚。

申：（实际情况记录文本）清楚。

听：（固定格式文本）各方听证参加人员是否申请听证员、书记员回避？

调：（实际情况记录文本）不申请。

申：（实际情况记录文本）不申请。

听：（固定格式文本）本次听证会主要包括以下程序：一是案件调查人员陈述（限时10分钟），二是听证申请人陈述、申辩（限时10分钟），三是质证、辩论和听证组提问，四是各方最后陈述。

办案人员（签章）：	________年____月____日
当事人、代理人（签章）：	________年____月____日
第三人、其他听证参加人（签章）：	________年____月____日

第____页共____页

下面请本案调查人员陈述意见、理由、依据。重点在于案件事实、证据、法律依据和行政处罚建议。

调：（案件调查人员介绍案件情况）（具体内容略）。

听：（固定格式与实际情况记录相结合文本）请问听证申请人是否同意×××知识产权局拟作出的行政处罚决定？

申：（根据情况记录）（具体内容略）。

听：（固定格式与实际情况记录相结合文本）请听证申请人（A公司）就对×××知识产权局行政行为有异议的地方，陈述意见、理由、依据。重点在于针对拟行政处罚所依据的事实、理由、法律依据等进行陈述和申辩。

申：（实际情况记录文本）（具体内容略）。

听：（固定格式文本）下面请本案调查人员出示与案件相关的证据。

调：（实际情况记录文本）（具体内容略）。

听：（固定格式文本）请听证申请人对案件调查人员所出示的证据的真实性、合法性、关联性发表质证意见。

申：（实际情况记录文本）（具体内容略）。

听：（固定格式文本）下面请听证申请人出示相关的申辩证据。

申：（实际情况记录文本）（具体内容略）。

听：（固定格式文本）请本案调查人员对听证申请人所出示的证据的真实性、合法性、关联性发表质证意见。

调：（实际情况记录文本）（具体内容略）。

听：（固定格式与实际情况记录相结合文本）听证组已经听到了各方听证参加人员的陈述，相关意见、理由、证据、依据已经记录在案。根据各方听证参加人员的陈述，听证组下面归纳听证申请人的陈述、申辩重点：

第一，（内容略）。

第二，（内容略）。

请问听证申请人是否听清楚？对归纳重点有无异议？

申：（实际情况记录文本）没有。

办案人员（签章）： ________年____月____日

当事人、代理人（签章）： ________年____月____日

第三人、其他听证参加人（签章）： ________年____月____日

第____页共____页

听：（固定格式文本）下面就第一个重点进行辩论。

调：（实际情况记录文本）（具体内容略）。

申：（实际情况记录文本）（具体内容略）。

听：（固定格式文本）下面就第二个重点进行辩论。

调：（实际情况记录文本）（具体内容略）。

申：（实际情况记录文本）（具体内容略）。

听：（固定格式文本）下面进行最后陈述，已经陈述过的意见不必重复，重点在于新的陈述意见。首先，请听证申请人作最后陈述。

申：（实际情况记录文本）（具体内容略）。

听：（固定格式文本）请案件调查人员作最后陈述。

调：（实际情况记录文本）（具体内容略）。

听：（固定格式与实际情况记录相结合文本）下面听证会暂时休会30分钟，请参加听证人员退场。请听证参加人员30分钟后（××时××分）准时回到听证会会场。

（说明：此时书记员校核听证笔录。听证组合议有关问题，看是否需要补充听证调查、辩论。）

听：（固定格式与实际情况记录相结合文本）下面，听证会继续进行。经听证组合议，没有进一步事项需要调查、辩论（或者：经听证组合议，就以下事项进一步调查、辩论）。

请听证申请人（A公司）在听证会结束后3日内书面提交所有申辩意见及相关证据，逾期提交或不提交的，视为无进一步申辩理由和证据。听证申请人是否听清楚？

申：（实际情况记录文本）清楚。

听：（固定格式文本）根据相关法律、法规、规章的规定，听证组将充分考虑各方陈述人陈述的意见、理由、证据、依据，坚持公正、独立听证的原则，依法向听证组织机关提交听证报告、听证建议或处理意见。听证会至此结束。请各方听证参加人员留下来核对听证笔录，确认无误后签字。

（听证申请人及代理人、案件调查人看后无异议，请抄写：上述内容已阅，与我所述内容一致。）

办案人员（签章）：	______年____月____日
当事人、代理人（签章）：	______年____月____日
第三人、其他听证参加人（签章）：	______年____月____日
第____页共____页	

（抄写处）**上述内容已阅，与我所述内容一致。**

听证申请人（盖章）：A**公司**　20××年××月××日

委托代理人（签字）：E**某**　20××年××月××日

（抄写处）**上述内容已阅，与我所述内容一致。**

案件调查人（签字）：**甲**　20××年××月××日

乙　20××年××月××日

听证组（签字）：B**某**　20××年××月××日

C**某**　20××年××月××日

D**某**　20××年××月××日

办案人员（签章）：	______年____月____日
当事人、代理人（签章）：	______年____月____日
第三人、其他听证参加人（签章）：	______年____月____日
第____页共____页	

假冒专利案件讨论笔录

案号：××知法假字〔20××〕×号

案由： A公司假冒专利案

违法嫌疑人： A公司

讨论时间： 20××年××月××日××时××分至××时××分

地点： ×××知识产权局会议室

主持人： 执法人员甲

参加人： 执法人员甲　执法人员乙

记录人： 执法人员乙

讨论内容记录：（一般情况下，由案件主承办人担任主持人，负责组织召开假冒专利案件讨论会。）

执法人员甲：（固定格式与实际情况记录相结合文本）今天就A公司假冒专利一案如何处理进行讨论，首先由我介绍一下案情。20××年××月××日，我局执法人员甲和执法人员乙在××市场执法检查过程中，发现A公司生产的××产品上标注了"ZL××××××××××××.×"专利标识。经核查，该专利号并不存在。根据《中华人民共和国专利法实施细则》第八十四条的规定，A公司的行为已构成假冒专利行为。我局执法人员于20××年××月××日向涉案单位A公司下达了协助调查通知书，并对××产品进行了现场抽样取证。××月××日，A公司委托代理人B某来我局协助调查，并当面提交了涉案产品的产品销售情况、该产品的专利证书。经核实，A公司提供的专利证书根本就不存在，属于典型的假冒专利行为。案情介绍完毕。请大家谈一下自己的看法。

执法人员乙：（实际情况记录文本）根据《中华人民共和国专利法实施细则》第八十四条的规定，A公司提供不存在的专利号为"ZL××××××××××××.×"、专利名称为"×××××"的专利证书，属于故意伪造专利证书，已构成假冒专利行为。在案件调查过程中，A公司故意欺骗国家执法人员的行为，情节恶劣。根据《中华人民共和国专利法》第六十三条、《专利行政执法办法》第四十五条，结合该产品的总价值，建议对A公司作出如下行政处罚：1. 责令A公司自接到通知之日起停止生产销售涉案产品，并在7日内整改完毕；2. 罚款××××元人民币，并予以公告。

执法人员甲：（实际情况记录文本）处罚金额的多少要严格按照裁量标准的要求进

行，案件的裁量阶次要定位准确，对A公司罚款××××元人民币符合《××专利行政处罚裁量标准》中的一般违法行为，我的意见与你的一致。

执法人员甲：（固定格式与实际情况记录相结合文本）对A公司假冒专利一案经过讨论，形成以下结论意见为：1. 责令A公司自接到通知之日起停止生产销售涉案产品，并在7日内整改完毕；2. 罚款××××元人民币，并予以公告。

调查人（签字）：甲　20××年××月××日

乙　20××年××月××日

假冒专利重大案件集体讨论笔录

案号：××知法假字〔20××〕×号

案由：A公司假冒专利案

违法嫌疑人：A公司

讨论时间：20××年××月××日××时××分至××时××分

地点：×××知识产权局会议室

主持人：××局长

参加人：××局长　××副局长　××科长

执法人员甲　执法人员乙

记录人：执法人员丙

讨论内容记录：

××**局长：**（固定格式与实际情况记录相结合文本）今天召集大家就A公司假冒专利一案处理情况进行讨论。首先请案件承办人执法人员甲介绍一下本案的详细案情。

执法人员甲：（实际情况记录文本）20××年××月××日，我局执法人员甲和乙在××市场执法检查过程中，发现A公司生产的××产品上标注了“ZL××××××××××××.×”专利标识。经核查，该专利的专利权人不是A公司，专利权人为B公司。根据《中华人民共和国专利法实施细则》第八十四条的规定，A公司涉嫌假冒专利。我局执法人员于20××年××月××日向涉案单位A公司下达了协助调查通知书，并对××产品进行了现场抽样取证。××月××日，A公司委托代理人李×来我局协助调查，没有提供专利权人B公司将该专利许可给A公司使用的相关证据。经到B公司核实，该专利没有许可给任何公司使用。调查取得的证据表明，A公司标有“ZL××××××××××××.×”专利号的产品经营数额为30万元。A公司的行为属于典型的假冒他人专利行为，而且涉案金额在20万元以上，已经符合假冒他人专利罪的非法经营数额。我和执法人员乙研究后建议移交司法部门立案处理。案情介绍完毕。

××**局长：**（实际情况记录文本）请大家谈一下自己的看法：一是案件是否移交公安机关，二是如果不移送公安机关如何进行处理。

××**科长：**（实际情况记录文本）根据《中华人民共和国专利法实施细则》第八十四条的规定，A公司生产的带有专利号为“ZL××××××××××××.×”、专利名称为“××××”产品，已构成假冒他人专利行为，违法行为比较严重。根据《最高人民法院、最高人民检察院关于办理侵犯知识产权刑事案件具体应用法律若干问题的解释》第四条、第十条的规定，涉案单位已经构成《刑法》规定的假冒他人专利行为，我认为应当移交公安机关进行处理。

××**副局长**：（实际情况记录文本）我的意见与××科长基本一致，要在现有证据基础上进一步调查，在确保证据符合法律规定的基础上，建议移送公安机关处理。

××**局长**：（固定格式与实际情况记录相结合文本）同意。

参加人（签字）：××（局长）　20××年××月××日

××（副局长）　20××年××月××日

××（科长）　20××年××月××日

甲　20××年××月××日

乙　20××年××月××日

专利行政保护复议与应诉指引

国家知识产权局

2020 年 7 月

目　　录

第一部分　专利行政保护复议指引

第一章　专利执法行政复议概述

专利执法行政复议，是指公民、法人或者其他组织不服管理专利工作的部门在专利执法过程中作出的具体行政行为，认为该行为侵犯其合法权益，依照法定的程序和条件，向特定的行政机关提出申请，由受理该复议申请的行政机关依法对原具体行政行为的合法性和适当性进行审理，并最终作出行政复议决定的行政行为。

在专利执法过程中，行政相对人对于管理专利工作的部门作出的具体行政行为不服的，可以依法选择行政复议作为救济手段。

第一节　专利执法行政复议的范围

专利执法行政复议的范围，是指申请人可以申请行政复议的事项范围。这既是申请人提出行政复议申请的范围，也是行政复议机关有权审查的行政行为或处理的行政争议的范围。

专利执法行政复议的事项可分为以下几种：

1. 对查处假冒专利行为时作出的责令改正、罚款、没收违法所得等行政处罚不服的。

2. 对查处假冒专利行为时作出的财产查封、扣押等强制措施不服的。

3. 认为管理专利工作的部门在专利执法过程中侵犯合法的经营自主权的。

4. 申请管理专利工作的部门履行专利执法法定职责，管理专利工作的部门没有依法履行的，主要包括请求处理专利侵权纠纷，管理专利工作的部门未受理或驳回处理请求的，或者举报假冒专利行为，管理专利工作的部门不予立案处理的。

5. 认为管理专利工作的部门在执法信息公开中的具体行政行为侵犯其合法权益的，或者申请执法信息公开，管理专利工作的部门依法应公开而不公开或逾期不答复的。

6. 认为管理专利工作的部门的其他具体行政行为侵犯其合法权益的。

根据《中华人民共和国行政复议法》（以下简称《行政复议法》）第八条第二款、《中华人民共和国专利法》（以下简称《专利法》）第六十条规定，当事人对管理专利工作的部门作出的专利侵权纠纷行政裁决不服的，应当直接依照《中华人民共和国行政诉讼法》（以下简称《行政诉讼法》）向人民法院提起行政诉讼，不能提起行政复议。当事人对管理专利工作的部门作出的调解不服的，应当依照《中华人民共和国民事诉讼法》（以下简称《民事诉讼法》）相关规定向人民法院提起民事诉讼，不能提起行政复议。

由各知识产权保护中心、知识产权快速维权中心等单位协助办理的电商、展会领域专利案件，以调解形式结案的，不属于本指引所称的专利执法范畴。当事人对处理结果不服的，可以依照《民事诉讼法》相关规定向人民法院提起民事诉讼，不能申请行政复议。

第二节　专利执法行政复议机关

专利执法行政复议机关，是指依照《行政复议法》、《中华人民共和国行政复议法实施条例》（以下简称《行政复议法实施条例》）、《专利法》及《中华人民共和国专利法实施细则》的有关规定，对专利执法的行政复议申请进行受理，并审查原专利执法行为合法性和适当性的行政机关。

一、专利执法行政复议机关的确定

专利执法行政复议机关按照以下原则确定：

1. 对县级以上地方各级人民政府管理专利工作的部门作出的具体行政行为不服的，申请人可以选择该部门的本级人民政府或者上一级主管部门申请行政复议。

2. 对由综合执法单位承担专利执法工作中的具体行政行为不服的，申请人可以向管理专利工作的部门的本级人民政府或者上一级主管部门申请行政复议。

3. 对被撤销的管理专利工作的部门在撤销前作出的具体行政行为不服的，申请人可以向继续行使其职权的部门的本级人民政府或者上一级主管部门申请行政复议。

中央全面依法治国委员会《行政复议体制改革方案》中对地方行政复议机关有所调整的，从其规定。

二、专利执法行政复议机关的职责

管理专利工作的部门作为行政复议机关时，应按照《行政复议法》的规定履行行政复议职责。一般由负责法制工作的处（科）室［以下简称“复议处（科）室”］具体办理行政复议事项，以行政复议机关的名义履行行政复议职责。在涉及专利执法的行政复议工作中，复议处（科）室主要包括以下职责：

1. 接收并审查专利执法行政复议申请，对于不符合受理条件的不予受理，符合受理条件的予以受理。

2. 向执法部门及人员调查取证，调阅有关文档和资料。

3. 审查申请复议的具体行政行为是否合法与适当。

4. 办理一并请求的行政赔偿事项。

5. 申请人对专利执法过程中作出的具体行政行为申请复议的同时，对该执法行为所依据的规定提出审查申请的，由复议处（科）室对该申请进行处理或转送。

6. 拟订、制作和发送行政复议法律文书。

7. 办理因不服专利执法行政复议决定而提起行政诉讼的行政应诉事项。

8. 按照职责权限，督促下级专利执法行政复议机关受理符合规定的复议申请，督促被申请人或申请人履行生效的行政复议决定。

9. 统计专利执法行政复议、行政应诉案件，办理重大行政复议决定备案事项。

10. 研究专利执法行政复议工作中发现的问题，及时向有关单位或部门提出改进意见或建议，对于重大问题及时向行政复议机关报告。

11. 法律、法规规定的其他职责。

行政复议机关中初次从事行政复议的人员，应当通过国家统一法律职业资格考试取得法律职业资格。

第二章　专利执法行政复议的应对

专利执法行政复议程序启动后，管理专利工作的部门作为被申请人，应当做好应对工作。

第一节　专利执法行政复议程序的启动

一、专利执法行政复议的期限

申请人认为与专利执法相关的具体行政行为侵犯其合法权益的，可以自知道该具体行政行为之日起60日内提出专利执法行政复议申请。

对于上述60日的期限，按照以下规定进行计算：

1. 专利执法中的具体行政行为是当场作出的，自具体行政行为作出之日起计算。

2. 载明具体行政行为的文书直接送达的，自被送达人签收之日起计算。

3. 载明具体行政行为的文书通过邮局以给据邮件形式邮寄送达的，自被送达人在邮政签收单上签收之日起计算；没有邮政签收单的，自受送达人在送达回执上签名之日起计算。

4. 载明具体行政行为的文书留置送达的，自送达人和见证人在送达回证上签注的留置送达之日起计算。

5. 具体行政行为依法通过公告形式告知被送达人的，自公告规定的期限届满之日起计算。

6. 被申请人在专利执法中的具体行政行为未当场告知申请人，事后补充告知的，自该申请人收到补充告知通知之日起计算。

7. 有证据证明申请人知道具体行政行为的，自申请人知道具体行政行为之日起计算。

8. 申请人曾申请管理专利工作的部门履行处理专利侵权纠纷或查处假冒专利行为等法定职责，管理专利工作的部门未履行的，行政复议申请期限计算如下：

（1）有履行期限规定的，自履行期限届满之日起计算；

（2）没有履行期限规定的，自管理专利工作的部门收到申请满 60 日起计算。

9. 因不可抗力或者其他正当理由耽误法定申请期限的，申请期限自障碍消除之日起继续计算。

二、专利执法行政复议申请的提出

（一）专利执法行政复议申请的条件

专利执法行政复议申请应当符合下列条件：

1. 复议申请人是专利执法中的具体行政行为的相对人或者其他利害关系人。
2. 有符合规定的被申请人。
3. 有具体的行政复议请求和理由。
4. 属于专利执法行政复议的范围。
5. 属于行政复议机关的行政复议职责范围。
6. 在法定申请期限内提出。
7. 人民法院尚未受理同一主体就同一事实提起的行政诉讼。
8. 其他有权的专利执法复议机关尚未受理同一主体就同一事实提起的行政复议。

（二）专利执法行政复议申请书的内容

申请人书面申请专利执法行政复议的，可以采取面交、邮寄或者传真等方式。专利执法行政复议申请书应当载明以下内容：

1. 申请人的基本情况，包括：申请人是自然人的，写明姓名、身份证件号码、住所、邮政编码等；申请人是法人或者其他组织的，写明名称、住所、邮政编码和法定代表人或者主要负责人的姓名、职务等。申请人有委托代理人的，还应当写明委托代理人的基本情况，包括委托代理人的姓名、工作单位、住所、联系方式等内容。

2. 被申请人的正式名称，不能使用简称。

3. 专利执法行政复议请求、申请专利执法行政复议的主要事实和理由。其中，复议请求要写明申请人的复议目的，如要求撤销或变更具体行政行为、确认具体行政行为违法、申请行政赔偿或者要求履行法定职责等。事实和理由部分主要写明：（1）被申请人专利执法中作出具体行政行为的时间、地点、事实和法律依据。（2）与复议请求相关的事实和法律依据，如要求撤销被申请人的具体行政行为，是否有证据，依据哪些法律、法规等。

4. 申请人签名或者盖章。

5. 申请专利执法行政复议的日期。

申请人口头申请行政复议的，专利执法行政复议机关应当依照上述内容制作专利执法行政复议申请笔录，并将笔录交申请人核对或者向其宣读后由申请人签字确认。

三、申请专利执法行政复议应提交的证据

专利执法行政复议中，被申请人承担主要的举证责任。有下列情形之一的，申请人应当提供证明材料：

1. 认为被申请人不履行法定职责的，应提供材料证明曾经向被申请人申请履行法定职责的事实。例如，申请人提出专利执法行政复议申请，要求管理专利工作的部门履行处理专利侵权纠纷的法定职责的，应当提供证据证明自己曾经向管理专利工作的部门提出过请求，而相关部门未予受理。

2. 申请专利执法行政复议时一并提出行政赔偿请求的，应提供材料证明被申请人的具体行政行为侵犯其合法的人身、财产权益，对于造成损失的数额也应提供证据。

3. 需要申请人提供证明材料的其他情形。例如，申请人因不可抗力或者其他正当理由耽误申请专利执法行政复议的法定期限的，应当提供发生不可抗力或有其他正当理由的证明材料。

四、代理人委派

申请人委托代理人的，应当向专利执法行政复议机关提交由委托人签名或盖章的授权委托书。

授权委托书上应当载明委托事项、权限和日期。授权委托书如果是在国外或者我

国港澳台地区形成的，应按照我国法律的规定办理公证、认证或者其他证明手续。授权委托书为外文的，应当附中文译文。

五、专利执法行政复议参加人

（一）申请人

专利执法行政复议的申请人应当是利害关系人。针对假冒专利行为的查处，复议申请人可以是举报假冒专利行为的举报人、投诉人、被查处人等行政相对人；针对执法信息的公开，复议申请人可以是信息公开的申请人，以及认为专利执法信息的公开侵犯其合法权益的行政相对人。

专利执法行政复议申请人的资格可以因发生法定情形而被继承或变更。继承的情形是指有专利执法行政复议申请权的自然人死亡的，其近亲属可以作为申请人申请行政复议。这里的近亲属主要是指父母、配偶、子女和兄弟姐妹等。变更的情形是指有专利执法行政复议申请权的法人或者其他组织终止的，承受其权利的法人或者其他组织可以申请行政复议。

同一行政复议案件有5个以上申请人的，由申请人推选1~5名代表参加专利执法行政复议。

（二）被申请人

可以按照以下原则来确定专利执法行政复议的被申请人：

1. 公民、法人或者其他组织对专利执法中的具体行政行为不服申请行政复议的，作出该具体行政行为的管理专利工作的部门为被申请人。这是确定复议被申请人的一般原则。

2. 专利执法中作出具体行政行为的部门是由法律、法规授予其专利执法权的，该部门作为被申请人。

3. 受管理专利工作的部门委托进行专利执法的组织作出具体行政行为的，委托的部门是被申请人。

4. 被撤销的管理专利工作的部门在撤销前作出具体行政行为的，继续行使其职权的部门为被申请人。

申请人提出行政复议时错列被申请人的，行政复议机关应当告知申请人变更被申请人。

（三）第三人

第三人，是指除专利执法行政复议申请人外，同被申请复议的专利执法行为有利害关系的其他公民、法人或者其他组织。例如，管理专利工作的部门在查处假冒他人专利行为时，被假冒的专利权人认为对假冒人的处罚过轻的，可以作为第三人。

第三人参加专利执法行政复议有两种形式：一种是第三人主动向行政复议机关申请，另一种是行政复议机关依职权主动通知第三人参加复议。

第二节　被申请人的答复

答复内容是行政复议机关判断专利执法行为是否合法、适当的重要依据。管理专利工作的部门作为被申请人，应重视对行政复议申请书的答复。

一、答复材料的内容

被申请人的答复材料主要包括以下几个方面的内容：

1. 书面答复意见。答复意见应当包括作出被申请复议的专利执法行为的事实和理由、反驳申请人请求的理由，以及被申请人向行政复议机关提出的主张和请求。

2. 表明被申请复议的专利执法行为存在的书面材料。如查处假冒专利行为时作出的限期整改通知书、处罚决定书等。

3. 法律依据、证据和其他有关材料。法律依据是指作出被申请复议的专利执法行为所依据的法律、法规、条例、地方性法规、地方政府规章、国务院部门规章、规范性文件等。证据是指专利执法过程中，当事人提供和管理专利工作的部门依职权获得的证据，具体包括书证、物证、视听资料、证人证言、当事人的陈述、鉴定意见、勘验笔录和现场笔录、电子数据等。上述证据必须经行政复议机关查证属实，才能成为作出行政复议决定的根据。

二、答复时应注意的事项

被申请人答复时需要注意：（1）应当提交作出被申请复议的专利执法行为的全部证据、依据和其他有关材料。（2）提交的应当是作出被申请复议的专利执法行为时的证据，不能是执法行为作出后再补充的证据，更不能在复议过程中自行取证。（3）应在收到答复通知10日内提出书面答复，并提交相应的证据、依据等有关材料。

三、申请人、第三人对答复材料的查阅

对于被申请人提供的答复材料，申请人和第三人可以依法申请查阅。如果被申请人提供的证据和其他材料涉及国家秘密、商业秘密或者个人隐私等内容，行政复议机

关可以拒绝申请人、第三人的查阅请求。

第三节　专利执法行政复议决定的履行

对生效的专利执法行政复议决定，被申请人应当履行。根据行政复议决定类型的不同，被申请人的履行方式可分为以下几种：

1. 行政复议机关作出维持决定的，被申请人的主要义务是保持原具体行政行为确定的状态；如果原具体行政行为还未执行的，应该继续执行。

2. 行政复议机关作出撤销决定的，若原具体行政行为已经执行的，被申请人要恢复原状，如解除对申请人的行政强制措施；若尚未执行，则不再执行。

3. 行政复议机关作出变更决定的，被申请人要协助行政复议机关执行变更后的具体行政行为，如将罚款变更为责令改正的，被申请人不得再对申请人处以罚款，而要以行政复议机关的名义责令申请人改正。

4. 行政复议机关作出确认违法决定的，被申请人不得维持原具体行政行为的效力，并依申请人请求采取相应的行政赔偿措施。

5. 行政复议机关作出责令限期履行决定的，被申请人应在规定期限内履行完毕，并将履行的情况报告行政复议机关。

6. 行政复议机关作出撤销或者确认违法决定的同时，责令被申请人限期重新作出具体行政行为的，被申请人要依照法律的要求，在规定期限内重新作出具体行政行为，并将履行情况报告行政复议机关。

第三章　专利执法行政复议的处理

专利行政执法复议机关应当做好复议申请的审查、复议的审理与决定以及决定的送达等工作。

第一节　专利执法行政复议申请的审查与处理

一、对专利执法行政复议申请的审查

管理专利工作的部门在收到行政复议申请后，应审查该复议申请是否符合法定的

受理条件。受理条件包括如下几个方面：

1. 有明确的申请人且申请人与管理专利工作的部门作出的具体行政行为存在利害关系。明确的申请人是形式审查事项，关键审查申请人是否明确提出了专利执法行政复议申请并在申请书上签字或盖章；只要身份核对无误，就满足形式要件的要求。申请人与具体行政行为存在利害关系，是资格审查的内容。在审查中需要注意两点：一是管理专利工作的部门作出的具体行政行为侵犯的是申请人自身而非他人的权益，二是侵犯的权益必须是合法的权益。

2. 有符合规定的被申请人。被申请人的资格审查，适用第二章有关被申请人的规定。申请人提出行政复议申请时错列被申请人的，专利执法行政复议机关应当告知其变更被申请人；申请人对被申请人进行更正期间，不计入行政复议审理期限。

3. 有具体的专利执法行政复议请求和理由。

4. 在法定期限内提出。

5. 属于本机关的行政复议管辖范围。

6. 没有重复受理的情况。具体是指不存在以下两种情况：（1）其他行政复议机关已经受理同一主体就同一事实提起的专利执法行政复议申请。（2）人民法院已经受理同一主体就同一事实提起的专利执法行政诉讼。如果上述复议申请或行政诉讼未予受理，只要符合其他法定条件，本行政复议机关可以受理该专利执法行政复议申请。

二、对专利执法行政复议申请的处理

收到申请人提交的专利执法行政复议申请后，行政复议机关应当进行审查，履行审批程序，并作出受理与否的决定。

（一）专利执法行政复议申请的受理

专利执法行政复议申请符合法定受理条件的，经行政复议机关负责人审批后予以受理。

根据《行政复议法》第十七条第二款的规定，行政复议的受理为推定受理，即只要行政复议机关收到申请5日内未作出补正、告知、不予受理等其他处理，便视为已经受理。专利执法行政复议机关决定受理后，可以制作专利执法行政复议申请受理通知书并发送申请人，告知其行政复议程序已启动。

专利执法行政复议申请人就同一事项向两个或者两个以上有权受理的行政机关申请专利执法行政复议的，由最先收到行政复议申请的行政机关受理；同时收到行政复议申请的，由收到行政复议申请的行政机关在10日内协商确定；协商不成的，由其共同上一级行政机关在10日内指定受理机关。协商确定或者指定受理机关所用时间不计入专利执法行政复议审理期限。

（二）专利执法行政复议申请的不予受理

专利执法行政复议申请不符合法定受理条件的，应由承办人员拟订专利执法行政复议申请不予受理决定书，经复议处（科）室负责人审核后，报行政复议机关负责人审批。专利执法行政复议申请不予受理决定书应自收到该专利执法行政复议申请之日起 5 日内制作完成，并发送申请人。决定书中应说明不予受理的事实和理由。

（三）专利执法行政复议的告知

对于不属于本行政复议机关受理范围的专利执法行政复议申请，承办人员应拟订专利执法行政复议告知书，经复议处（科）室负责人审核后，报行政复议机关负责人审批。专利执法行政复议告知书应自收到该行政复议申请之日起 5 日内制作完成，并发送申请人。告知书中需告知申请人应依法向有权管辖的行政复议机关提出专利执法行政复议申请。

（四）专利执法行政复议申请的补正

专利执法行政复议申请材料不齐全或者表述不清楚的，经复议处（科）室负责人审核后，报行政复议机关负责人审批，承办人员自收到该行政复议申请之日起 5 日内一次性通知申请人补正。书面通知的，应当发出专利执法行政复议申请补正通知书，并载明需要补正的事项和合理的补正期限。

对补正的专利执法行政复议申请，根据不同的情况，可以作出以下几种处理：

1. 受理。经申请人补正后，专利执法行政复议申请符合受理条件的，应予受理，期限自收到补正材料之日起计算。

2. 不予受理。经申请人补正后，专利执法行政复议申请仍不符合受理条件的，应于 5 日内作出不予受理决定。

3. 告知。经申请人补正后，专利执法行政复议申请不属于本机关受理范围的，应当告知申请人向有权受理该申请的机关提出。

4. 视为放弃专利执法行政复议申请。申请人无正当理由逾期不补正的，视为放弃该专利执法行政复议申请。

（五）复议期间原具体行政行为停止执行的情形

原则上，在专利执法行政复议期间，被申请复议的具体行政行为不停止执行；但是，有下列情形之一的，可以停止执行：

1. 被申请人认为需要停止执行的。

2. 专利执法行政复议机关认为需要停止执行的。

3. 申请人申请停止执行，专利执法行政复议机关认为其要求合理，决定停止执行的。

4. 法律规定停止执行的。

第二节　专利执法行政复议的审理

专利执法行政复议机关受理行政复议申请后，应当对原具体行政行为进行审查，并作出专利执法行政复议决定书或者以其他方式结案。专利执法行政复议审理程序主要包括以下几个方面。

一、确定审理人员

行政复议机关受理专利执法行政复议申请后，确定2名或者2名以上行政复议人员负责复议案件的审理。

二、通知被申请人答复

行政复议机关在受理专利执法行政复议申请之日起7日内，将专利执法行政复议申请书副本或者专利执法行政复议申请笔录复印件发送被申请人，通知被申请人在规定期限内进行答复。

三、被申请人答复

被申请人在收到答复的通知以及专利执法行政复议申请书副本或者专利执法行政复议申请笔录复印件后，应在10日内提交书面答复，对具体行政行为是否合法、是否适当、是否认同申请人的复议请求作出明确答复，并提交作出具体行政行为的全部证据、依据和其他有关材料。

四、审阅案卷并确定审理方式

行政复议人员在接收专利执法行政复议案件后，主要从以下几方面审阅行政复议相关材料：

1. 了解申请人的复议请求和理由、被申请人的答复意见，确定案件的争议点；

2. 审查申请人提供的证据、被申请人提交的在专利执法中作出原具体行政行为的证据及其他有关材料，梳理案件事实，决定是否需要作进一步调查取证；

3. 确定适用书面审理、听证审理或者其他审理方式。

根据《行政复议法》第二十二条的规定，专利执法行政复议原则上采取书面审理为主、调查取证为辅的审理方式。申请人提出要求或者有下列情形之一的，行政复议机构可以向有关组织和人员调查情况或听取申请人、被申请人和第三人的意见。

1. 复议申请人对案件主要事实有异议的。

2. 现有证据相互矛盾的。

3. 申请人或者第三人提出新的证据，可能否定被申请人认定的案件主要事实的。

4. 案情复杂，需要当事人当面说明情况的。

5. 其他需要调查情况或听取意见的情形。

五、专利执法行政复议的中止

专利执法行政复议的中止，是指在专利执法行政复议过程中出现法定情形，暂停对行政复议的审理。中止审理的，专利执法行政复议机关应当制作专利执法行政复议中止通知书并发送当事人。中止审理的情形包括以下几种：

1. 作为申请人的自然人死亡，其近亲属尚未确定是否参加行政复议的。

2. 作为申请人的自然人丧失参加行政复议的能力，尚未确定法定代理人参加行政复议的。

3. 作为申请人的法人或者其他组织终止，尚未确定权利义务承受人的。

4. 作为申请人的自然人下落不明或者被宣告失踪的。

5. 申请人、被申请人因不可抗力，不能参加专利执法行政复议的。

6. 案件涉及法律适用问题，需要有权机关作出解释或者确认的。

7. 案件审理需要以其他案件的审理结果为依据，而其他案件尚未审结的。

8. 其他需要中止专利执法行政复议的情形。

专利执法行政复议中止的原因消除后，行政复议机关应及时制作专利执法行政复议恢复审理通知书并发送当事人，行政复议审理期限继续计算。

第三节　专利执法行政复议的结案

一、结案形式

管理专利工作的部门作为行政复议机关处理专利执法行政复议案件，应当在查清事实的基础上，依法及时结案。

根据案件处理结果，结案形式可分为以下三种：

1. 作出专利执法行政复议决定书。

2. 终止审理，发出专利执法行政复议终止决定书。

3. 申请人和被申请人经行政复议机关调解达成协议，作出专利执法行政复议调解书。

二、审理期限

专利执法行政复议的审理期限原则上为60日，以复议处（科）室收到专利执法行政复议申请书之日为起算日。

对于情况复杂的案件，办案人员应及时提出延长期限的意见，经行政复议机关负责人批准，审理期限可以延长，但是最多不超过30日。办案人员应当及时将延期决定通知申请人、被申请人和第三人。

三、结案具体事项

（一）作出专利执法行政复议决定书

除终止审理和达成调解协议的情形外，专利行政复议机关应当及时作出专利执法行政复议决定，并制作专利执法行政复议决定书。

专利执法行政复议决定书应当满足以下要求：事实叙述清楚，理由论述充分，法条引用准确，复议决定具体、明确。专利执法行政复议决定书包括以下内容：

1. 参加人的基本情况。申请人与第三人是自然人的，应写明姓名、身份证件号码、住所等；申请人与第三人是法人或其他组织的，应写明其全称、法定代表人或主要负责人的姓名和职务；申请人与第三人委托代理人或者有法定代理人的，还应写明代理人的情况。被申请人应写明全称以及法定代表人或主要负责人的姓名和职务。

2. 行政复议案件的程序，包括案由、立案审查、审理、结案等环节的记载。

3. 申请人的申请内容、被申请人的答复内容；有第三人的，还应写明第三人的陈述内容。

4. 专利执法行政复议机关审理查明的案件事实，以及证明上述事实的证据。

5. 专利执法行政复议机关作出决定的理由和依据。

6. 行政复议决定的最终处理结果。

7. 行政复议决定书的效力及申请人和第三人诉权的告知。

8. 作出专利执法行政复议决定的日期。

专利执法行政复议决定书应加盖行政复议机关公章或行政复议专用章。

（二）终止审理

专利执法行政复议案件出现下列情形之一的，行政复议机关可以终止审理：

1. 申请人要求撤回专利执法行政复议申请，行政复议机关准予撤回的。申请人撤回专利执法行政复议申请后，不能以同样的事实和理由再次申请复议，除非其能证明撤回专利执法行政复议申请违背其真实意思表示。

2. 作为申请人的自然人死亡，没有近亲属或者其近亲属放弃行政复议权利的。

3. 作为申请人的法人或者其他组织终止，其权利义务的承受人放弃行政复议权利的。

4. 对行政机关行使法律、法规规定的自由裁量权作出的具体行政行为不服申请专利执法行政复议的案件，申请人与被申请人在行政复议决定作出前自行达成和解协议，并经行政复议机关准许的。

5. 依照相关规定中止的专利执法行政复议，满 60 日行政复议中止的原因仍未消除的。

（三）达成调解协议

有下列情形之一的，专利执法行政复议机关可以按照自愿、合法的原则进行调解：

1. 公民、法人或者其他组织对管理专利工作的部门行使法律、法规规定的自由裁量权作出的具体行政行为不服申请专利执法行政复议的。

2. 申请人与被申请人之间的行政赔偿纠纷或者行政补偿纠纷。

申请人与被申请人经调解达成协议的，行政复议机关应当制作专利执法行政复议调解书。调解书应当载明行政复议请求、事实、理由和调解结果，并加盖行政复议机关公章或行政复议专用章。专利执法行政复议调解书经双方签字，即具有法律效力。专利执法行政复议调解书生效后，一方不履行专利执法行政复议调解书的，另一方可以申请强制执行。

调解未达成协议或者调解书生效前一方反悔的，行政复议机关应当及时作出专利执法行政复议决定。

四、结案审批

专利执法行政复议案件依法需要作出行政复议决定书的，办案人员应当制作专利执法行政复议案件结案审批表，拟订专利执法行政复议决定书，经复议处（科）室负责人审核后，报行政复议机关负责人批准。

专利执法行政复议案件依法需要终止审理的，办案人员应当制作专利执法行政复议案件结案审批表，经复议处（科）室负责人审核，报行政复议机关负责人批准后，终止审理。

五、结案后的后续措施

为妥善地解决行政争议，提升行政效能，行政复议机关可以在结案后采取如下三种后续措施：

1. 复议意见书。在行政复议期间，行政复议机关发现被申请人或其他下级行政机关的专利执法行为违法或需要做好善后工作的，可以制作专利执法行政复议意见书。有关机关应当自收到专利执法行政复议意见书之日起60日内，将纠正相关专利执法违法行为或做好善后工作的情况通报复议处（科）室。

2. 复议建议书。在复议期间，行政复议机关发现法律、法规、规章实施中带有普遍性的问题，可以制作专利执法行政复议建议书，向有关机关提出完善制度和改进专利执法的建议。

3. 复议备案。下级行政复议机关应当及时将重大专利执法行政复议决定报上级行政复议机关备案。

第四节　专利执法行政复议决定的作出

专利执法行政复议决定是行政复议机关对具体行政行为依法审查后，基于查清的事实，根据法律、法规、规章以及其他规范性文件的规定，以专利执法行政复议决定书的形式作出的结论性意见。

一、专利执法行政复议的审理和决定理由

专利执法行政复议机关作出行政复议决定前，需要对行政复议所针对的专利执法行为的合法性和适当性进行全面的实体审查，并将审查结果作为专利执法行政复议决定的理由。审查内容主要包括以下几个方面。

（一）主体及其职权的审查

主体审查包括两方面：（1）专利执法主体的存在是否有组织法依据；（2）专利执法主体的权限来源是否有法律、法规的明确授权。

职权审查包括对是否超越职权和滥用职权两个方面的审查。

如下几种情形通常被认为超越职权：

1. 下级行政机关非法行使了上级行政机关的职责。

2. 超越地域管辖权限的越权，如专利假冒行为查处案件本应由违法行为发生地的

管理专利工作的部门管辖，但却由违法行为人住所地的管理专利工作的部门进行了处理。

3. 行政机关的内设工作机构行使了该行政机关的权限，如管理专利工作的部门内设的执法处（科）室以自己的名义对外作出了执法行为。

4. 法律、法规授权的组织超越了授权范围。

5. 受委托进行专利执法工作的组织超越了委托权限范围。

滥用职权则是指被申请复议的管理专利工作的部门虽然在形式上是在职责范围内作出专利执法行为，但是其在行使职权过程中违背了赋予其权限的法律、法规的宗旨。

（二）事实证据的审查

事实清楚和证据确凿是具体行政行为合法的前提。对事实和证据的判断，直接影响审理的结果。对案件事实的审查，主要看证据是否确凿充分，因此在审理涉及专利执法的行政复议案件时，要对证据的质量和数量进行全面的判断。对于证据，具体有以下几个方面的要求：

1. 证据真实客观，不是由专利执法人员主观臆造出来的。

2. 证据和具体行政行为之间存在关联性，如处罚假冒专利行为依据的应当是能证明行为人存在假冒专利行为的证据，而不能是与假冒专利无关的证明其存在其他违法经营情况的证据。

3. 取证的主体和程序合法，如现场取证时，取证人员应具有执法权限、符合法定人数，现场收集证据应履行法定程序。

4. 作出具体行政行为依据的全部证据完整充分、确凿，在逻辑上没有冲突，能相互印证，形成完整的证据链。

（三）执法依据的审查

对执法依据的审查，是指审查被申请复议的专利执法行为适用法律、法规、规章以及其他规范性文件是否正确。主要从如下几个方面进行判断：

1. 该依据是否适用于专利执法行为。

2. 适用法律依据是否正确，如是否本应适用甲依据时，却适用了乙依据。

3. 引用条款是否正确。

4. 适用依据是否全面，如是否为规避某些依据，仅适用了部分依据。

5. 适用依据是否已失效或尚未生效。

6. 适用的法律规范位阶是否正确，如有上位法的不能适用下位法，有法律、法规的不能适用法律、法规以下的规范性文件。

（四）执法程序的审查

对执法程序的审查，是指审查专利执法行为的作出是否符合法律、法规、规章规定的方式、形式、手续、顺序和时限的要求。对执法程序的审查具体包括如下几个方面：

1. 是否履行法定手续。如是否在执法时表明执法身份，是否在处罚前告知了行政相对人其享有的权利，是否依法经领导批准，是否依法完成了送达等。

2. 是否符合法定形式。如法律规定采用书面形式的，是否采用了书面形式；是否依法制作笔录等。

3. 是否符合法定步骤和顺序。例如，是否在作最后处理决定前听取了处理结果对其不利的当事人的意见。

4. 是否在法定期限内作出具体行政行为。

（五）适当性的审查

对适当性的审查，是指审查被申请人在进行专利执法时，是否公正合理地行使其自由裁量权。对于是否适当可以采取以下三种方法作出判断：

1. 横向比较的方法。即对于情节性质类似的情形，与所在地区同系统其他行政机关的处理结果是否大体类似。

2. 纵向比较的方法。即对于情节性质类似的情形，与本机关此前作出的处理是否大体类似。

3. 内部比较的方法。如在涉及多名违法行为人的案件中，对于违法性质和情节类似的两名违法行为人，给予处理的结果是否大体类似。

二、专利执法行政复议决定的类型

根据专利执法行政复议的审理结果，行政复议决定的类型主要包括以下几种。

（一）维持决定

行政复议机关对专利执法行为进行审查后，认为该专利执法行为事实清楚、证据确凿、适用依据正确、程序合法、内容适当的，应当作出维持该专利执法行为的行政复议决定。

（二）撤销决定

专利执法行为有下列情形之一的，行政复议机关应当决定撤销该专利执法行为或者确认该专利执法行为违法，并可以决定由被申请人在一定期限内重新作出具体行政行为：

1. 主要事实不清、证据不足的。

2. 适用依据错误的。

3. 违反法定程序的。

4. 超越或滥用职权的。

5. 具体执法行为明显不当的。

6. 被申请人没有提出书面答复，未提交作出专利执法行为的证据、依据和其他有关材料的。

专利执法行政复议撤销决定可以分为两种类型：（1）全部撤销具体行政行为，如假冒专利的查处决定是没收违法所得，同时处以罚款的，行政复议决定将两种处罚一并撤销；（2）部分撤销具体行政行为，如将前例中的没收违法所得的处罚予以保留，而对罚款的处罚予以撤销。

（三）变更决定

除作出撤销决定外，专利执法行政复议机关还可以作出决定直接变更被申请人的具体行政行为。变更决定主要适用于以下两种情形：

1. 案件事实清楚，证据确凿，程序合法，但具体行政行为明显不当或适用依据错误的。

2. 案件认定事实不清，证据不足，但是经行政复议机关审理查明，事实清楚，证据确凿的。

行政复议机关在作出变更决定时，在申请人的专利执法行政复议请求范围内，不得作出对申请人更为不利的行政复议决定。

（四）确认违法决定

确认违法决定，是指行政复议机关作出的确认被申请复议的专利执法行为违法的行政复议决定。专利执法行为有以下几种情形之一，且不能适用撤销或变更决定的，专利执法行政复议机关可以作出确认该专利执法行为违法的决定：

1. 主要事实不清、证据不足的。

2. 适用依据错误的。

3. 违反法定程序的。

4. 超越或滥用职权的。

5. 具体行政行为明显不当的。

（五）责令重新作出决定

专利执法行政复议机关作出撤销或确认违法决定的同时，还可以责令被申请人在一定期限内重新作出具体行政行为。

专利执法行政复议机关责令被申请人重新作出专利执法行为的，被申请人不得以同一事实和理由作出与原具体行政行为相同或者基本相同的专利执法行为。但对于因程序违法而被撤销或确认违法的专利执法行为，如果重新作出的专利执法行为遵循了法定程序，修正了程序瑕疵，则不受上述限制。

专利执法行政复议机关责令被申请人重新作出专利执法行为的，被申请人应当在相关法律、法规、规章规定的期限内重新作出具体行政行为；相关法律、法规、规章没有规定期限的，重新作出具体行政行为的期限为60日。

（六）责令履行决定

当被申请人有不履行法定职责的情形时，专利执法行政复议机关应当作出责令履行的决定。在专利执法中责令履行决定主要适用三类案件：

1. 没有履行保护专利权等财产权的法定职责的案件。
2. 没有履行查处假冒专利行为的法定职责的案件。
3. 没有应申请人申请依法公开执法信息的案件。

专利执法行政复议机关作出责令履行的行政复议决定应当具备以下几个条件：（1）申请人已提供材料证明曾经申请被申请人履行法定职责的事实；（2）要求作出的具体行政行为在被申请人的法定职责范围内；（3）被申请人未履行法定职责且无正当理由；（4）责令被申请人继续履行法定职责对申请人而言还具有实际意义。

专利执法行政复议机关决定被申请人履行法定职责的，应当同时明确被申请人履行该职责的期限。

（七）驳回专利执法行政复议申请决定

有下列情形之一的，专利执法行政复议机关应当决定驳回行政复议申请：

1. 申请人认为管理专利工作的部门不履行法定职责申请专利执法行政复议，行政复议机关受理后发现该部门没有相应法定职责或者在受理前已经履行法定职责。
2. 受理专利执法行政复议申请后，发现该专利执法行政复议申请不符合《行政复议法》和《行政复议法实施条例》规定的受理条件。

第四章　专利执法行政复议的期间和送达

专利执法行政复议期间的计算和行政复议文书的送达，依照《民事诉讼法》关于期间和送达的规定执行。

第一节 专利执法行政复议期间

一、期间的计算单位

专利执法行政复议期间的计算以“日”为单位。例如，公民、法人和其他组织申请专利执法行政复议的期限为60日，行政复议机关对专利执法行政复议申请进行审查以决定是否受理的期限为5日。

根据《行政复议法》第四十条第二款的规定，行政复议期间有关“5日”“7日”的规定是指工作日，不含节假日。除此之外，其他期间的“日”指自然日。

二、期间的计算方法

（一）期间的起算

专利执法行政复议期间开始的第一日不计算在期间内，即专利执法行政复议期间从法定或指定日期的第二日开始计算。例如，申请人于2017年3月27日向行政复议机关提出专利执法行政复议申请，如果行政复议机关经审理决定不予受理的，则其可以作出不予受理决定的期限为自2017年3月28日开始计算5个工作日内。

（二）期间的扣除

“5日”“7日”的期间不包括节假日，应当扣除节假日。除此之外，其他期间如“10日”“30日”“60日”等不能扣除节假日，但是如果这些期间的最后一日恰好为节假日，则期间届满的日期要顺延到节假日后的第一个工作日。

专利执法行政复议法律文书在邮寄过程中所花费的时间也应当扣除，如行政复议机关邮寄送达专利执法行政复议决定书的时间、行政复议申请人邮寄递交行政复议申请书的时间。

第二节 专利执法行政复议文书的送达

一、送达和送达回证

专利执法行政复议文书的送达，是指行政复议机关按照法定的程序和方式，将依法制作的专利执法行政复议法律文书交付复议参加人的行为。

根据《民事诉讼法》的相关规定，送达相关文书必须有送达回证，由受送达人在送达回证上记明收到日期，签名或者盖章。受送达人在送达回证上的签收日期为送达日期。

二、法定送达方式

（一）直接送达

直接送达是指将专利执法行政复议法律文书直接送交受送达人签收的送达方式。原则上直接送达应当由受送达人本人或其代理人签收。本人不在时，可送交与其同住的成年家属签收。受送达人为法人或其他组织的，应当由法人的法定代表人、其他组织的主要负责人或者法人、其他组织的负责收件的人签收。受送达人向专利执法行政复议机关指定代收人的，也可以由代收人签收。

（二）留置送达

留置送达是指在受送达人或者其同住的成年家属无正当理由拒绝签收行政复议法律文书的情况下，送达人可以邀请有关基层组织或者所在单位的代表到场，说明情况，在送达回证上注明拒收事由和日期，由送达人、见证人签名或者盖章，将文书留在受送达人的住所；也可以把文书留在受送达人的住所，并采用拍照、录像等方式记录送达过程，即视为送达。

（三）委托送达

委托送达是指在直接送达确有困难的情况下，由专利执法行政复议机关委托受送达地的行政机关代为送达的送达方式。

（四）邮寄送达

邮寄送达是指行政复议机关将专利执法行政复议法律文书交付邮局，由邮局通过寄送邮件的形式送交受送达人的送达方式。

邮寄送达以送达回证上注明的收件日期为送达日期。受送达人没有寄回送达回证的，或送达回证上填写的日期明显错误的，以从邮局查询的受送达人实际收到日期为送达日期。

（五）转送送达

转送送达是指行政复议机关将专利执法行政复议法律文书交由受送达人所在单位转交给受送达人的送达方式。转送送达适用于受送达人是军人和受送达人被监禁等情形。

（六）公告送达

在受送达人下落不明，或者采取其他方式均无法送达的情况下，可以使用公告送达。公告送达可以在管理专利工作的部门公告栏、官方网站、受送达人原住所地张贴公告，也可以采取登报形式公告。

自公告发布之日起，经过60日即视为送达。公告送达的，应当在行政复议案卷中载明原因和经过。

第二部分　专利行政保护应诉指引

第一章　专利执法行政诉讼概述

行政诉讼，是指公民、法人或者其他组织认为行政机关和行政机关工作人员的行政行为侵犯其合法权益，依照法律规定向人民法院提起的诉讼。

专利执法行政诉讼，是指当事人对管理专利工作的部门作出的与行政执法有关的行政行为不服，依法向人民法院提起的行政诉讼。

第一节　专利执法行政诉讼案件的类型

根据专利行政执法的类型，可以将专利执法行政诉讼分为两类。

一、针对专利侵权纠纷裁决提起的行政诉讼

管理专利工作的部门针对请求人提出的专利侵权纠纷处理请求进行的以下处理，当事人不服相应行政裁决的，可以向人民法院提起行政诉讼：

1. 认为不符合立案条件，向请求人发出专利侵权纠纷处理请求不予受理通知书的。

2. 经审理，认为需要作出行政裁决，向当事人发出专利侵权纠纷案件行政裁决书的。

3. 管理专利工作的部门认为符合撤案情形，向当事人发出撤销专利侵权纠纷案件决定书的。

4. 管理专利工作的部门在接到请求之日起 2 个月内不履行法定职责的。

二、针对假冒专利行为查处提起的行政诉讼

管理专利工作的部门针对涉嫌假冒专利行为进行的以下处理，当事人对相应的处理不服的，可以向人民法院提起行政诉讼：

1. 收到举报人、投诉人对涉嫌假冒专利行为的举报、投诉，管理专利工作的部门经调查核实，认为不构成假冒专利，向举报人、投诉人发出举报、投诉涉嫌假冒专利案件不予立案通知书或者撤销案件通知书的。

2. 有初步证据证明是假冒专利，向当事人发出查封（扣押）决定书，查封或者扣押涉嫌假冒专利的产品的。

3. 经调查核实，认定假冒专利行为成立，向当事人发出责令整改通知书，责令停

止假冒专利行为和采取改正措施的。

4. 经调查核实，认定假冒专利行为成立，在当事人有违法所得或者应当进行处罚的情况下，发出行政处罚决定书，没收违法所得、单处或者并处罚款的。

在查处假冒专利案件中，当事人对管理专利工作的部门作出的行政行为不服，依法向上级主管部门申请行政复议的，上级管理专利工作的部门作为复议机关维持原行政行为，当事人对复议决定不服，向人民法院提起行政诉讼时，作出复议决定的上级管理专利工作的部门和作出原行政行为的专利执法部门一起作为共同被告参加行政诉讼。

调查取证、登记保存证据、中止等程序性行为，虽可能影响当事人的利益，但其是案件处理过程中的执法环节，不属于行政诉讼范畴。

第二节　专利执法行政诉讼案件的管辖

依据《中华人民共和国行政诉讼法》（以下简称《行政诉讼法》），专利执法行政诉讼案件实行两审终审制。

最高人民法院知识产权法庭统一受理专利等专业技术性较强的知识产权上诉案件；北京、上海、广州设立的知识产权法院，以及多个省级行政区设立的若干个知识产权法庭，统一审理专利等专业技术性较强的民事、行政知识产权案件。

一、第一审案件

不服管理专利工作的部门所作行政行为提起的一审行政诉讼案件，由各省、自治区、直辖市人民政府所在地中级人民法院和最高人民法院指定的中级人民法院知识产权法庭管辖。

1. 不服北京市、上海市、广东省（深圳地区除外）各管理专利工作的部门的行政行为提起的行政诉讼，分别由北京知识产权法院、上海知识产权法院、广州知识产权法院管辖；不服深圳地区管理专利工作的部门的行政行为提起的行政诉讼，由深圳市中级人民法院知识产权法庭管辖。

2. 不服其他省、自治区、直辖市管理专利工作的部门的行政行为提起的行政诉讼，由各省、自治区、直辖市人民政府所在地中级人民法院（知识产权法庭）或者最高人民法院指定的中级人民法院管辖。

3. 受省、自治区、直辖市管理专利工作的部门委托进行执法的县、市级管理专利工作的部门所作的行政行为，当事人对其不服的，通常由各省、自治区、直辖市人民政府所在地中级人民法院或者最高人民法院指定的中级人民法院管辖。

4. 设区的市、由地方性法规授权的县（市）级管理专利工作的部门作出的行政行为，当事人对其不服的，由各省、自治区、直辖市人民政府所在地中级人民法院或者最高人民法院指定的中级人民法院管辖。

管理专利工作的部门作为复议机关的，根据复议决定的类型、当事人的诉讼请求，结合以上管辖原则，由各省、自治区、直辖市人民政府所在地中级人民法院或者最高人民法院指定的中级人民法院管辖。

二、第二审案件

根据《全国人民代表大会常务委员会关于专利等知识产权案件诉讼程序若干问题的决定》（2018 年 10 月 26 日第十三届全国人民代表大会常务委员会第六次会议通过）、《最高人民法院关于知识产权法庭若干问题的规定》（法释〔2018〕22 号）规定，当事人对专利等专业技术性较强的知识产权行政案件第一审判决、裁定不服，提起上诉的，由最高人民法院知识产权法庭管辖。

三、再审案件

当事人对已经发生法律效力的判决、裁定，认为确有错误的，可以向人民法院申请再审，但原判决、裁定不停止执行。

对已经发生法律效力的专利执法行政案件第一审判决、裁定、调解书，依法申请再审、抗诉等，适用审判监督程序的，由最高人民法院知识产权法庭审理。

对于已经发生法律效力的专利执法行政案件第二审判决、裁定、调解书，依法申请再审、抗诉等，适用审判监督程序的，由最高人民法院审理。

第二章　专利执法行政诉讼案件的处理

专利执法行政诉讼案件启动后，管理专利工作的部门应当做好立案建档、代理人指派、开庭前准备、出庭应诉工作。

第一节　案件启动

专利执法行政诉讼案件通常由行政执法案件的当事人向人民法院提起诉讼，管理专利工作的部门作为被告、被上诉人参加诉讼；在第二审程序自行提起上诉或再审申请的案件除外。

一、第一审程序的启动

专利执法行政诉讼案件的第一审程序均由行政决定所涉当事人启动，管理专利工作的部门只能作为被告进行应诉。

（一）起诉期限

通常情况下，当事人启动第一审程序的期限为自知道或者应当知道作出行政行为之日起6个月内。例如，针对假冒专利行为查处中的查封（扣押）通知书，责令停止假冒专利行为和采取改正措施的责令整改通知书，没收违法所得、罚款等的行政处罚决定书提起行政诉讼的，起诉期限为自当事人收到相关法律文书之日起6个月内。

专利执法行政诉讼案件中，有两类案件的第一审程序启动期限为自收到处理通知之日起15日内：一是针对专利侵权纠纷案件中的专利侵权纠纷行政裁决书提起行政诉讼的，起诉期限为自收到处理通知之日起15日内；二是当事人先向上一级管理专利工作的部门申请复议，对行政复议决定不服再向人民法院提起诉讼的，起诉期限为自收到复议决定书之日起15日内。

管理专利工作的部门在接到专利侵权纠纷处理请求之日起2个月内不履行法定职责的，2个月期限届满后，当事人即可以向人民法院提起行政诉讼。

（二）当事人地位

当事人针对与专利侵权纠纷案件相关的行政行为提起行政诉讼的，该当事人为原告，管理专利工作的部门为被告，通知书或裁决书中涉及的其他当事人作为第三人。

当事人针对查处假冒专利行为案件中的行政行为提起行政诉讼的，该当事人为原告，管理专利工作的部门为被告。

当事人针对维持原行政行为的复议决定提起行政诉讼的，该当事人为原告，作出原行政行为的管理专利工作的部门和履行复议职能的上级管理专利工作的部门为共同被告。当事人针对改变原行政行为的复议决定提起行政诉讼的，该当事人为原告，履行复议职能的上级管理专利工作的部门为被告。

当事人提出行政复议请求，但履行复议职能的上级管理专利工作的部门在法定期限内未作出复议决定，当事人起诉作出原行政行为的管理专利工作的部门的，该当事人为原告，作出原行政行为的管理专利工作的部门为被告；当事人起诉履行复议职能的上级管理专利工作的部门的，该当事人为原告，履行复议职能的上级管理专利工作的部门为被告。

二、第二审程序的启动

专利执法行政诉讼案件的第二审程序可由第一审程序中的任一方启动，包括原告、被告和第三人。

原告不服一审判决或裁定提起上诉的，该当事人为上诉人，管理专利工作的部门作为被上诉人应诉，其他当事人通常被列为原审第三人。第三人不服一审判决或裁定提起上诉的，该原审第三人为上诉人，原审原告作为被上诉人应诉，管理专利工作的部门通常被列为原审被告。管理专利工作的部门不服一审判决，也可以作为上诉人主动提起上诉，此时原审原告被列为被上诉人，原审第三人仍作为第三人参加诉讼。

针对判决书提起上诉的期限为自一审判决书送达之日起 15 日内，针对裁定书提起上诉的期限为自裁定书送达之日起 10 日内。送达之日是指当事人收到人民法院送达的裁判文书的日期，上诉期限从该日期的第二天起算。

三、再审程序的启动

再审程序是对两审终审制的补充。再审程序的启动有三种渠道：当事人申请、法院主动再审和检察院抗诉。

（一）当事人申请再审

任何一方当事人，包括管理专利工作的部门，对已经发生法律效力的判决、裁定不服，均可以向最高人民法院申请再审。申请再审应当在判决、裁定发生法律效力后 6 个月内提出。

当事人的申请符合下列情形之一的，人民法院应当再审：

1. 不予立案或者驳回起诉确有错误的。
2. 有新的证据，足以推翻原判决、裁定的。
3. 原判决、裁定认定事实的主要证据不足、未经质证或者系伪造的。
4. 原判决、裁定适用法律、法规确有错误的。
5. 违反法律规定的诉讼程序，可能影响公正审判的。
6. 原判决、裁定遗漏诉讼请求的。
7. 据以作出原判决、裁定的法律文书被撤销或者变更的。
8. 审判人员在审理该案件时有贪污受贿、徇私舞弊、枉法裁判行为的。

原告或第三人提出再审申请时，该当事人为再审申请人，管理专利工作的部门为被申请人，另一方当事人通常被列为原审原告或原审第三人。管理专利工作的部门提出再审申请的，原审原告将被列为被申请人，原审第三人仍作为原审第三人参加诉讼。

（二）法院主动再审

各知识产权法院或具有专利行政诉讼案件管辖权的中级人民法院的院长对本院已经发生法律效力的判决、裁定，发现有《行政诉讼法》第九十一条规定情形之一，或者发现调解违反自愿原则或者调解书内容违法，认为需要再审的，应当提交审判委员会讨论决定。

最高人民法院对各知识产权法院或具有专利行政诉讼案件管辖权的中级人民法院已经发生法律效力的判决、裁定，发现有《行政诉讼法》第九十一条规定情形之一，或者发现调解违反自愿原则或者调解书内容违法的，有权提审或者指令法院再审。

最高人民法院对最高人民法院知识产权法庭已经发生法律效力的判决、裁定，发现有《行政诉讼法》第九十一条规定情形之一的，有权再审。

管理专利工作的部门根据人民法院的通知和要求参加诉讼。

（三）检察院抗诉

最高人民检察院对最高人民法院知识产权庭和知识产权法庭、各知识产权法院或具有专利行政诉讼案件管辖权的中级人民法院已经发生法律效力的判决、裁定，发现有《行政诉讼法》第九十一条规定情形之一，或者发现调解书损害国家利益、社会公共利益的，应当提出抗诉。

与各知识产权法院或具有专利行政诉讼案件管辖权的中级人民法院同级的人民检察院对其已经发生法律效力的判决、裁定，发现有《行政诉讼法》第九十一条规定情形之一，或者发现调解书损害国家利益、社会公共利益的，可以向其提出检察建议，并报上级人民检察院备案；也可以提请上级人民检察院抗诉。

第二节　立案建档和代理人指派

一、立案建档

立案建档是行政诉讼案件处理的第一环节。

管理专利工作的部门应当根据实际情况，指定承担法规工作的处（科）室（以下简称“行政诉讼处室”）专门负责行政诉讼工作，并与作出被诉行政行为的处（科）室（以下简称“业务处室”）做好衔接和分工。

行政诉讼处室在收到法院的应诉通知书等材料后，应当签收送达回证并进行登记，注明收到日期，生成诉讼案件编号，制作诉讼案卷。

二、代理人指派

专利执法行政诉讼案件通常应当指派两名代理人参加诉讼，一般应包括一名被诉行政行为的承办人或者熟悉相关案件情况的工作人员。根据工作需要，管理专利工作的部门也可以委托本单位以外的专业人士，例如律师或专利代理人等作为委托代理人参加行政诉讼。两名诉讼代理人的分工应根据实际情况确定。

第三节　诉讼材料准备

管理专利工作的部门在行政诉讼中应依据其在诉讼中的不同地位准备材料。

一、当事人启动的行政诉讼案件

针对当事人启动的行政诉讼案件，管理专利工作的部门作为被告、被上诉人或者再审被申请人，需要在自收到应诉通知书及起诉状副本之日起 15 日内提交答辩材料，包括但不限于：统一社会信用代码证书、法定代表人或主要负责人身份证明、授权委托书、答辩状、作出被诉行政行为依据的证据及证据清单、作出被诉行政行为所依据的法律、法规、条例、地方性法规、地方政府规章、国务院部门规章、规范性文件等。

（一）授权委托书

授权委托书应当由单位负责人签批。

出庭前代理人发生变更的，变更后的代理人应向法院提交变更后的授权委托书。

代理人应当在委托代理权限范围内进行诉讼活动。代理人的代理权限包括：

1. 一般代理。

2. 特别授权：代为出庭，提供证据；代为承认、变更、放弃诉讼请求；代为调解；代为签收法律文书等。

（二）答辩状

答辩状是管理专利工作的部门针对起诉状、上诉状或者再审申请书的请求和理由，在法定期限内根据事实和法律进行答复与解释的法律文书。提交答辩状是法律赋予行政机关的权利，有利于保护其正当合法权益。为使人民法院办案法官能够全面客观了解案件情况、总结案件争议焦点、判明是非、作出正确的判决或裁定，管理专利工作的部门应在答辩期内提交答辩状。

代理人应当在收到应诉材料后，针对原告的起诉资格、诉讼时效、诉讼请求及理由等事项提出应诉意见，形成答辩状，连同整理的证据材料和证据清单一起报分管负责人和/或正职负责人审批；并在自收到应诉材料之日起 15 日内向人民法院提交答辩状，提交作出被诉行政行为的证据和所依据的规范性文件。

1. 答辩状的形式。行政答辩状应当包括首部、正文、尾部及附项三方面的内容。

首部即标题“行政答辩状”。

正文部分由三部分组成：当事人栏、案由部分和答辩部分。

尾部及附项部分包括三方面的内容：（1）致送机关；（2）答辩人及答辩日期；（3）附项，包括答辩状副本份数、证物或书证件数、法律和法规复印件份数。

2. 答辩状的撰写。撰写答辩状时，应当针对原告、上诉人或者再审申请人提出的全部理由并结合证据和法律依据逐一进行答辩，答辩内容具有针对性且不能遗漏。答辩理由应论证详尽、条理清楚，逻辑严密，必要时可以用证据（应主要是行政程序中采用的证据）和相关法律依据予以支持。没有证据或法律依据的答辩理由尽量不要写入答辩状，确保答辩理由符合法律规定。

（1）注意不同审级当事人的正确称呼。一审程序中为原告/被告/第三人，二审程序中为上诉人/被上诉人/原审第三人，再审程序中为再审申请人/再审被申请人等。

（2）针对程序问题进行答辩。包括诉讼主体是否适格、起诉或上诉期限是否超期、当事人是否提交了在行政程序中未出现的新证据或者提出了在行政程序中未提出的新理由等。如果经核实，原告、上诉人或者再审申请人不是被诉行政裁决、决定或通知书的当事人或者起诉或上诉期限超出法定期限，则需要在答辩状中说明，请求法院依法裁定驳回其诉讼请求；如果原告、上诉人或者再审申请人提交了在行政程序中没有出现过的新证据，或者提出了在行政程序中没有提出过的新理由，则需要在答辩状中说明，请求法院对该证据不予采信，对该理由不予审理或请求法院准许补充证据。

（3）针对实体问题进行答辩。可以引述被诉行政裁决、决定或通知书中的论述，必要时针对诉讼请求对被诉行政裁决、决定或通知书的理由作进一步解释和论述。对于原告、上诉人或者再审申请人所陈述的案件事实与实际情况不符之处，应明确提出，予以辩驳，并清楚、简要地描述案情，就争议的重点事实进行详细阐述。

可以根据不同案情，采取以下几种答辩技巧：

一是认为被诉行政行为完全正确的。需明确指出原告、上诉人或者再审申请人的诉讼请求没有依据。针对原告、上诉人或者再审申请人诉讼请求的论点，提出确实充分的证据证明案情事实，列举有关的法律、法规，并适当摘引其相应的条款进行辩驳，说明作出行政行为所适用的实体法和程序法正确。

二是认为被诉行政行为有欠缺的。可先就行政行为的正确部分，根据事实、证据以及法律、法规进行答辩，然后再实事求是地说明行政行为的瑕疵或不妥之处，并提出改正意见。

三是发现被诉行政行为确属不当的，可不进行答辩。

（4）准确提出答辩请求。在答辩状正文的最后部分，准确提出答辩请求，例如："综上所述，××知识产权局作出的第××号行政裁决认定事实清楚，适用法律法规正确，处理程序合法，决定结论正确，原告的诉讼理由不能成立，请贵院驳回原告诉讼请求。"

（三）证据和证据清单

行政诉讼是法院对行政行为的合法性进行审查的制度。在行政诉讼中，管理专利工作的部门应对其作出的行政行为的合法性负有举证责任；如果管理专利工作的部门不能在举证期限内提交证据，或者无正当理由逾期提交证据证明其行政行为合法，将要承担不利的法律后果，即存在败诉的可能性。因此，管理专利工作的部门应在答辩期内将证据完整地、按逻辑性顺序向人民法院提交。

根据《行政诉讼法》第三十三条规定，证据可分为八类，即书证、物证、视听资料、电子数据、证人证言、当事人的陈述、鉴定意见、勘验笔录和现场笔录。在专利执法行政应诉中，证据应当与答辩状中的内容相对应，以证明专利执法行为合法性为目的，通常包括两种类型：

1. 证明行政行为程序合法的证据。例如受理通知书、答辩通知书、送达登记表、接收当事人证据材料清单、证据登记保存清单、查封（扣押）物品清单、口头审理通知书、听证笔录等。

2. 证明行政行为实体合法的证据。例如被控侵权产品、假冒专利产品、调查取证的照片或录像、现场勘验笔录、口头审理记录等。

对于需要提交的证据，应当制作证据清单，详细列明每个证据的证据名称和证明目的。其中，证明目的可以逐项列出，也可以综合概括。在形成证据清单时，需要注意：（1）被诉裁决、决定或通知书是行政诉讼审查的对象，原告或上诉人没有提交该决定或通知书的，管理专利工作的部门应当将该裁决、决定或通知书以附件的形式提交，不应当将其列为证据；（2）被诉裁决、决定或通知书中依据多份证据的，根据需要可以注明"被诉裁决中的证据××"。

（四）行政行为的法律依据

目前司法实践中，在答辩期内，行政机关应将作出行政行为时所依据的法律、法规、条例、地方性法规、地方政府规章、国务院部门规章、规范性文件等以书面方式向人民法院提交。一般情况下，提供能够证明行政行为程序、实体合法的法律依据的相关条款即可。必要时，可打印或复印相应文件作为诉讼材料的一部分。

二、管理专利工作的部门启动的行政诉讼案件

管理专利工作的部门启动的行政诉讼案件仅限于两种类型：一是管理专利工作的部门不服一审判决或裁定提起上诉的案件，二是管理专利工作的部门不服二审判决或裁定提起再审申请的案件。

（一）上诉案件

管理专利工作的部门决定提起上诉的，应当在收到判决书之日起15日内或收到裁定书之日起10日内向原审人民法院的上一级人民法院提起上诉。

1. 启动上诉案件前的报批

管理专利工作的部门收到一审判决书或裁定书后，两名代理人应当于收文之日起3日内商定是否提起上诉，填写诉讼案件分析表，并报分管负责人审批，决定是否上诉。

2. 上诉材料的准备

管理专利工作的部门决定提起上诉的，应当准备上诉材料，通常包括但不限于：统一社会信用代码证书、法定代表人或主要负责人身份证明、授权委托书、上诉状、证据清单、证据材料、用于供二审法院参考的其他材料等。

3. 上诉状内容的确定

上诉状的内容由两名代理人共同商定。代理人应当根据具体分工，在收文之日起8日内起草上诉状，准备拟提交的证据材料和证据清单等诉讼材料，报单位负责人或分管负责人审批后，在上诉期限内提交二审法院。

4. 上诉状的撰写

上诉状是当事人不服一审判决或裁定，按照法定程序和期限向上一级人民法院提起上诉时使用的文书。一份完整的上诉状应当包括首部、正文、尾部及附项三方面的内容。

首部即标题“行政上诉状”。

正文通常由三部分组成：当事人栏、诉讼请求、上诉的事实与理由。

（1）当事人栏。除列明上诉人的情况外，还要列出被上诉人的情况。

（2）诉讼请求。诉讼请求部分应当写明上诉人请求二审法院依法撤销或变更原审裁判以及如何解决争议的具体要求。诉讼请求应当明确、具体。

（3）上诉的事实与理由。首先应当概括叙述案情及原审人民法院的处理经过和结果，为论证上诉理由奠定基础。其次针对原审判决或裁定中的错误和问题进行分析论证，表述正确主张，阐明上诉理由，为实现上诉请求提供事实和法律依据；针对判决或裁定中存在的错误和问题的分析应当有理有据。最后概括性地重申诉讼请求的内容，

即撤销原审判决或裁定。

通常可以从以下几个方面具体阐述上诉理由：一是事实认定错误的，应当列举证据，否定其认定的全部或部分事实；二是适用法律不当的，应当援引有关法律加以反驳；三是违反法定程序的，应当依据法律指出错误之处。

尾部和附项包括三方面的内容：（1）致送机关；（2）上诉人和上诉日期；（3）附项，包括上诉状副本份数、证物或书证件数、法律和法规复印件份数。

证据材料和证据清单的准备。提起上诉时证据和证据清单的准备与应对当事人启动的行政诉讼案件的相应要求相同。

（二）再审申请案件

管理专利工作的部门申请再审的，应当在判决、裁定发生法律效力后6个月内提出。

1. 启动再审申请前的报批

管理专利工作的部门收到生效判决书或裁定书后，两名代理人应当于收文之日起5日内商定是否提起再审申请，填写诉讼案件分析表，并在收文之日起2周内报相关负责人审批，决定是否提起再审申请。

2. 再审申请材料的准备

管理专利工作的部门决定申请再审的，代理人应当在完成报批程序之日起15日内准备再审申请材料，通常包括但不限于：统一社会信用代码证书、法定代表人或主要负责人身份证明、授权委托书、再审申请书、证据清单、证据材料、用于供再审人民法院参考的其他材料等。

再审申请书内容由两名代理人共同商定。代理人应当根据具体分工起草再审申请书，准备拟提交的证据材料和证据清单等诉讼材料，一并报单位负责人或分管负责人审批后，在法定期限内按照规定将相应的再审申请材料提交人民法院。

3. 再审申请书的撰写

再审申请书针对的是生效判决或裁定中存在的事实认定、法律适用等错误，在撰写格式和行文方式上与上诉状类似。

再审申请书与上诉状的不同之处主要体现在以下几个方面：

（1）当事人地位。再审案件当事人分别为再审申请人、被申请人。

（2）诉讼请求。诉讼请求部分应当写明请求再审人民法院撤销、部分撤销或变更人民法院已经发生法律效力的判决、裁定的具体事项。该部分应当明确具体、简明扼要。

（3）事实与理由。除了针对所涉案件二审判决或裁定中存在的认定事实不清、适用法律不当、违反法定程序等进行分析论证外，再审申请书还可以就该案的争议焦点从更深层次进行详细分析和说明，例如，可以从法律、法规如何适用才更符合立法本意角度进行充分阐释，而不仅限于具体个案情况。

4. 证据材料和证据清单的准备

提起再审申请时证据和证据清单的准备与应对相对人启动的行政诉讼案件的相应要求相同。

第四节　出庭前的准备

开庭前，应当针对庭审中可能遇到的情况进行充分的准备，以确保庭审顺利进行。

一、确定出庭人员

单位负责人或分管负责人应当尽可能出庭应诉；对于涉及重大公共利益、社会高度关注或者可能引发群体性事件的案件，以及人民法院书面建议行政机关负责人出庭的行政诉讼案件，单位负责人或分管负责人应当出庭应诉。

单位负责人或分管负责人不能出庭的，应当委托工作人员出庭。

二、庭前合议

开庭前，两名代理人应当全面阅卷，并就案件情况进行合议。针对起诉状、上诉状或者再审申请书中涉及的内容，分析庭审中可能遇到的问题，并确定应对方案。

庭前合议通常包括以下内容：（1）梳理案件处理过程；（2）熟悉案件中可能涉及的技术问题；（3）讨论起诉状、上诉状或者再审申请书中涉及的主要争议焦点，逐一商议应对方案；（4）讨论庭审中可能出现的其他问题并准备应对预案；（5）确定开庭中的分工以及是否需要准备代理词，例如，可以根据实际情况，由其中一名代理人（以下简称“第一代理人”）重点负责程序和法律问题，另一名代理人（以下简称“第二代理人”）负责实体问题。

管理专利工作的部门的负责人出庭应诉的，应当参加庭前合议，了解在法院庭审中的应对思路和注意事项，准备预案。

三、根据需要准备代理词

代理词主要用于在人民法院开庭审理中或者开庭后向合议庭陈述意见。代理人可以根据案件的具体情况，决定是否在开庭审理时准备并提交代理词。

对于庭审前确需拟订代理词的，代理词内容由两名代理人共同商定。根据庭审合议中确定的分工，各自起草所负责陈述部分的代理词，汇总后，根据需要提交人民法院。

撰写代理词时，应当将重点放在答辩状、上诉状或再审申请书中遗漏的内容上，对于答辩状、上诉状或再审申请书中已经全面阐述的内容可以不必重复。

四、准备开庭所需材料

开庭前，代理人应当整理好诉讼案卷，将开庭所必需的材料装订入诉讼案卷中。对于需要质证的证据，根据实际情况准备证据原件。必要时，准备庭审中可能涉及的法律、法规及其他相关的规范性文件的复印件。

第五节　出庭应诉

开庭审理是人民法院审判的核心阶段，是人民法院在完成审判前的准备工作后，在人民法院或其他适宜场所设置的法庭内，对案件进行审理的过程。

一、庭审过程

庭审通常主要包括确认出庭人员资格、法庭调查、法庭辩论、最后意见陈述、核对笔录、签字等几个步骤。

1. 确认出庭资格

确认当事人及出庭人员资格是法院庭审的第一阶段，通常由审判长主持，各方介绍当事人姓名或名称、住所地、法定代表人或主要负责人及其职务、出庭人员情况及各代理人代理权限，并核实各方当事人身份。之后，审判长宣布案由和审判人员、书记员名单，告知当事人诉讼权利义务，并询问当事人是否对合议庭组成人员提出回避申请等事项。该阶段通常由第一代理人负责陈述。

2. 法庭调查和法庭辩论

法庭调查和法庭辩论可能分阶段进行，但针对专利行政执法行政诉讼案件，这两个阶段通常合二为一，没有严格的界线。法庭调查开始时，通常先由各方简单陈述诉讼请求或答辩意见、出示证据并与对方当事人进行证据质证；之后，合议庭归纳庭审要点，并由各方围绕每个庭审要点陈述意见。

在法庭调查和法庭辩论阶段，两名代理人应当根据事先确定的分工，分别负责对涉案决定的程序、法律及实体问题陈述意见。二人应当相互配合，必要时相互补充；对于庭审中新出现的、庭审前未准备的其他问题，应当协商后作出答辩。

对于管理专利工作的部门提起上诉或再审申请的案件，管理专利工作的部门处于主动提出诉求的地位，在庭审中需要明确上诉或再审申请请求，并针对在前判决或裁定中存在的问题逐一反驳，必要时结合证据进行论述。

3. 最后意见陈述

最后陈述阶段由诉讼代理人作最后陈述，一般情况下表明坚持当庭陈述意见即可，如有必要，可以对需要补充说明的法律适用等问题再进行陈述。这一阶段通常由第一代理人负责。

4. 核对笔录及签字

庭审结束后，所有出庭人员均需要在开庭笔录上签字。两名代理人需要核对开庭笔录，尤其是本方陈述的意见是否完整、准确，之后再签字确认。

二、出庭注意事项

1. 着装

代理人开庭穿着应当庄重简洁，尽量着正装，避免穿着暴露、过于休闲。

2. 态度

庭审中应当尊重审判人员及对方、第三方出庭人员；庭审前后注意保持行政机关的中立立场，避免与对方、第三方出庭人员有过于密切的行为或者交谈；对对方出庭人员在庭审中的过激言辞要不卑不亢，态度礼貌地提醒法官注意当事人的不当行为，避免直接与对方当事人争论。

3. 表达

庭审中语言表达以沟通为目的。代理人发言要用词礼貌，发言清晰、自信，语速适中，注意根据不同问题掌握发言节奏。对于案情的描述应当客观、完整、清楚、简洁；回应对方当事人的问题时，应当客观阐述，避免使用过激言辞。两名代理人之间要注重沟通，不要独自贸然回答，特别是对案件可能有重要影响的事实，更需要在沟通后再回答。

4. 应对合议庭提问

在专利行政诉讼中，合议庭的提问一般包括两种情形，一是针对具体案件情况进行提问，二是针对法律适用问题进行提问。

合议庭对具体案件情况提问通常意味着相关内容很重要，行政裁决、决定或通知书中针对该部分内容的认定可能影响到判决或裁定的结论，此时应当关注合议庭针对该部分问题的疑惑，重点解释并详细阐述行政裁决、决定或通知书中的观点。

合议庭对法律适用问题所作的一般性提问可能只意味着合议庭希望了解管理专利

工作的部门的普遍做法，此时可以简洁、系统地介绍现有的规定和处理方式。对于尚存在争议、部门没有统一结论的问题，可以从不同角度阐述不同观点，切忌将个人观点作为统一观点进行回复，以避免产生不必要的误导。

5. 应对突发情况

庭审中不可避免会遇到一些突发情况。代理人应当冷静面对，及时沟通。

（1）是否需要提出回避请求

根据《行政诉讼法》的相关规定，当事人认为审判人员与本案有利害关系或者有其他关系可能影响公正审判的，有权申请审判人员回避。

（2）对方当事人未到庭或者中途退庭

应当要求法庭明确对方仅是迟到还是无法参加。对于一审程序，如果确定原告经合法传唤未到庭，可以请求人民法院按撤诉处理。

（3）当事人资格或出庭人员身份存在问题

针对对方出庭人员，如果发现其身份资格或者授权委托书存在问题（尤其当对方当事人为境外公司，出庭人员为境外公司职员时），可请求合议庭核实当事人或者委托代理人的出庭手续是否合法有效。

（4）起诉或上诉期限超期

庭审中，如果发现对方当事人可能存在起诉或上诉期限超期的问题，可请求合议庭当庭核实立案信息。

（5）证人、专家辅助人、鉴定人等出庭作证

对于对方当事人在未告知或通知的情况下，有证人出庭作证或者邀请专家辅助人的，应当请求合议庭查核其申请程序是否合法，提请合议庭注意相关出庭人员身份是否适格；在申请程序和资格均无瑕疵的情况下，可以根据具体案情重点针对证人的证言是否与事实相符、是否存在逻辑错误，鉴定人或专家辅助人的陈述是否超出其鉴定范围或专业知识范围等问题陈述意见或发表质证意见。

（6）庭审中对方当事人突然提出新理由和要求提交新证据

对于对方当事人在庭审过程中突然提出新理由、要求提交新证据的情况，代理人一般情况下可以请求合议庭不予接受；对于在起诉状、上诉状或者再审申请书中未涉及的新的诉讼理由，如果确实无法回应，可以要求合议庭再次开庭；对于对方当事人之前未提及、在庭前合议中也未准备的有关行政裁决、决定或通知书中的瑕疵或者缺陷，代理人应当及时沟通，商量应对。如果确实没有把握回答，可以表明坚持决定或通知书中的内容；如果确实需要，可以向合议庭说明情况，请求庭后补交相关资料、补充意见或者提交代理词等。

第三章 结 案

第一节 庭后事务处理

庭审结束后，应人民法院要求或代理人认为确有必要的情况下，可以补交诉讼代理词或者证据，提交程序与答辩材料的提交相同；或者根据案件情况与人民法院进行电话沟通。

一、补交诉讼代理词或证据

当合议庭明确要求代理人针对某些问题提交代理词时，可能意味着合议庭对某些事实的认定尚不明确，需要通过进一步的书面意见更准确地理解案情，促进心证形成。此时需要认真对待，针对所述问题，结合庭审中合议庭关注的事项，逐一详细阐述，论证行政裁决或决定对于该问题认定的合法性与合理性。

合议庭要求当事人庭后补充提交证据，通常是为了通过合议庭的依职权调取证据以突破《行政诉讼法》对被告举证期限的限制，以便于查清事实，解决原告当庭增加诉讼理由而被告对该理由没有机会提交证据的问题。对于合议庭明确要求补充提交证据的，代理人应当按时提交。

二、收到判决书或裁定书后的事务

管理专利工作的部门收到人民法院判决书或裁定书后，由行政诉讼处室负责登记归档，纸件原件装订入诉讼案卷中，复印件转交代理人。

（一）收到一审判决书或裁定书

1. 一审判决或裁定的类型

针对专利执法行政诉讼案件，第一审人民法院经审理后，作出的判决或者裁定主要包括以下几种类型：

（1）原告经合法传唤未到庭，裁定驳回起诉。

（2）行政行为证据确凿，适用法律、法规正确，符合法定程序，判决驳回原告的诉讼请求。

（3）行政行为存在以下情形，如主要证据不足，适用法律、法规错误，违反法定程序，超越职权，滥用职权，明显不当，判决撤销或部分撤销行政行为，由管理专利工作的部门重新作出行政行为。

（4）行政行为程序轻微违法，但对原告实体权利不产生影响，判决确认行政行为违法。

（5）行政处罚明显不当，判决变更。

2. 一审判决或裁定后的报批

管理专利工作的部门收到一审判决书或裁定书后，两名代理人应当于收文之日起3日内商定是否提出上诉，填写诉讼案件分析表，并报相关负责人审批，决定是否提起上诉。

对于决定不提起上诉的案件，如果确认原告也未提起上诉，代理人应当根据原定分工在判决或裁定生效后1个月内结案。其中，针对判决撤销或部分撤销原行政行为，并同时要求管理专利工作的部门重新作出行政行为的案件，应当重新立案处理。

对于决定提起上诉的案件，按相关要求准备上诉材料。

（二）收到二审判决书或裁定书

1. 二审判决或裁定的类型

针对专利执法行政诉讼案件，第二审人民法院经审理后，作出的判决或者裁定主要包括以下几种类型：

（1）原判决、裁定认定事实清楚，适用法律、法规正确的，判决或者裁定驳回上诉，维持原判决、裁定。

（2）原判决、裁定认定事实错误或者适用法律、法规错误的，依法改判、撤销或者变更原判决、裁定。

（3）原判决认定基本事实不清、证据不足的，或者存在遗漏当事人或者违法缺席判决等严重违反法定程序的情形，裁定发回原审人民法院重审。

（4）原判决认定基本事实不清、证据不足的，在查清事实后直接改判。

2. 二审判决或裁定后的报批

管理专利工作的部门收到二审判决书或裁定书后，两名代理人应当于收文之日起5日内商定是否提起再审申请，填写诉讼案件分析表，并在收文之日起2周内报相关负责人审批，决定是否提起再审申请。

对于决定不提起再审申请的案件，如果确认对方当事人也未提起再审申请，代理人应当根据原定分工在判决或裁定生效后1个月内结案。其中，针对二审判决撤销或部分撤销原行政行为，并同时要求管理专利工作的部门重新作出行政行为的案件，应当重新立案处理。

对于决定提起再审申请的案件，按相关要求准备再审申请材料。

第二节 结案归档

一、结案归档

对于决定不提起上诉或再审申请的案件，如果确认对方当事人也未提起上诉或再审申请，代理人应当根据原定分工在判决或裁定生效后 1 个月内结案。

代理人在结案前，应当整理诉讼案卷，并将下列法律文书归档：（1）应诉通知书原件、起诉状及证据材料副本。（2）一审答辩状、证据清单及证据材料副本。（3）一审判决书或裁定书原件。（4）其他重要的法律文书，如上诉状、证据清单和证据材料副本、二审判决或裁定书、诉讼代理词等。

归档时案卷顺序依次为：应诉通知书、起诉状、原告提交的证据、诉讼代理人指派书、统一社会信用代码证书、法定代表人或主要负责人身份证明、授权委托书、答辩状、证据清单、依照证据清单顺序的一套完整的证据副本、第三人的答辩状及证据、传票、诉讼代理词、判决书或裁定书、诉讼案件分析报批表。其余未尽文件依时间顺序排列。

行政诉讼结案归档后，管理专利工作的部门应当对案件情况进行登记，并定期进行统计和分析。管理专利工作的部门可以通过举行行政诉讼案件分析研讨会或案例交流会等形式，组织业务处室和行政诉讼处室共同就行政诉讼中反映出的问题进行讨论交流，进一步规范行政执法，提高执法能力和水平。

二、诉讼程序中其他事宜

1. 送达回证、宣判笔录的签署。送达回证、宣判笔录由代理人根据原定分工签收，签收后及时送达相应人民法院。

2. 诉讼用印的使用管理。需要用印的诉讼文书包括：法定代表人或主要负责人身份证明、授权委托书、答辩状、上诉状、再审申请书、代理词以及必须以管理专利工作的部门名义出具的公函等。

3. 诉讼费用交纳。根据诉讼程序的进展，管理专利工作的部门应当及时向人民法院交纳相应的诉讼费用。需要交纳诉讼费用的，由代理人根据原定分工记录判决编号、书记员姓名以及收到日期，具体办理交费事宜，凭人民法院或者人民法院指定银行开具的收据到财务部门办理诉讼费报销手续。对于一审败诉后管理专利工作的部门提起上诉的案件，二审胜诉发生退费的，代理人依据二审法院的退费通知单到财务部门领取收据，再到二审法院换取支票交回财务部门。

4. 同类判例材料。管理专利工作的部门行政诉讼代理人可以根据庭审情况、双方争议焦点、技术判定、法官疑问等情况，进行分析判断，对全国法院同类案件已有判例进行研究，形成材料提交法院，供法官参考判断。

第三部分　办案文书参考文本

一、专利执法行政复议案件用文书表格

（知识产权局处理用）

专利执法行政复议申请受理通知书

案号：×知法复字〔20××〕××号

申请人	
被申请人	
申请复议事项	
行政复议请求	

________________：

经审查，你/你单位于________年____月____日提交的专利执法行政复议申请符合《中华人民共和国行政复议法》规定的受理条件，本局予以受理。

特此通知。

________知识产权局（盖章）

________年____月____日

案件承办人：

联系电话：

本局地址：

邮政编码：

说明：本通知书一式两份，一份送达申请人，一份由知识产权局存档。

专利执法行政复议申请不予受理决定书

案号：×知法复字〔20××〕××号

申请人	
被申请人	
申请复议事项	
行政复议请求	

________：

经审查，你/你单位于______年____月____日提交的专利执法行政复议申请，由于如下原因，本局不予受理：

(不予受理的事实和理由)。根据《中华人民共和国行政复议法》第____条、第十七条的规定，决定不予受理。

特此通知。

______知识产权局（盖章）

______年____月____日

说明：本通知书一式两份，一份送达申请人，一份由知识产权局存档。

专利执法行政复议告知书

案号：×知法复字〔20××〕××号

申请人	
被申请人	
申请复议事项	
行政复议请求	

________________：

你/你单位对被申请人作出的________________不服，于________年____月____日向本局提出的专利执法行政复议申请，应当依法向(有权管辖的行政复议机关)提出(自提出专利执法行政复议申请之日起至收到本告知书之日止的时间，不计入法定申请期限)。

特此告知。

________知识产权局（盖章）

________年____月____日

说明：本通知书一式两份，一份送达申请人，一份由知识产权局存档。

专利执法行政复议申请材料补正通知书

案号：×知法复字〔20××〕××号

申请人	
被申请人	
申请复议事项	
行政复议请求	

________：

你/你单位不服被申请人所作的________________________具体行政行为（或者：请求责令被申请人履行________的法定职责）的专利执法行政复议申请材料已经收悉。经审查，需按以下要求对行政复议申请材料进行补正：

1. ……

2. ……

……

补正材料请在____年__月__日前提交。根据《中华人民共和国行政复议法实施条例》第二十九条规定，无正当理由逾期不补正的，视为放弃行政复议申请。补正申请材料所用时间，不计入行政复议审理期限。

____知识产权局（盖章）

____年__月__日

案件承办人：

联系电话：

本局地址：

邮政编码：

说明：本通知书一式两份，一份送达申请人，一份由知识产权局存档。

专利执法行政复议答复通知书

案号：×知法复字〔20××〕××号

申请人	
被申请人	
申请复议事项	
行政复议请求	

________________：

申请人因不服你单位________年____月____日作出的________________，于________年____月____日向本局提交了专利执法行政复议申请，本局已依法受理。根据《中华人民共和国行政复议法》第二十三条的规定，现将专利执法行政复议申请书副本发送给你单位，请在收到专利执法行政复议申请书副本之日起10日内向本局提交书面答复，同时提交作出上述具体行政行为的证据、依据和其他有关材料。逾期不提交的，视为该具体行政行为没有证据、依据。

特此通知。

________知识产权局（盖章）

________年____月____日

附：专利执法行政复议申请书副本

案件承办人：

联系电话：

本局地址：

邮政编码：

说明：本通知书一式两份，一份送达被申请人，一份由知识产权局存档。

回避申请决定

案号：×知法复字〔20××〕××号

申请人	
被申请人	
申请复议事项	
行政复议请求	

________________：

你/你单位于________年____月____日向本局提出的申请承办人员____________回避的请求，经调查核实，本局认为：

□申请回避理由成立，批准你/你单位提出的回避申请，并决定由____________担任本案的承办人员。

□申请回避理由不成立，不批准你/你单位提出的回避申请。

________知识产权局（盖章）

________年____月____日

说明：本决定书一式两份，一份送达当事人，一份由知识产权局存档。

专利执法行政复议期间停止执行通知书

案号：×知法复字〔20××〕××号

申请人	
被申请人	
申请复议事项	
行政复议请求	

________：

本局正在审查你单位作出的________，因如下原因，本局决定在专利执法行政复议期间停止该具体行政行为的执行：

□本局认为需要停止执行。

□申请人向本局申请停止执行，经审查，本局认为其要求合理。

□法律、法规规定停止执行的其他情形。

特此通知。

________知识产权局（盖章）

________年____月____日

说明：本通知书一式两份，一份送达被申请人，一份由知识产权局存档。

专利执法行政复议案件调查笔录

案号：×知法复字〔20××〕××号

申请复议事项				
被调查人	姓名		性别	
	单位		职务	
	住所		电话	
调查人	姓名		性别	
	单位		职务	
	住所		电话	
调查人	姓名		性别	
	单位		职务	
	住所		电话	
调查地点				
调查时间	年　月　日　时　分至　日　时　分			
调查笔录：				

续表

调查笔录： 被调查人（签章）：________ ________年____月____日 调查人（签章）：________ ________年____月____日 调查人（签章）：________ ________年____月____日
备注：

专利执法行政复议申请准予撤回通知书

案号：×知法复字〔20××〕××号

申请人	
被申请人	
申请复议事项	
行政复议请求	

申请人于________年____月____日向本局提出了撤回本行政复议申请的请求书，本局经审查，同意其撤回申请。本行政复议终止。

申请人不得再以同一事实和理由提出行政复议申请，但申请人能够证明撤回行政复议申请违背其真实意思表示的除外。

特此通知。

________知识产权局（盖章）

________年____月____日

说明：本通知书一式____份，____份送达当事人，一份由知识产权局存档。

专利执法行政复议中止通知书

案号：×知法复字〔20××〕××号

申请人	
被申请人	
申请复议事项	
行政复议请求	

__________：

申请人不服被申请人所作的____________________具体行政行为（或者：请求责令被申请人履行____________________的法定职责）提出的专利执法行政复议申请，本局已依法受理并进行了审理。专利执法行政复议期间，因如下原因，本局决定中止行政复议：

□作为申请人的自然人死亡，其近亲属尚未确定是否参加行政复议。

□作为申请人的自然人丧失参加行政复议的能力，尚未确定法定代理人参加行政复议。

□作为申请人的法人或者其他组织终止，尚未确定权利义务承受人。

□作为申请人的自然人下落不明或者被宣告失踪。

□申请人、被申请人因不可抗力，不能参加专利执法行政复议。

□案件涉及法律适用问题，需要有权机关作出解释或者确认。

□案件审理需要以其他案件的审理结果为依据，而其他案件尚未审结。

□其他法定情形。

特此通知。

________知识产权局（盖章）

________年____月____日

说明：本通知书一式两份，一份送达当事人，一份由知识产权局存档。

专利执法行政复议恢复审理通知书

案号：×知法复字〔20××〕××号

申请人	
被申请人	
申请复议事项	
行政复议请求	

________________：

申请人不服被申请人所作的____________________具体行政行为（或者：请求责令被申请人履行____________________的法定职责）提出的专利执法行政复议申请，本局已依法受理并进行了审理。行政复议期间，因法定事由，本局于________年____月____日决定中止专利执法行政复议。因行政复议中止的原因现已消除，根据《中华人民共和国行政复议法实施条例》第四十一条第二款的规定，本局决定恢复本案的审理。

特此通知。

________知识产权局（盖章）

________年____月____日

说明：本通知书一式两份，一份送达当事人，一份由知识产权局存档。

专利执法行政复议案件延期审理通知书

案号：×知法复字〔20××〕××号

申请人	
被申请人	
申请复议事项	
行政复议请求	

________：

申请人不服被申请人所作的____________具体行政行为（或者：请求责令被申请人履行____________的法定职责）提出的专利执法行政复议申请，本局已依法受理并进行了处理。行政复议期间，因案件情况复杂，不能在法定期限内作出专利执法行政复议决定。根据《中华人民共和国行政复议法》第三十一条第一款的规定，行政复议决定延期至______年____月____日前作出。

特此通知。

________知识产权局（盖章）

______年____月____日

说明：本通知书一式两份，一份送达当事人，一份由知识产权局存档。

专利执法行政复议调解书

案号：×知法复字〔20××〕××号

申请人	
被申请人	
受理时间	
申请复议事项	
行政复议请求	
申请行政复议的主要事实和理由	
调解结果	
复议机关签章	________年____月____日
申请人签章	________年____月____日
被申请人签章	________年____月____日

本调解书经双方当事人签字或盖章即具法律效力。

________知识产权局

专利执法行政复议决定书

案号：×知法复字〔20××〕××号

申请人：
法定代表人（负责人）：
住所：
委托代理人：

被申请人：
法定代表人（负责人）：
住所：

第三人：
法定代表人（负责人）：
住所：

申请人因不服被申请人________年____月____日作出的____________________，向本局申请专利执法行政复议。本局依法于________年____月____日予以受理，并向被申请人送达了专利执法行政复议申请书副本和书面答复通知书，被申请人于________年____月____日提交了书面答复以及作出上述具体行政行为的证据和依据。本局对该具体行政行为进行了审查，本案现已审查终结。

申请人________________请求：……

申请人________________称：……

被申请人________________辩称：……

经审理查明：

1. ……

2. ……

……

以上事实有________________、________________等佐证。

本局认为，被申请人作出的该具体行政行为______________________，根据______________________的规定，本局作出如下决定：

1. ……

2. ……

……

本决定书一经送达，即发生法律效力。

申请人如不服本决定，可自收到处理决定书之日起15日内，依照《中华人民共和国行政诉讼法》第四十五条的规定向________________人民法院起诉。

________知识产权局（盖章）

________年____月____日

________知识产权局

专利执法行政复议申请驳回决定书

案号：×知法复字〔20××〕××号

申请人：
法定代表人（负责人）：
住所：
委托代理人：

被申请人：
法定代表人（负责人）：
住所：

申请人因不服被申请人________年____月____日作出的____________________，向本局申请专利执法行政复议，本局依法于________年____月____日予以受理。

申请人________________请求：……

申请人________________称：……

被申请人________________辩称：……

经审理查明：

1. ……

2. ……

……

本局认为，____________________属于《中华人民共和国行政复议法实施条例》第四十八条第一款第（____）项规定的情形。根据该条规定，本局决定：驳回申请人的专利执法行政复议申请。

________知识产权局（盖章）

________年____月____日

________知识产权局

专利执法行政复议终止决定书

案号：×知法复字〔20××〕××号

申请人：
法定代表人（负责人）：
住所：
委托代理人：

被申请人：
法定代表人（负责人）：
住所：

申请人不服被申请人所作的________________具体行政行为（或者：请求责令被申请人履行________________的法定职责），向本局申请专利执法行政复议，本局依法受理并进行了审理。行政复议期间，(终止审理的事由)。根据《中华人民共和国行政复议法实施条例》第四十二条第____款第（____）项的规定，决定终止专利执法行政复议。

________知识产权局（盖章）
________年____月____日

________知识产权局

专利执法行政复议意见书

案号：×知法复字〔20××〕××号

申请人	
被申请人	
申请复议事项	
行政复议请求	

________________：

申请人不服被申请人所作的____________________具体行政行为（或者：请求责令被申请人履行____________________的法定职责）申请专利执法行政复议一案，本局已作出专利执法行政复议决定，(决定内容)。同时，本局在案件审理过程中发现(对行政复议期间发现的相关行政违法行为或者需要做好善后工作有关问题进行扼要叙述)。请你们(对纠正相关行政违法行为或者需要做好善后工作的有关要求)。

根据《中华人民共和国行政复议法实施条例》第五十七条第一款之规定，请你们自收到本专利执法行政复议意见书之日起60日内将有关工作情况通报本局。

________知识产权局（盖章）

________年____月____日

________知识产权局

专利执法行政复议建议书

案号：×知法复字〔20××〕××号

申请人	
被申请人	
申请复议事项	
行政复议请求	

____________：

申请人不服被申请人所作的________________具体行政行为（或者：请求责令被申请人履行________________的法定职责）申请行政复议一案，本局已作出________________号专利执法行政复议决定，(决定内容)。我们在本案审理过程中发现(对行政复议期间发现的法律、法规、规章实施中带有普遍性的有关问题进行扼要叙述)。

根据《中华人民共和国行政复议法实施条例》第五十七条第二款之规定，提出如下建议：

(对完善制度和改进行政执法的有关建议)。

________知识产权局（盖章）

________年____月____日

送达回证

案号：×知法复字〔20××〕××号

送达单位	
送达文书及页数	
被送达人	
代理机构及代理人	
送达地址	
送达方式	□邮寄　　□直接送达　　□留置送达
收件人签章	________年____月____日
送达人签章	________年____月____日
备注	
填写说明	1. 代替被送达人收件的，由代收人在收件人栏内签名或者盖章，并在备注栏中注明与被送达人的关系。 2. 邮寄送达的，被送达人或代理人收到有关文书后，请于3日内填写此送达回证并寄回本局。 联 系 人： 联系电话： 本局地址： 邮政编码：

二、专利执法行政复议案件用文书表格

（知识产权局内部用）

专利执法行政复议案件立案报告

案号：×知法复字〔20××〕××号

申请人	
被申请人	
收到申请日期	
行政复议请求	
申请行政复议的主要事实和理由	
承办人意见	签字：________ ____年__月__日
处（科）室负责人审核	签字：________ ____年__月__日
局领导批示	签字：________ ____年__月__日

专利执法行政复议案件讨论笔录

案号：×知法复字〔20××〕××号

申请人			
被申请人			
申请复议事项			
行政复议请求			
承办人			
书记员		时间	
申请行政复议的主要事实和理由简介			
讨论内容			
处理意见			
讨论人员签名	签字：________ ____年____月____日		

技术鉴定委托书

案号：×知法复字〔20××〕××号

________________：

我局需对____________________进行技术鉴定，现委托贵单位按下列要求进行鉴定：

1. ……

2. ……

……

请贵单位于________年____月____日前完成鉴定工作，并将鉴定结论一式____份送交我局。

专此委托。

________知识产权局（盖章）

________年____月____日

联 系 人：

联系电话：

本局地址：

邮政编码：

专利执法行政复议案件结案审批表

案号：×知法复字〔20××〕××号

申请人	
被申请人	
申请复议事项	
行政复议请求	
申请行政复议的 主要事实和理由简介	
承办人意见 （包括案件的处理意见及理由）	签字：__________ ______年____月____日
处（科）室负责人 审核	签字：__________ ______年____月____日
局领导批示	签字：__________ ______年____月____日

三、专利执法行政复议案件用文书表格

（当事人用）

专利执法行政复议申请书

<table>
<tr><td rowspan="9">申请人</td><td>姓名或者名称</td><td></td><td>法定代表人
（负责人）</td><td></td></tr>
<tr><td>住所</td><td colspan="3"></td></tr>
<tr><td>邮政编码</td><td></td><td>电话</td><td></td></tr>
<tr><td>代理人姓名</td><td></td><td>机构名称</td><td></td></tr>
<tr><td>住所</td><td colspan="3"></td></tr>
<tr><td>邮政编码</td><td></td><td>电话</td><td></td></tr>
<tr><td>代理人姓名</td><td></td><td>机构名称</td><td></td></tr>
<tr><td>住所</td><td colspan="3"></td></tr>
<tr><td>邮政编码</td><td></td><td>电话</td><td></td></tr>
<tr><td rowspan="3">被申请人</td><td>名称</td><td></td><td>法定代表人
（负责人）</td><td></td></tr>
<tr><td>住所</td><td colspan="3"></td></tr>
<tr><td>邮政编码</td><td></td><td>电话</td><td></td></tr>
<tr><td colspan="5">申请专利执法行政复议事项：</td></tr>
</table>

续表

专利执法行政复议请求：
事实和理由：
申请人签章：__________ ________年____月____日

专利执法行政复议案件递交文件/证据清单

案号：×知法复字〔20××〕××号

□申请人　□被申请人　　递交人（签章）：

序号	文件/证据名称	证据所要说明的事实	页数	备注

接收人（签章）：____________

接收日期：________年____月____日

说明：本清单一式两份，一份递交复议机关，一份由递交人留存。

专利执法行政复议案件授权委托书

委托人（单位或个人）：
法定代表人（负责人）：
职　　务：
受委托人姓名：
工作单位：
职　　务：
受委托人姓名：
工作单位：
职　　务：
现委托上列受委托人在________________一案中，作为我方委托代理人。
委托代理人__________的代理权限为：
□递交、接收法律文书
□代为陈述、申辩意见
□代为提出、变更、放弃复议请求
□____________

委托代理人__________的代理权限为：
□递交、接收法律文书
□代为陈述、申辩意见
□代为提出、变更、放弃复议请求
□____________

委托人（签章）：________
法定代表人（负责人）（签章）：________
______年___月___日
受委托人（签章）：________
______年___月___日
受委托人（签章）：________
______年___月___日

四、诉讼程序法律文书参考样式

专利执法行政诉讼一审/二审案件登记表

<table>
<tr><td>被诉决定号</td><td colspan="2"></td><td>诉讼案件号</td><td colspan="2"></td></tr>
<tr><td>案情简介</td><td colspan="5"></td></tr>
<tr><td rowspan="10">一审/二审</td><td rowspan="3">当事人</td><td>原告/上诉人</td><td colspan="3"></td></tr>
<tr><td>被上诉人</td><td colspan="3"></td></tr>
<tr><td>第三人</td><td colspan="3"></td></tr>
<tr><td>受理法院</td><td colspan="2"></td><td>法院联系人</td><td></td></tr>
<tr><td rowspan="3">送达日期</td><td>起诉状/
上诉状</td><td></td><td>答辩截止日</td><td></td></tr>
<tr><td rowspan="2">判决书/
裁定书</td><td rowspan="2"></td><td>裁判结果</td><td></td></tr>
<tr><td>上诉/再审
截止日</td><td></td></tr>
<tr><td rowspan="2">代理人</td><td>第一代理人</td><td></td><td>电话</td><td></td></tr>
<tr><td>第二代理人</td><td></td><td>电话</td><td></td></tr>
<tr><td>报批事项</td><td>是否上诉/
其他</td><td></td><td>领导签字</td><td></td></tr>
</table>

专利执法行政诉讼再审案件登记表

<table>
<tr><td>被诉决定号</td><td colspan="2"></td><td>诉讼案件号</td><td colspan="2"></td></tr>
<tr><td>案情简介</td><td colspan="5"></td></tr>
<tr><td rowspan="9">再审</td><td rowspan="3">当事人</td><td>再审申请人</td><td colspan="3"></td></tr>
<tr><td>被申请人</td><td colspan="3"></td></tr>
<tr><td>其他</td><td colspan="3"></td></tr>
<tr><td>受理法院</td><td colspan="2"></td><td>法院联系人</td><td></td></tr>
<tr><td rowspan="2">送达日期</td><td>再审申请书</td><td></td><td>答辩截止日</td><td></td></tr>
<tr><td>判决书/
裁定书</td><td></td><td colspan="2">裁判结果</td></tr>
<tr><td rowspan="2">代理人</td><td>第一代理人</td><td></td><td>电话</td><td></td></tr>
<tr><td>第二代理人</td><td></td><td>电话</td><td></td></tr>
<tr><td>报批事项</td><td colspan="2"></td><td>领导签字</td><td></td></tr>
<tr><td>结果</td><td>结案日</td><td colspan="2"></td><td>经办人签字</td><td></td></tr>
<tr><td>备注</td><td></td><td colspan="2"></td><td></td><td></td></tr>
</table>

授权委托书

委托单位：________________

法定代表人：________，职务：________

受委托人：姓名：________，工作单位：____________，职务：____________

姓名：________，工作单位：____________，职务：____________

现委托上列受委托人在我单位与________________公司专利侵权纠纷裁决行政诉讼一案中作为我方诉讼代理人。

代理人________的代理权限为：____

代理人________的代理权限为：____

委托单位：________________（盖章）

法定代表人：________（签名或盖章）

________年____月____日

代理人：________住址：____市____区____路____号

电话：________________

代理人：________住址：____市____区____路____号

电话：________

注：

1. 授权委托书须由委托人签名或盖章，并说明委托事项和权限方有效。诉讼代理人代为承认、放弃或者变更诉讼请求，进行和解，提起反诉或者上诉，必须有被代理人的特别授权。

2. 诉讼代理权限发生变更或解除，当事人应当书面告知人民法院并由人民法院通知对方当事人。

3. 此书一式两份，一份由委托人存查，一份由委托人交由受委托人递交人民法院。

行政答辩状

答辩人：________________知识产权局

住所地：________市____区____路____号

法定代表人：________________，职务：局长

原告________________不服我局作出的第________号专利侵权纠纷案件行政裁决书，向贵院提起行政诉讼，我局已收到贵院关于________________________的应诉通知书以及转送的原告起诉状副本。现将我局答辩意见陈述如下：

1. ……

2. ……

……

综上所述，我局作出的第________号行政裁决认定事实清楚，适用法律法规正确，决定结论正确，原告的诉讼理由不能成立，请贵院驳回原告诉讼请求。

此致

________________知识产权法院/________市中级人民法院

答辩人：________知识产权局（盖章）

________年____月____日

附：1. 本答辩状副本____份。

2. 证据清单____份。

证据清单

(________) ____行初第________号行政诉讼案件证据清单如下：

第一组证据：证明行政行为程序合法的证据。

证据 1. 受理通知书；

证据 2. 答辩通知书；

证据 3. 送达回证；

证据 4. 口头审理通知书；

……

第二组证据：证明行政行为实体合法的证据。

证据 1. 专利号为××××.×的授权公告文本；

证据 2. 双方质证的被控侵权产品实物；

证据 3. 调查取证的照片复印件；

证据 4. 口头审理记录；

……

以上证据用于证明被诉行政裁定认定事实清楚、适用法律正确、审理程序合法。

行政诉讼案件分析表

汇报人：　　　　　　　　　　　　　　　日期：

基本信息	诉讼编号		判决号	
	审级	一审□　二审□　再审□		
	当事人		身份	
			身份	
			身份	
	裁判结果		是否改判	
争议问题				
案情简介	一、基本案情 二、行政裁决（决定）观点 三、判决观点			
代理人意见	签字：________　日期：________			
处室负责人意见	签字：________　日期：________			
局领导意见	签字：________　日期：________			

行政上诉状

上诉人：________知识产权局
住所地：____市____区____路____号
法定代表人：____________，职务：局长
诉讼代理人：____________，职务：____________
诉讼代理人：____________，职务：____________
被上诉人：____________________________________

我局不服________知识产权法院/________市中级人民法院作出的撤销________知识产权局第________号专利侵权纠纷行政裁定书的________号行政判决，特向贵院提起上诉。

诉讼请求：
1. 撤销________知识产权法院/________市中级人民法院________号行政判决；
2. 由被上诉人承担两审诉讼费。

事实与理由：
1. ……
2. ……
……
综上所述，我局第________号专利侵权纠纷案件行政裁决书认定事实清楚，适用法律、法规正确，处理程序合法，一审判决认定事实不清，适用法律错误。请求贵院在查明事实的基础上，依法撤销________知识产权法院/________市中级人民法院作出的 ________号行政判决。

此致
________人民法院

上诉人：________知识产权局（盖章）
________年____月____日

行政再审申请书

再审申请人：________知识产权局

住所地：____市____区____路____号

法定代表人：____________，职务：局长

再审被申请人（注明原审身份）：×××

第三人（注明原审身份）：×××

案由：专利行政纠纷

申请人不服________法院于________年____月____日作出的维持____________知识产权法院/________市中级人民法院________号行政判决和撤销________________知识产权局作出的第________号专利侵权纠纷案件行政裁决书的________号判决，依法向贵院提出再审申请。

再审请求：

请求贵院依法再审并撤销________法院________号判决，维持________知识产权局作出的第________号专利侵权纠纷案件行政裁决书。

事实和理由：

一、事实经过

本案涉及的是________知识产权局作出的________号专利侵权纠纷案件处理决定书经________知识产权法院/________市中级人民法院和________人民法院两审后的行政诉讼终审判决。

（简述事实经过）

二、申请再审理由

……

综上所述，________法院________号判决认定事实不清，适用法律错误，审理程序违法，特请求最高人民法院依法再审，撤销________号判决，维持________知识产权局作出的第________号专利侵权纠纷案件行政裁决书。

此致

最高人民法院

再审申请人：________知识产权局（盖章）

________年____月____日

附：本再审申请书副本____份。

国家知识产权局知识产权保护司负责人就印发《专利纠纷行政调解办案指南》《查处假冒专利行为和办理专利标识标注不规范案件指南》《专利行政保护复议与应诉指引》答记者问*

1. 有关文件的修订背景和意义是什么?

近年来，国家知识产权局大力推进专利行政保护规范化建设。本轮机构改革前，先后制定了《专利侵权判定和假冒专利行为认定指南（试行）》《专利行政执法操作指南（试行）》《专利侵权行为认定指南（试行）》《专利行政执法证据规则（试行）》《专利纠纷行政调解指引（试行）》《专利执法行政复议指南（试行）》《专利执法行政应诉指引（试行）》《专利标识标注不规范案件办理指南（试行）》等文件，有效规范了执法工作，提升了办案水平。文件印发后得到地方局和社会公众的普遍好评。

本轮机构改革后，中央明确国家知识产权局负责对商标和专利执法工作的业务指导，具体包括制定商标和专利执法的检验、鉴定和其他相关标准。对上述指南（指引）进行修订，既是落实机构改革要求，加强对知识产权执法业务指导的现实需要，也是落实《关于强化知识产权保护的意见》的具体举措。此次出台的《专利纠纷行政调解办案指南》《查处假冒专利行为和办理专利标识标注不规范案件指南》《专利行政保护复议与应诉指引》，对已有的专利执法系列文件进行了系统的整合、修改、梳理，对执法办案部门实践中可复制和可推广的经验加以总结、提升，从专利纠纷行政调解办案、查处假冒专利行为和办理专利标识标注不规范案件、专利行政保护复议与应诉三个方面更好地指导、规范执法办案部门专利行政执法保护工作。三个指南（指引）均包括正文与相关文书表格，共计22万余字。

2.《专利纠纷行政调解办案指南》制定的依据是什么，有哪些主要内容?

《专利法》和《专利法实施细则》明确规定，管理专利工作的部门应当事人请求，可以对专利申请权和专利权归属纠纷，发明人、设计人资格纠纷，职务发明创造的发

* 本文转载自《中国知识产权报》2020年9月16日第2136期第11版。

明人、设计人的奖励和报酬纠纷，在发明专利申请公布后专利权授予前使用发明而未支付适当费用的纠纷等专利纠纷及专利侵权赔偿额进行调解。《指南》对多年来专利纠纷行政调解工作的有益经验与做法进行了系统梳理和总结，结合案例进行了详细讲解，并附录调解专利纠纷案件文书参考文本，便于办案人员使用。《指南》主要内容包括：

一是专利纠纷行政调解概述。明确专利纠纷行政调解是管理专利工作的部门对于涉及专利且不属于专利侵权纠纷的争议，在各方当事人自愿的基础上，以法律、法规为依据，以当事人自愿为原则，促使当事人达成调解协议快速解决纠纷的行为。

二是调解专利纠纷的程序。明确专利纠纷行政调解工作包括受理、立案、调解、结案等几个环节，详细介绍了请求调解专利纠纷的条件、请求调解时应当提交的材料、材料的送达、证据审查、调解方式、调解笔录、结案方式等内容。

三是专利纠纷行政调解实务。《指南》第三至七章，结合案例从实务操作角度详细讲解了专利申请权和专利权归属纠纷，发明人、设计人资格纠纷，奖酬纠纷，发明专利临时保护期使用费纠纷，侵犯专利权的赔偿数额纠纷等纠纷的行政调解工作，并给出调解专利纠纷案件文书参考文本。

3. 专利侵权纠纷行政裁决案件与调解专利纠纷案件的区别？

虽然两种行政行为的对象都是专利纠纷，但二者存在以下区别：

一是性质不同。处理专利侵权纠纷行为属行政裁决，当事人不服行政裁决结果的，可以向人民法院提起行政诉讼；调解专利纠纷行为属行政调解，当事人不能申请复议，也不能提起行政诉讼。

二是处理对象不同。专利侵权纠纷处理的对象是专利侵权民事纠纷；调解专利纠纷的对象是专利权属纠纷，发明人、设计人资格纠纷，奖酬纠纷，发明专利临时保护期使用费纠纷以及其他专利纠纷。

三是程序不同。处理专利侵权纠纷依申请启动后，申请人可以撤销申请，被申请人不能撤销；调解专利纠纷依申请启动后，任何一方拒绝调解或调解达不成协议，调解活动即可终止。

四是处理结果效力不同。专利侵权纠纷行政裁决具有强制性，当事人不服专利侵权纠纷处理决定，可以向人民法院提起诉讼，期满不诉讼不履行的，管理专利工作的部门可以申请人民法院强制执行；专利纠纷调解的结果不具强制性，当事人不履行调解协议的，可以通过其他途径解决纠纷。

4.《查处假冒专利行为和办理专利标识标注不规范案件指南》的主要内容有哪些？

《指南》共有五章十八节，分别就基本概念、查处假冒专利行为办案程序、办理专利标识标注不规范行为案件程序进行了详细规定，制定了不同情形下假冒专利行为、专利标识标注不规范行为的认定标准，同时附录了执法办案文书表格参考文本。

其中，基本概念部分对假冒专利行为和专利标识标注不规范行为的相关概念，专利行政执法的管辖、回避、送达等内容进行了介绍。

办案程序则涵盖了案件来源、立案、调查、执行、结案等每个执法环节，包括内部审批、审核及外部调查、处罚等程序及注意事项。该部分是促使执法人员依法行政、保证程序合法的重要内容。

假冒专利行为、专利标识标注不规范行为的认定标准部分对违法行为的种类和情形进行了详细的分类。在该部分中每种违法情形都有相应的案例参考，使执法人员能够对违法行为的实体认定有直观感受，便于其尽快熟悉和掌握业务。

附录的办案文书除了格式文本外，还提供了笔录类文书的参考范本，能够有效提升执法人员制作法律文书的针对性、准确性和合法性。

5. 与之前的相关规范性文件相比，《查处假冒专利行为和办理专利标识标注不规范案件指南》的内容主要有哪些修订？

《查处假冒专利行为和办理专利标识标注不规范案件指南》是在《专利侵权判定和假冒专利行为认定指南（试行）》《专利行政执法操作指南（试行）》《专利标识标注不规范案件办理指南（试行）》三个文件的基础上，按照“严格程序，能融尽融”“细化认定，应列必列”的原则，对已有内容进行梳理、整合，对欠缺内容进行补充完善，对前后不一致或执法实践中有争议的问题进行调整、修改，对容易出现混淆、错误的地方着重强调后形成的执法规范。新制定的《指南》内容更为系统、完整，具有较强的逻辑性、条理性、可操作性，可以作为专利执法人员的“操作手册”，便于查询，易于掌握。

另外，《指南》还新增了以下几方面内容：

一是严格贯彻法治政府建设实施纲要，增加了法制审核程序。根据《国务院办公厅关于全面推行行政执法公示制度执法全过程记录制度重大执法决定法制审核制度的指导意见》（国办发〔2018〕118 号）的有关要求，在第二章办案程序中专门增加一节“案件法制审核”，对法制审核机构、法制审核内容及审核意见作出了详细说明。

二是落实本轮机构改革的各项要求。2018 年 11 月，中共中央办公厅、国务院办公厅印发《关于深化市场监管综合行政执法改革的指导意见》（中办发〔2018〕62 号），明确商标侵权、假冒专利行为的行政检查、行政强制、行政处罚等职责由市场监管综合执法队伍承担。2019 年 4 月，国家市场监督管理总局《市场监督管理行政处罚程序暂行规定》正式施行。为了与上述规定保持一致，便于一线执法人员操作，《指南》对原执法文书进行了调整，并规定对于一般通用类执法文书表格，各地方专利执法部门可结合实际需要，参照《市场监督管理行政处罚文书格式范本》使用，对于《市场监督管理行政处罚文书格式范本》中未作规定的，可参照适用《指南》所录执法文书与表格。

三是理顺了调查取证途径。《指南》在“调查取证”章节中增加了“证据类型”“证据的表现形式”等内容，对查处专利违法案件时收集证据类型、执法部门主动调查的范围、需要当事人协助提供的证据以及证据的表现形式等内容作出了详细指导，使执法人员对执法内容和调查取证目标更为清晰、明确，增强可操作性。同时对不同调查取证途径中涉及的重点调查内容、调查程序、文书制作要领分别进行了详细规定，为执法人员做到定案证据充分、认定事实清楚提供了保障。

四是细化实体认定，增加了假冒专利行为的其他具体情形。为了使执法人员对假冒专利情形有更为全面的认识，《指南》增加了因“销售标注专利标识的产品”而构成假冒专利行为的情形及认定注意事项，对专利权终止和无效后的销售行为的定性进行了区分，对“不知情销售者”应当承担的法律责任进行了强调；还增加了“未经许可标注他人的专利号”部分，按照他人的专利号是否有效、是否标注了专利权人信息等对该情形进行了细分。

除上述增加内容外，《指南》还增加了管辖、电子送达、查处假冒专利行为中责令改正的性质、强制执行的催告程序、查处标注不规范行为与查处假冒专利行为程序的区别特征、假冒专利行为的法律责任等内容。

6. 关于假冒专利行为认定标准，《查处假冒专利行为和办理专利标识标注不规范案件指南》对哪些情形作了修订？

为了进一步统一认定标准，准确界定假冒专利、专利标识标注不规范行为，此次《指南》修订过程中，在广泛征求一线执法人员意见并反复论证的基础上，对有争议的部分案例作了调整和修改。主要体现在以下几处：

一是对在产品外包装上标注包装类实用新型或外观设计专利标识的行为认定。执法实践中，经常会遇到在产品的外包装上标注实用新型或外观设计专利标识的情形，如某产品的包装瓶获得实用新型或外观设计专利权，专利权人在该包装瓶上标注“专利产品，仿冒必究”。《专利侵权判定和假冒专利行为认定指南（试行）》认为该种情形下，实际包装瓶中的产品并未获得专利权，因此上述标注行为表达不清，容易使公众混淆，误认为包装瓶中的产品是专利产品，因此该行为属于《专利法实施细则》第八十四条第一款第（五）项的情形，构成假冒专利行为。但是，考虑到该种情形下，包装瓶确实获得了实用新型或外观设计专利权，是专利产品，专利权人有权在其上标注专利标识，称其为专利产品也并不为过。至于是否会引起公众混淆，在执法实践中执法人员很难判断，也很难有证据证明公众会将包装瓶中的产品误认为是专利产品。因此，在违法事实不明确的情况下，该种行为不宜被认定为假冒专利行为。对该类案件，执法人员可以以专利标识标注不规范行为进行查处，责令其正确地标注专利标识和适当地附加文字，如标注“中国实用新型专利（中国外观设计专利），专利号：××××××××××××．×”“本产品包装瓶已获得实用新型专利（外观设计专利）”等字样。

二是对标注的专利号缺位或错位的行为认定。实践中对于专利号标注缺位或错位的行为，其客观表现是该专利号不存在，或与产品不符，因此属于将不存在或与产品不符的专利号标注于产品或包装等载体上，其行为表现与在未被授予专利权的产品或包装等载体上标注专利标识或未经许可标注他人的专利号的情形是相同的，应当认定为假冒专利行为，而非标注不规范行为。但是，由于其产品确为已获专利的产品，没有冒充专利产品的主观故意，可以减轻或不予处罚。《指南》对《专利标识标注不规范案件办理指南（试行）》中相关案例的认定及表述进行了调整。

三是对专利权终止后继续在产品说明书等材料中标注专利标识的行为认定。根据《专利法实施细则》第八十四条第一款第（一）项的规定，专利权终止后继续在产品或包装上标注专利标识的行为构成假冒专利行为。但是，专利权终止后，继续在产品说明书等材料中标注专利标识的行为是否构成假冒专利，《专利法实施细则》第八十四条第一款第（三）项没有明确表述。《指南》修订过程中，考虑到随着电子商务的发展，在网络上、电商平台上推介、销售产品的行为越来越普遍，如果将专利权终止后继续在产品说明书等材料（包括网页等宣传载体）上标注专利标识的行为仅仅认定为标注不规范行为，则不利于维护市场秩序。因此，基于上述考虑，《指南》将专利权终止后继续在产品说明书等材料中标注专利标识的行为认定为假冒专利行为。

7. 专利侵权行为与假冒专利行为有何区别？

日常生活中，社会公众容易对假冒专利行为与专利侵权行为产生混淆。虽然二者都是违法行为，都会受到法律制裁，但二者有较大区别。

一是适用法律不同。专利侵权行为是指未经专利权人许可，以生产经营为目的制造、使用、许诺销售、销售、进口其专利产品，或者使用其专利方法以及使用、许诺销售、销售、进口依照该专利方法直接获得的产品的行为。其行为表现核心是采用了与专利产品相同的技术或设计。认定专利侵权行为适用的法条是《专利法》第十一条。假冒专利行为是指以非专利产品（方法）冒充专利产品（方法）的行为。其行为表现核心是在产品或产品包装上、说明书等材料中标注了不合法的专利标识，一般情况下与他人的专利技术无关；只有未经许可标注他人合法有效的专利标识的情况下，才与他人的专利技术或设计相关。认定假冒专利行为适用的法条是《专利法实施细则》第八十四条。由此可以看出两者的判断标准不同，对两者的认定应根据各自适用的法条独立进行。假冒专利行为与侵犯专利权行为并无必然联系。假冒专利行为成立不以侵犯专利权为必要条件，单纯侵犯专利权的行为也不能被认定为假冒专利行为或构成假冒专利罪。

二是承担的法律责任不同。假冒专利一般会承担行政责任，即构成假冒专利行为的，专利执法部门可以对其进行行政处罚。情形严重的假冒专利行为，还会构成假冒专利罪，需要承担刑事责任。如果未经许可标注了他人的专利号，则承担行政责任的同时，还应承担相应的民事责任。对于专利侵权而言，侵权方应承担民事责任，没有行政责任和刑事责任。

三是法律性质和救济途径不同。查处假冒专利行为是专利执法部门依职权进行的单方面具体行政行为。专利执法部门在检查中发现或接到投诉、举报后，可以主动查处假冒专利行为。其作出的行政处罚或不予行政处罚决定是行政决定，当事人对该决定不服的，可以申请行政复议或提起行政诉讼。对于专利侵权行为而言，专利执法部门是依申请居间处理平等民事主体之间的民事纠纷，其性质属于行政裁决，当事人对该行政裁决不服的，只能提起行政诉讼。对于假冒专利行为，任何人都可以举报；对于专利侵权行为，只有专利权人或利害关系人才能提出行政裁决请求。

8. 查处假冒专利行为中责令改正的性质是什么，责令改正通知书是否可以作为最终行政决定文书？

责令改正是指专利执法部门依法作出要求违法行为人停止和纠正违法行为的行政行为。按照《行政处罚法》第二十三条的规定，行政机关实施行政处罚时，应当责令当事人改正或限期改正违法行为。在行政管理法律、法规中，责令改正的法律属性既不是行政处罚，亦非行政强制措施，而是一种行政管理措施。目前《行政处罚法》没有把责令改正作为一种行政处罚的种类加以规定。这是因为责令改正的本意是要求相对人有错必纠，责令改正本质上是教育性的，而不是惩罚性的。责令改正作为一个重要的行政管理手段，具有灵活性强、可操作性强等特点，在执法实践中得到广泛运用。同时，对于当前《行政处罚法（修正案）》中的有关条文修改，我们将持续关注，保持与上位法有关规定相适应。

在目前执法实践中，责令改正作为查处假冒专利行为过程中的一个中间环节，在使用时应当注意以下几方面：

一是责令改正并非行政处罚的前置程序。认定假冒专利行为成立的，“责令改正”这一行政行为并非给予没收违法所得或者罚款等行政处罚的前置条件，并不是拒不改正的才可以给予行政处罚。即不适用诸如其他法律法规表述的“违反……的，责令改正；逾期不改正的，给予……罚款”的情形。因此，责令改正通知并非对假冒专利行为进行行政处罚的前置必经程序。

二是责令改正并非行政处罚。责令改正通知书中表述的内容应是责令当事人停止或纠正违法行为的意思表示，以及当事人如果未在限定期限内改正可能引起的法律后果。应当避免将责令改正表述为行政处罚、行政强制措施等其他行政行为。

三是责令改正通知书并不是最终决定。执法实践中，可以分开制作责令改正通知书和行政处罚/不予行政处罚决定书，也可以只制作行政处罚/不予行政处罚决定书，同时将责令改正的内容体现在其中。需要指出的是，若分开制作责令改正通知书，因为该通知书只是行政处罚决定的中间文书，是行政命令，而不是行政处罚，其行政行为后果会被其后作出的行政处罚/不予行政处罚决定书所吸收。

9.《查处假冒专利行为和办理专利标识标注不规范案件指南》对各种期限有无修改？

为了与相关法律、法规、规章及党中央和国务院有关文件精神相统一，《指南》对部分期限作了修改。如立案期限由 5 个工作日、10 个工作日修改为 15 个工作日，特殊情况可延长 15 个工作日；结案时限由 1 个月修改为 90 日，案情复杂的经负责人批准可延长 30 日；对行政处罚案件的公开由作出行政处罚决定之日起 20 个工作日内修改为 7 日内。执法人员在执法过程中要严格按照各类期限要求依法行政，避免因程序错误导致行政行为无效。

10. 修订出台《专利行政保护复议与应诉指引》的必要性和意义是什么？

依据《专利法》和《专利法实施细则》的规定，管理专利工作的部门具有裁决专利侵权纠纷、查处假冒专利、调解专利纠纷的执法职能。随着人们法制意识的提高，管理专利工作的部门在行使裁决专利侵权纠纷职能时，往往会面临行政诉讼；在行使查处假冒专利行为职能时，也会面临当事人的行政复议。2017 年，国家知识产权局印发了《专利执法行政复议指南（试行）》和《专利执法行政应诉指引（试行）》，为一线专利执法人员在处理行政复议和行政诉讼案件时提供了具有较强操作性的指引，提升了执法人员的复议和应诉能力，取得了很好的效果。几年来，随着经济社会的快速发展，相关法律、法规作了修订，我国的知识产权审判司法改革也如火如荼，有了非常大的变化。根据形势发展，有必要对相关文件进一步修订，以适应新的法律变化和司法审判的变化，指导基层执法人员依法行政，依法执法，从程序到实体扎实做好每一个案件，依法依据处理案件，维护行政机关良好的形象，切实维护各方当事人的合法权益。

11.《专利行政保护复议与应诉指引》制定的依据以及有哪些主要内容？

《指引》制定的依据是现行《专利法》《专利法实施细则》及《行政复议法》《行政诉讼法》《行政处罚法》《行政强制法》等相关规定。同时，随着《行政复议体制改革方案》的印发和《行政复议法》的修订，下一步还将对相关复议规定进行适应性修订工作。

“专利行政保护复议指引”部分共四章十一节，介绍了专利执法行政复议的范围、专利执法行政复议机关、专利执法行政复议的应对、专利执法行政复议决定的履行、专利执法行政复议申请的审查与处理、专利执法行政复议的审理、专利执法行政复议的结案等内容。“专利行政保护应诉指引”部分共三章九节，介绍了专利执法行政诉讼案件的类型、专利执法行政诉讼案件的管辖、专利执法行政诉讼案件的处理、出庭准备事项、结案等内容。《指引》还附有行政复议和行政诉讼文书参考文本，可以作为执法人员开展行政复议工作、参加行政诉讼工作的说明性、范本式参考资料。

12. 如何确定专利执法行政复议机关？

目前专利执法行政复议机关按照以下原则确定：一是对县级以上地方各级人民政府管理专利工作的部门作出的具体行政行为不服的，申请人可以选择该部门的本级人民政府或者上级主管部门申请行政复议；二是对由综合执法单位承担专利执法工作中的具体行政行为不服的，申请人可以向管理专利工作的部门的本级人民政府或者上级主管部门申请行政复议；三是对被撤销的管理专利工作的部门在撤销前作出的具体行政行为不服的，申请人可以向继续行使其职权的部门的本级人民政府或者上级主管部门申请行政复议。值得注意的是，中央全面依法治国委员会《行政复议体制改革方案》中对地方行政复议机关有所调整的，从其规定。

13. 专利执法行政复议期间怎么计算？

专利执法行政复议期间的计算以“日”为单位。如公民、法人和其他组织申请专利执法行政复议的期限为60日，行政复议机关对专利执法行政复议申请进行审查以决定是否受理的期限为5日。根据《行政复议法》第四十条第二款的规定，行政复议期间有关“5日”“7日”的规定是指工作日，不含节假日。专利执法行政复议期间从法定或指定日期的第二日开始计算。例如，申请人于2017年3月27日向行政复议机关提出专利执法行政复议申请，如果行政复议机关经审查决定不予受理的，则其可以作出不予受理决定的日期应从2017年3月28日开始计算5个工作日。除此之外，其他期间如“10日”“30日”“60日”等不能扣除节假日；但是如果这些期间的最后一日恰好为节假日，则期间届满的日期可以顺延到节假日后的第一个工作日。